AF543627

Bibliografische Information der Deutschen Nationalbibliothek
Die Deutsche Nationalbibliothek verzeichnet diese Publikation in der Deutschen Nationalbibliografie; detaillierte bibliografische Daten sind im Internet über https://dnb.de abrufbar.

Andreas Weidinger
Filmmusik
Praxis Film, 68
Köln: Halem, 2023

1. Auflage 2006
2. Auflage 2011
3. Auflage 2023

ISBN (Print): 978-3-7445-2063-8
ISBN (PDF): 978-3-7445-2064-5
ISSN: 1617-951X

Den Herbert von Halem Verlag erreichen Sie auch im Internet
unter http://www.halem-verlag.de
E-Mail: info@halem-verlag.de

Umschlaggestaltung und Satz: Bureau Heintz, Stuttgart
Lektorat: Imke Hirschmann
Umschlagfoto: Rangizzz – stock.adobe.com
Druck: FINIDR, S.R.O., Tschechische Republik

FILMMUSIK

Andreas Weidinger

3., völlig überarbeitete Auflage

HERBERT VON HALEM VERLAG | Köln

INHALT

VORWORT ZUR 3. AUFLAGE

„There are three sides to every story: yours, mine and the truth."

ROBERT EVANS (AUTOBIOGRAFIE *THE KID STAYS IN THE PICTURE*)

Als 2006 dieses Buch in der 1. Auflage erschien, war es das erste reine Praxisbuch aus Deutschland zum Thema „Filmmusik". Nach wie vor bringt das Motto der Autobiografie von Produzentenlegende Robert Evans die Schwierigkeiten auf den Punkt, mit denen ich beim Verfassen des Buches konfrontiert bin. Wie viel eigene Meinung darf ich mir erlauben? Kann ich kontrovers diskutierte Themen neutral darstellen? Gibt es überhaupt „die eine Wahrheit"?

Zumindest auf die letzte Frage habe ich sehr bald eine Antwort gefunden: Nein, die eine Wahrheit gibt es nicht, wenn man über Filmmusikkomposition spricht. Auch nach inzwischen fast 30 Jahren als Filmkomponist und unzähligen Filmmusiken lerne ich Neues und bin immer wieder über die Komplexität der Materie „Filmmusik" überrascht. Die Vielfalt der Anforderungen, die ein Filmkomponist bewältigen muss, um sich als Künstler und als Unternehmer zu behaupten, scheint nach wie vor unbegrenzt zu sein. Trotz zahlloser Angebote im Internet zum Thema ist es sehr schwer, Informationen zu grundlegenden Prinzipien von Filmkomposition zu finden. Denn praktisch alle Online-Angebote befassen sich nur mit Detailfragen und unterscheiden nicht zwischen wesentlichen Informationen und schmuckvollem, aber nutzlosem Beiwerk. Eine Einordnung einzelner Aspekte in einen größeren Zusammenhang sucht man in der Regel vergeblich. Mehr noch: In der Flut von „Content ohne Kontext" wird Studiotechnik zum Selbstzweck und Bedeutung und Funktion von Filmmusik nur noch auf wenige Schlagworte reduziert. Bei den Masterclasses und Webinaren, die ich leite, wird daher regelmäßig der Wunsch nach einer praktisch anwendbaren, aber grundsätzlichen Übersicht über die Materie „Filmmusikkomposition" geäußert, in der Wissen und Erfahrung kompakt gebündelt und aufs Wesentliche reduziert vermittelt werden.

Seit der Erstauflage 2006 haben sich die Rahmenbedingungen, innerhalb derer Filmkomponisten arbeiten, nicht nur in technischer oder wirtschaftlicher Hinsicht verändert. Auch die Kommunikationsformen und die Kommunikationskultur haben sich massiv gewandelt. Darum liegt der 3. Auflage dieses Buches eine umfassende Bearbeitung zugrunde.

Die ursprüngliche Struktur und die ganzheitliche Sicht auf das Thema wurden beibehalten. Ebenso die wesentlichen Inhalte der Kapitel A, C und D. Insbesondere die dort enthaltenen Ausführungen zu Dramaturgie, Komposition und Teamwork sind nach wie vor gültig und grundsätzlich. Neue Aspekte kamen vor allem in den Kapiteln B, E und F hinzu. Besonders hinweisen will ich in diesem Zusammenhang auf das Kapitel F zum Thema „Verträge und Budgets" sowie auf die Ausführungen in Kapitel B4 zur längst überfälligen Gleichberechtigung aller Geschlechter und Identitäten auch im Filmmusikbereich. Die Berichte aus der Praxis, sozusagen der Realitätscheck, nehmen mit weiteren Interviews mehr Raum ein als vorher. Die neu dazugewonnenen Interviewpartner bieten zusätzliche inhaltliche Perspektiven und gehören wie die bisherigen zu den erfolgreichsten Praktikern ihres Berufsstandes sowohl national als auch international.

Zu dieser Auflage wird es außerdem begleitendes Material auf www.filmmusik-das-buch.de geben. Dort werden alle in den vorherigen Auflagen geführten Interviews zu lesen und auch weiterführende Informationen zum Thema zu finden sein.

Ich freue mich, dass das Buch besonders im Lehrbereich nach wie vor großen Zuspruch erfährt, und hoffe, dass diese Überarbeitung den Leserkreis noch erweitern kann. Das Hauptanliegen des Buches ist es nach wie vor, Bewusstsein und im besten Fall Wertschätzung für die Komplexität des Komponierens für Film zu schaffen. Dies scheint mir angesichts der fortschreitenden ideellen und materiellen Entwertung von Filmmusik als Kunstform nötiger denn je.

Ich bedanke mich beim Herbert von Halem Verlag für die Realisierung und insbesondere bei der immer ansprechbaren Imke Hirschmann für die umsichtige Begleitung. Besonders danken möchte ich meinen Interviewpartnerinnen und -partnern, die sich trotz ihres engen Terminkalenders Zeit für das Thema „Filmmusik" und meine Fragen genommen haben. Ebenso danke ich allen, die meine Leidenschaft für Musik und Film teilen und mir mit hilfreichen Hinweisen zur Seite gestanden haben.

Andreas Weidinger
München im August 2023

EINLEITUNG

Der Umgang mit Filmmusik ist eine der größten Herausforderungen beim Filmemachen. Doch in kaum einem Bereich der Filmherstellung gibt es unter professionellen Filmschaffenden und interessierten Laien so wenig Kenntnis der dramaturgischen Möglichkeiten, der handwerklichen Grundlagen, der Produktionsabläufe und der wirtschaftlichen Rahmenbedingungen wie im Bereich „Musik". In Filmhochschulen steht das Thema nur selten auf dem Lehrplan, Fernsehsender verzichten meist ganz auf Fortbildungen in diesem Bereich. Das ist schwer zu verstehen, ist doch die Tonebene eines Films und speziell die Filmmusik unbestritten ein Schlüssel zu erfolgreicher emotionaler Filmgestaltung.

Auch auf dem Buchmarkt spiegelt sich wider, dass im deutschen Sprachraum die Sensibilität für die Tonspur eines Films und das Bewusstsein für ihre Kraft nicht besonders ausgeprägt ist. Als 2006 die 1. Auflage dieses Buches erschien, waren nur eine Handvoll deutschsprachiger Bücher zum Thema „Filmton und Postproduktion" erhältlich, größtenteils mit theoretischem Schwerpunkt. Gleiches gilt für die Filmmusik. Daran hat sich bis heute nichts geändert. Diese Lücke möchte dieses Buch schließen.

Das vorliegende Buch ist ein Praxisbuch. Es wurde für Menschen geschrieben, die in ihrer Arbeit mit Filmmusik umgehen müssen oder die sich aus persönlichem Interesse dem Thema von einer praktischen Seite her nähern möchten. Ziel dieses Buches ist es, ein besseres Verständnis für den Prozess des Filmmusikkomponierens zu schaffen und die wichtigsten Werkzeuge, die ein Komponist dafür benötigt, zu erklären. Dies kann Regisseuren und Auftraggebern helfen, ihre Filme so zu planen und ihre Bedürfnisse so zu artikulieren, dass Zeit, Geld und das kreative Potenzial des Komponisten so effektiv wie möglich genutzt werden können. Junge Komponisten, die sich für eine Tätigkeit im Bereich „Filmmusik" interessieren, finden einen kompakten Überblick über die wichtigsten Themen und Probleme, mit denen sich Filmkomponisten auseinandersetzen müssen. Und nicht zuletzt erfahren Studierende von Universitäten und Filmhochschulen mit relativ geringem Zeitaufwand alles Wissenswerte zum Thema „Filmmusikpraxis". Auf dieser Basis können sie ihre eigene Wahrnehmung für die unendlichen Möglichkeiten, die die Verbindung von Bild und Ton bietet, überprüfen und zu schärfen.

Dem Buch liegen folgende grundsätzlichen Überlegungen zugrunde:

1. Die Herstellung einer guten Filmmusik kostet Zeit und Geld. Wenn Regisseure und Auftraggeber ein gutes Verständnis von den Bedingungen haben, in denen Filmmusik komponiert und produziert wird, können unnötige Reibungsverluste vermieden werden und der Komponist kann sich auf das konzentrieren, wozu er engagiert wurde: wirkungsvolle Musik zu schreiben.
2. Ein Filmkomponist bewegt sich im Spannungsfeld zwischen Kunst und Kommerz. Er ist gleichzeitig kreativer Visionär und wirtschaftlich abhängiger Dienstleister. Ihn auf die Dienstleisterrolle zu reduzieren, bedeutet, wesentliche Wirkungspotenziale des Films ungenutzt zu lassen.
3. Konzeptionelle Arbeit ist eine Frage von Wissen und Bewusstsein, aber auch der Finanzen. Nur wer Fakten und Zusammenhänge kennt und sich ihrer Wirkung bewusst ist, kann alle Möglichkeiten wirkungsorientierter Filmgestaltung nutzen. Ohne eine finanzielle Grundausstattung werden jedoch alle Bemühungen, einen wirkungsvollen Film zu schaffen, ergebnislos bleiben. Dies gilt bereits für die Drehbuchentwicklung, hat aber in der Audiopostproduktion besonders spürbare Konsequenzen.
4. Komponieren für Film ist ein komplexer Prozess. Viele verschiedene Aspekte, nicht nur musikalische, tragen zu einer wirkungsvollen Filmmusik bei. Wird der Umgang mit Filmmusik auf normierte Abläufe beschränkt, wird Filmmusik beliebig und austauschbar. Damit verliert der Film eines seiner stärksten Ausdrucksmittel.
5. Komponieren für Film ist ein entscheidender Teil des Filmemachens und muss daher aus einer ganzheitlichen Perspektive betrachtet werden.

Die Reihenfolge der Kapitel orientiert sich am üblichen Ablauf einer Filmmusikproduktion: von der Auftragsvergabe bis zur Endproduktion.

Nach einer Einführung in die Grundlagen der Filmmusikdramaturgie werden die wichtigsten Aspekte beleuchtet, die mit der Auswahl des

Filmkomponisten zusammenhängen. Anschließend wird erklärt, wer die wichtigsten Ansprechpartner des Komponisten sind und wie er mit diesen am besten zusammenarbeiten kann.

Kapitel D („Es geht los") in der Mitte des Buches beschäftigt sich mit dem Prozess des Komponierens und des Produzierens von Filmmusik. Es werden die entscheidenden musikalischen Grundparameter sowie deren Wirkung im Kontext des Films erklärt. Der Ablauf einer Filmmusikproduktion wird ausführlich mit allen Arbeitsschritten und allen beteiligten Personen vorgestellt. Dieses Kapitel soll nicht die Erwartung wecken, als Kurzbedienungsanleitung zum schnellen Komponieren nutzbar zu sein. Eine wirkungsvolle Filmmusik zu schaffen ist eine komplexe Aufgabe und erfordert wesentlich mehr Fähigkeiten, als nur baukastenähnliche Elemente zu addieren.

Songs im Film stellen unter anderem deshalb eine Besonderheit dar, weil sie häufig nicht exklusiv für den Film komponiert sind, sondern bereits vor dem Film existieren und für die Verwendung im Film eingekauft werden müssen. Überlegungen dazu werden in einem kurzen Exkurs dargestellt.

Das letzte Kapitel beschäftigt sich schließlich mit den Rahmenbedingungen, unter denen Filmkomponisten arbeiten. Basisinformationen zu Verwertungsgesellschaften sind hier genauso zu finden wie Hinweise zur Vertragsgestaltung und Hintergründe zur Budgetierung von Filmmusik.

Der „Schnelldurchlauf" (Kap. G) am Ende gibt einen kurzen Überblick über die wichtigsten Aspekte jedes Kapitels. Er kann sowohl zum Nachschlagen als auch zum Auffrischen von Zusammenhängen genutzt werden.

Zwischen den einzelnen Kapiteln finden sich Interviews mit Filmschaffenden, die ihre persönliche Meinung zu bestimmten Themen sehr offen zum Ausdruck bringen. Sie stellen den Bezug zwischen den zuvor gelieferten Informationen und den persönlichen Erfahrungen aus der Praxis her und schärfen in zentralen Sachverhalten den Blick für unterschiedliche Perspektiven.

Wenn von Auftraggebern die Rede ist, sind Produzenten, Fernsehsender oder Filmverleiher gemeint. Aus Gründen der Lesbarkeit wird auf die sprachliche Konvention zurückgegriffen, die maskuline Form von Wörtern (Regisseur, Komponist, Produzent, Redakteur, Cutter) zu nutzen. Selbstverständlich sind darin alle Geschlechter und Identitäten inkludiert. Die Frage nach Gleichberechtigung innerhalb der Filmmusikbranche wird in einem eigenen Kapitel erörtert. Auf Fußnoten wurde in dieser Neuauflage aus Gründen der Lesbarkeit verzichtet. In einigen Interviews am Anfang des Buches werden Begriffe benutzt, die erst später erklärt werden. Diese können ebenso wie weitere unbekannte Fachbegriffe im Glossar nachgeschlagen werden.

Das Buch beantwortet sicher nicht alle Fragen und geht nicht auf jede denkbare Situation ein. Es kann jedoch zu Diskussionen anregen und das Thema „Filmmusik" ins öffentliche Bewusstsein bringen. Beides mit dem Ziel, den Bereich „Filmmusik" im deutschen Sprachraum weiter zu professionalisieren.

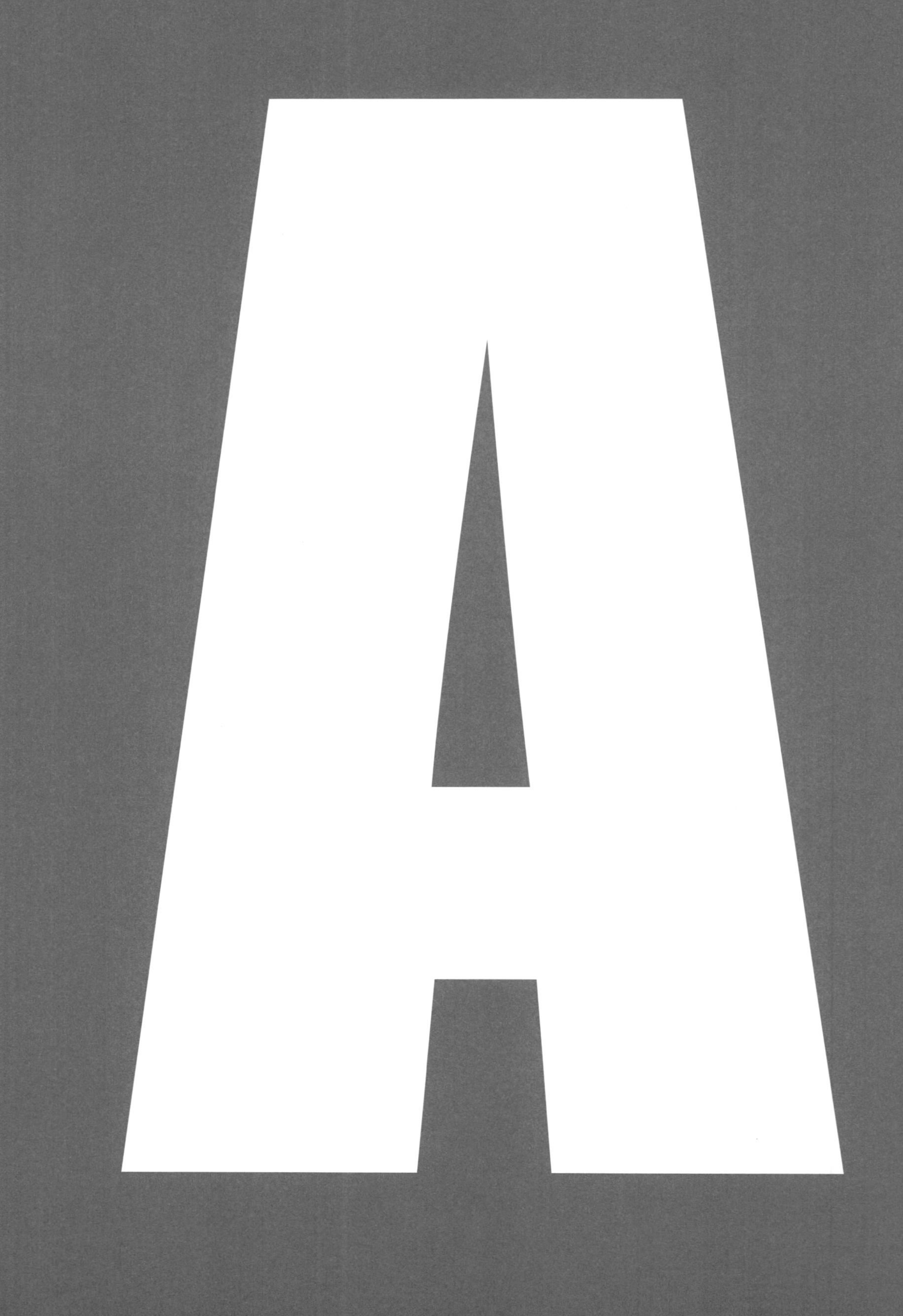

MUSIK UND FILM – UNTRENN-BAR VERBUNDEN

A1 DRAMATURGIE

„Music and film are inseparable. They always have been and always will be."

MARTIN SCORSESE (BEI DER PREMIERE DES FILMS *THE UNION*)

Während der Entstehung eines Films müssen Filmemacher unzählige Entscheidungen treffen. Je bewusster dies geschieht, desto eher gelingt es, die Wirkung des Films auf den Zuschauer einzuschätzen und zu steuern. Der rote Faden, das „Guiding Light" ist dabei die Dramaturgie. Sie ist der strukturelle und emotionale Fahrplan eines Films und wirkt auf allen Gestaltungsebenen, auch auf der Tonebene. Deshalb ist jede tongestalterische Entscheidung, die im Prozess des Filmemachens getroffen wird, zugleich auch eine dramaturgische Entscheidung. Sie hat einen ebenso großen Einfluss auf die Wirkung eines Films wie eine Änderung des Bildschnitts oder ein Eingriff in die Licht- und Farbgestaltung des Bildes. Das wirkungsvolle Zusammenspiel aller Elemente der Bild- und Tonebene ist der Schlüssel zur Seele des Publikums. Es ist deshalb wichtig, Filmmusik nicht nach rein musikalischen Kriterien, sondern immer im Kontext des Films zu bewerten und dramaturgische Grundkonzepte nicht nur in Bezug auf Drehbuch und Filmstruktur, sondern auch auf die Musik zu kennen und zu verstehen.

Kurz gesagt

Komponieren für Film setzt ein *musikalisches* und ein *dramaturgisches* Konzept voraus.

Zu einem Ton- und Musikkonzept gehört daher auch immer das richtige „Spotting", also die Entscheidung, an welchen Stellen im Film man Musik verwendet oder auch bewusst auf sie verzichtet. Auf die Frage, welches die richtige Stelle für einen Musikeinsatz ist, wie viel Musik ein Film verlangt und wie viel er „verträgt", gibt es allerdings keine pauschale Antwort, denn jeder Film hat seine eigenen dramaturgischen Notwendigkeiten und Herausforderungen.

Praxistipp

Fragen zur Geschichte oder zu einzelnen Charakteren erleichtern den Einstieg in musikdramaturgische Diskussionen:

- Worum geht es in der Geschichte/in dieser Szene?
- Warum möchte ich an dieser bestimmten Stelle Musik hören?
- Was wünsche ich mir an dieser Stelle vom Film?
- Was fehlt mir emotional in dieser Szene?

Die oben skizzierten Fragen können allerdings nur der Beginn der Diskussion sein. Das Spotting muss letztlich immer im Zusammenhang mit dem gesamten dramaturgischen Bogen über die Länge des Films betrachtet werden. Das kann auch bedeuten, dass man bewusst auf Musik verzichtet.

Beispiele:

- *Im Westen nichts Neues* (2022): In sehr vielen Totalen des Films gibt es anders als in vergleichbaren Filmen keine Musik. Insbesondere in denen ohne Kriegshandlung.
- *Cast Away* (2000): Der Film verzichtet weitestgehend auf Musik. Die Einsamkeit und die Abgeschiedenheit des Protagonisten werden so noch stärker physisch erlebbar.

In Kapitel C3 („Spotting-Session") wird der Prozess der Auswahl von Musikstellen genauer erklärt.

Über die Beziehung, in der die Musik zum Bild bzw. zum Film stehen kann, gibt es diverse wissenschaftliche Abhandlungen (vgl. Literaturverzeichnis). Fast alle versuchen, die Funktion von Musik im Film theoretisch zu kategorisieren. Abgesehen davon, dass die Beschäftigung mit diesen Begriffen und Theorien sehr zeitaufwendig ist, sind sie in der praktischen Arbeit auch nicht immer zielführend, denn sie beschreiben die Rolle der Musik oft eher statisch und von einem rationalen, analytischen Standpunkt aus und lassen die dynamische Wechselwirkung mit den anderen Gestaltungsebenen außen vor.

Dennoch möchte ich im Folgenden die drei wichtigsten Grundfunktionen auf einer elementaren analytischen Ebene kurz erklären. Dies soll dazu dienen, erste Impulse zum Umgang mit Musik als dramaturgisches Mittel zu geben. Und es soll helfen, sich über die grundsätzliche Rolle von Musik im Film als Motor des emotionalen Rhythmus' bewusst zu werden, den ich im nächsten Kapitel erkläre. Es kann die praktischen Erfahrungen und die eingehende Beschäftigung im Kontext des jeweiligen Films selbstverständlich nicht ersetzen.

Mit der Handlung spielen

Mit der Handlung zu spielen, bedeutet, direkt die offensichtlichen Vorgänge und Emotionen einer Geschichte oder Szene musikalisch zu reflektieren. Der amerikanische Ausdruck *playing the action* gibt dies sehr gut wieder. In der deutschen Fachliteratur wird dafür oft der aus der Rhetorik stammende Begriff „Paraphrasieren" verwendet, der allerdings in der täglichen Arbeit von Filmschaffenden nicht benutzt wird.

„Mit der Geschichte mitspielen" und „mit der Geschichte musikalisch mitgehen" sind sehr anschauliche Ausdrücke, die klar machen, was gemeint ist: Die Musik reflektiert dabei das im Bild Offensichtliche. Wenn die Hauptperson traurig in die Kamera blickt, hören wir traurige Musik. Sehen wir aus dem Blickwinkel eines potenziellen Mörders, wie er eine andere Person verfolgt, ist die Musik spannend oder bedrohlich. Bei einer schnellen Actionsequenz hören wir zum Beispiel schnelle, harte Beats in hohem Tempo. Die konsequenteste Art, „mit der Handlung zu spielen", ist, jede Aktion einer Figur musikalisch zu reflektieren. Meisterhaft umgesetzt ist dies in den frühen Walt-Disney-Zeichentrickfilmen. Hier wird jede Aktion oder Regung der Figuren musikalisch nachgezeichnet bis hin zum obligatorischen Paukenschlag, wenn die Hauptfigur wieder einmal sprichwörtlich mit dem Kopf gegen die Wand läuft. Daher wird der zu offensichtliche Einsatz von *playing the action* oft auch „Mickey-Mousing" genannt.

„Mit der Handlung spielen" ist der eindeutigste, manchmal auch banalste musikdramaturgische Zugang zu einer Szene. Er erleichtert dem Zuschauer die schnelle Identifikation mit Figuren und Geschichten, birgt aber natürlich auch die Gefahr von Oberflächlichkeit und Langeweile beim Zuschauer, weil sich seine emotionale Wirkung irgendwann abnutzt. Überdies führt das musikalische Reflektieren offensichtlicher Zusammenhänge häufig zu einer Daueruntermalung eines Films mit Musik. Besonders deutlich wird dies bei thematisch klar verorteten Serienformaten oder im Kino bei Action-Blockbustern. Zu Zeiten des Stummfilms war dies noch eine wichtige Orientierungshilfe für die Zuschauer. In Verbindung mit Dialog und der weiteren Tonebene aber ist ein pausenloser Einsatz von Musik nicht mehr notwendig.

Um Langeweile zu vermeiden und dieses Konzept effektiv einzusetzen, ist es unbedingt nötig, sowohl die Instrumentierung als auch die Melodien und Harmonien zu variieren und die Instrumente und deren klangliche Farben bewusst auszuwählen. Der Finesse und dem Detailreichtum der Musik sind hier nur durch den Einfallsreichtum und die Variabilität der Komponisten Grenzen gesetzt.

Beispiele:

- Ein berühmtes Beispiel sind die Musiken von John Williams zur *Star Wars*-Saga. Konzeptionell spielt die Musik fast ausschließlich mit der Handlung und verdoppelt so das im Bild Sichtbare auf der Tonebene. Dennoch sind sie auf der Basis vollendeten Kompositionshandwerks entstanden. Die Melodien sind einfallsreich, die Instrumentierung ist abwechslungsreich und durchdacht.
  Die Grundemotionalität der Filme ist so gut getroffen, dass man sich keinen anderen filmmusikalischen Zugang zu diesen Filmen vorstellen kann.

- Ein anderes Beispiel für effektives Mit-der-Handlung-Spielen ist die berühmte Duschszene im Film *Psycho* (1960). Hier zeigt die Musik typische Merkmale des Mickey-Mousing. Die Messerstiche werden fast rhythmisch identisch von den hohen schrillen Streichern des Orchesters imitiert. Und doch ist diese Musik des Komponisten Synonym für effektive und extrem wirkungsvolle Suspense- und Thrillermusik geworden, denn sie reflektiert nicht nur Action, sondern auch die Gefühle des Opfers.

Gegen die Handlung spielen

„Gegen die Handlung spielen", manchmal auch „Kontrapunktieren" genannt, ist das Gegenteil des eben Beschriebenen. Hier wird zu einer klaren Botschaft im Bild oder der Geschichte bewusst ein gegensätzlicher emotionaler Standpunkt musikalisch formuliert.

Ist eine Szene schnell geschnitten, stellt man ihr beim Kontrapunktieren zum Beispiel eine langsame Musik gegenüber. Ist die Handlung einer Szene brutal, kontrapunktiert man sie mit einer besonders friedlichen und „schönen" Musik. Die Möglichkeiten, eine Szene durch Musik zu kontrapunktieren, sind zahlreich. Dieses Konzept ist sehr effektiv, weil es ermöglicht, die innerste Wahrheit einer Geschichte, die tiefste Regung eines Charakters hör- und damit fühlbar zu machen. Die Spannung, die die Musik in Bezug zum Bild und zur Geschichte aufbaut, erhöht die Sensibilität des Publikums noch zusätzlich.

Beispiele:

- *Gladiator* (2000): Hans Zimmers Musik zur ersten großen Schlacht am Anfang des Films endet in einem fast sakralen, erhabenen Thema. Das Orchester spielt ein langsames Tempo, der Klang ist warm und voll, die O-Töne und das Sounddesign treten in den Hintergrund bis hin zum totalen Fade-out. Währenddessen steigern sich die Schlacht und die Action im Bild zu ihrem Höhepunkt, an dem der Held seine Truppen zum Sieg führt. Der Zuschauer nimmt dadurch den Helden trotz der realistischen und brutalen Darstellung der Schlacht nicht als Kampfmaschine, sondern als einen besonderen Menschen wahr, der einer höheren Bestimmung folgt und dessen an sich grausame Taten einer guten Sache dienen. Zugleich führt die sakrale Färbung der Musik dem Zuschauer die Sinnlosigkeit einer solchen Schlacht vor Augen. Sie vermittelt ihm, dass in einer solchen Schlacht alle Feinde, egal welcher Herkunft oder Religion, im gleichen Schicksal vereint sind und hebt so die Trennung zwischen Gut und Böse im Angesicht des Todes auf.

- *Mission* (1986): In der Schlusssequenz begleitet Komponist Ennio Morricone die blutige Missionierung der amerikanischen Ureinwohner mit einem friedlichen Choral. Mit dem Höhepunkt des Mordens setzt das zutiefst melancholische Oboensolo des Hauptthemas ein, durchbrochen von den einzelnen Schlägen einer tiefen Trommel. Es findet durch die schreckliche Gewalt auf der Leinwand hindurch seinen Weg direkt ins Herz des Publikums und ruft eine Mischung aus Entsetzen und unendlichem Mitgefühl hervor.

Das emotionale, aber auch das manipulative Potenzial des gerade beschriebenen dramaturgischen Ansatzes kann durch eine durchdachte Tonmischung noch verstärkt werden.

Den Subtext der Handlung herausarbeiten

Dieser Ansatz – in der Literatur oft „Polarisieren" genannt – bedeutet, eine an sich neutrale Szene bzw. neutrale Bilder mit Musik einzufärben. Hier gibt die Musik einem Bild oder einer Szene, das bzw. die keine eindeutige Aussage hat, eine emotionale Richtung. Klassische Beispiele hierfür sind Eröffnungssequenzen und Establishing-Shots. Stellen wir uns folgende Szene vor: Filmbeginn, lange Kamerafahrt über herbstlichen Wald, durch den eine Straße führt. Von ferne erkennen wir ein Auto, das langsam näherkommt. Schnitt ins Auto, wir sehen eine junge Frau am Steuer. Die Kamera bleibt im Auto, wir sehen das Gesicht der Frau aus der Nähe. In diesen 40 Sekunden hat die Musik die Möglichkeit, alles Wesentliche über die Geschichte und vielleicht auch über die Figur im Auto zu erzählen.

Beginnt die Musik mit tiefen, bedrohlich schleichenden Tönen, muss der Zuschauer davon ausgehen, dass etwas sehr Unangenehmes passieren wird oder bereits passiert ist.

- Schweigt die Musik am Anfang und setzt erst im Auto als Autoradiomusik ein – angenommen, die junge Frau hört aggressiven Hardrock –, bekommt der Zuschauer durch die Stilrichtung der Musik Anhaltspunkte für die psychische Befindlichkeit der Fahrerin oder ihre Persönlichkeit.
- Hört das Publikum von Anfang an ein mitreißend positives Orchesterstück mit schöner Melodie und vielen Glöckchen und Harfen, vermutet es die junge Dame eher auf dem Weg zu einer äußerst angenehmen privaten Verabredung. Auf jeden Fall nimmt das Publikum an, dass in ihrer Welt alles in Ordnung ist.

Bei Establishing-Shots ist das beschriebene Konzept noch einfacher zu verstehen. In ein paar Sekunden kann die Musik aus dem an sich neutralen Bild eines weiß gestrichenen, von einem Garten umgebenen Einfamilienhauses entweder einen Ort des Schreckens machen oder es für die folgenden 90 Minuten zum Zentrum der glücklichen Familie erklären, das dem Publikum das Happy Ending quasi garantiert.

Auch jenseits der gerade beschriebenen offensichtlichen Wirkungsweisen bietet dieser Ansatz zahllose Möglichkeiten, subtil auf den Gang einer Geschichte oder die Identifikation mit Figuren Einfluss zu nehmen, indem ein Subtext hör- und dadurch auch fühlbar gemacht wird. Es kann dem Publikum sagen, dass sich in einer Szene mehr als das sowieso Offensichtliche ereignet, ohne die ganze Wahrheit zu verraten. Es bindet das Publikum ein, lenkt die Aufmerksamkeit unmerklich und fördert die Identifikation mit den Charakteren. Zudem erleichtert es dem Komponisten, eine Grundemotionalität zu etablieren, auf deren Hintergrund die Aktionen und Dialoge der Figuren glaubwürdig wirken.

Kurz gesagt

1. Die Filmmusik kann mit der Handlung spielen (*playing the action*).
2. Die Filmmusik kann gegen die Handlung spielen (*playing against the action*).
3. Die Filmmusik kann den Subtext der Handlung herausarbeiten (*playing obliquely or playing the subtext*).

In der Praxis merkt man schnell, dass die Ansätze in jeder Schattierung kombiniert oder gemischt werden können. Sie können als ästhetisch-emotionale Richtungsentscheidung für den ganzen Film eingesetzt werden, zum Beispiel indem man bei einer Komödie durch den konsequenten Einsatz trauriger Musik gegen die Handlung spielt und damit das Drama hervorhebt, das in der Komödie enthalten ist. Oder sie können szenenspezifische Probleme lösen, zum Beispiel einen schwachen Dialog stützen, indem die Musik die Botschaft des gesprochenen Wortes auch musikalisch reflektiert und damit verstärkt. Nicht immer sind sie klar voneinander abgrenzbar. Dennoch ist ein grundlegendes Verständnis dieser Konzepte notwendig, um ein Bewusstsein für die Wirkung von Musik im Film zu entwickeln. Je erfahrener Komponisten, Regisseure, Cutter, Redakteure oder Produzenten im Umgang mit diesen Konzepten werden, desto sicherer sind sie in der Gestaltung des emotionalen Rhythmus' eines Films.

A2 EMOTIONALER RHYTHMUS

> **„I don't want to tell you what to feel, but I just want you to have the possibility of feeling something."**
>
> HANS ZIMMER

Gute Geschichten leben vom Auf und Ab verschiedenster menschlicher Gemütszustände, oft im Kontext existenzieller Erfahrungen. Für den Film bedeutet dies, er erreicht sein Publikum umso stärker, je mehr er es dem Publikum ermöglicht, etwas zu fühlen, sich emotional zu involvieren und im Idealfall die Reise der Filmgefühle mitzugehen. Eine Reise, die sich zwischen verschiedenen Polen abspielt, die von Anziehung und Ablehnung bestimmt ist und sich irgendwo auf dem Weg zwischen ganz oben und ganz unten, zwischen Triumph und Tragödie ereignet. Die Intensität, mit denen die Emotionen zupacken, die Häufigkeit, in denen sie das Publikum konfrontieren und nicht zuletzt die Direktheit, mit der sie mitgeteilt werden, all das definiert den emotionalen Rhythmus eines Films.

Der Beat der Emotionen

Der emotionale Rhythmus eines Films wird also zum einen dadurch bestimmt, wie die Wechsel zwischen den emotionalen Zuständen der

Charaktere – und damit im besten Fall auch des Publikums – vollzogen werden. Sie können sich zum Beispiel unmerklich einschleichen oder fast schockartig zuschlagen. Zum anderen lebt der emotionale Rhythmus wesentlich vom Timing, das diesen Wechseln zugrunde liegt. Er lebt davon, wann und auf welche Weise der nächste „Beat", der nächste emotionale Impuls zu spüren ist und wie diese Impulse über den Verlauf des gesamten Films verteilt sind.

Der Beat der Emotionen macht Geschichten und Charaktere mehrdimensional, durch ihn wird eine Geschichte interessant und spannend. Filmmusik trägt wesentlich zur Schaffung und Unterstützung unterschiedlicher emotionaler Zustände bei. Sie ist daher ein wesentlicher Bestandteil des Beats der Emotionen.

Das emotionale Gewissen

Am wirkungsvollsten ist sie, wenn der gesamten Tonebene (Musik, Sounddesign, Dialog) die gleiche kreative Vision zugrunde liegt. Denn die Tonebene ist in aller Regel das „emotionale Gewissen" eines Films. Sie kann Emotionalität verdichten, die Aufmerksamkeit des Publikums lenken und dem Bild ungeahnte Dimensionen hinzufügen. Und das in einer Intensität, wie es das Bild allein nicht vermag. Sie ist deshalb der Schlüssel zum emotionalen Rhythmus eines Films.

Stimmt der emotionale Rhythmus eines Films nicht, dann gelingt es auch nicht, das Publikum in diese verschiedenen „emotionalen Aggregatszustände" zu versetzen. Die Geschichte wird langweilig, das Publikum schaltet ab.

Zusammengefasst kann man sagen: Die Herausforderung besteht darin, die in Kapitel A1 („Dramaturgie") beschriebenen musikdramaturgischen Ansätze bewusst und ökonomisch über die gesamte Länge des Films mit Blick auf den emotionalen Rhythmus einzusetzen. Nur so kann die Musik ihre ganze Wirkung entfalten. Wirkungsorientierte Filmmusik trifft den emotionalen Kern des Films. Sie hilft der Geschichte und den Charakteren, wo es nötig ist. Sie treibt sie voran, schafft emotionale und formale Bezüge, verstärkt das Offensichtliche oder arbeitet das Unsichtbare heraus. Gute Filmmusik übernimmt eine eigene Rolle, funktional und dramaturgisch. Sie wird fast zu einem eigenen Darsteller im dramaturgischen Geflecht des Films.

Praxistipp

Gerade die manipulativsten Gestaltungstechniken laufen Gefahr, sich bei zu häufigem Gebrauch schnell abzunutzen. Es ist wie mit den Süßigkeiten vor dem Fernseher: Man verschlingt in kurzer Zeit Unmengen und das letzte Stück ist eines zu viel und verdirbt einem für lange Zeit die Lust auf mehr.

A3 GRENZEN DES MACHBAREN

„Ich kann den Film vielleicht aufpolieren, aber ich kann ihn nicht wiederbeleben."

BERNARD HERRMANN

Diese Antwort Bernard Herrmanns auf die Bitte eines Regisseurs, seinen Film mit brillanter Musik zu retten, zeigt sehr gut die Grenzen von Filmmusik auf. Filmmusik kann selbstverständlich manchmal schwachen Szenen helfen und, wie es der Komponist Elmer Bernstein formulierte, „Zeit auf interessante Weise totschlagen". Doch ihren Möglichkeiten sind auch Grenzen gesetzt. Wenn ein Film keine emotionale Tiefe oder Mehrdimensionalität hat, kann Musik sie auch nicht künstlich erzeugen. Pointiert formuliert: Ein schlechtes Drehbuch wird durch gute Musik nicht besser.

„Rettungsmusiken" zu schreiben, gehört zu den unangenehmsten und schwierigsten Aufgaben von Filmmusikkomponisten. Die Erwartungen an die Musik sind dabei oft diffus und können nicht klar formuliert werden, weil grundsätzliche Fragen des Films ungeklärt sind. Zudem besteht die Gefahr, dass solche Musik nach rein subjektiven, geschmacklichen Kriterien und nicht nach den dramaturgischen Notwendigkeiten beurteilt wird, um zu vermeiden, dass eine genaue dramaturgische Analyse vorgenommen wird. Denn diese würde Schwächen in Drehbuch oder Inszenierung schonungslos offenlegen – eine unangenehme Situation, die alle Beteiligten gern vermeiden möchten.

Das punktuelle Nutzen von Musik als Reparaturwerkzeug bei einer Szene oder auch nur einem einzigen Schnitt ist in der Regel kein Problem. So kann sie zum Beispiel über einen unglücklichen Schnitt hinwegspielen oder die Aufmerksamkeit kurzzeitig von einer schwachen darstellerischen Leistung weg zu irgendeiner Äußerlichkeit lenken. Zu häufige Inanspruchnahme dieser Hilfsfunktion birgt aber das Risiko, dass einem Film mehr Schaden zugefügt wird, als es ihm nützt. Filmmusik ist Teil der Filmdramaturgie. Setzt man Filmmusik zu oft an Stellen ein, an denen sie keine klare emotionale oder strukturelle – kurz: dramaturgische – Funktion hat, schwächt man die Wirkung der Filmmusik, die an den „richtigen" Stellen liegt. Daher ist es oftmals besser, den einen oder anderen „sauren Drops" ohne Musik zu schlucken als zu versuchen, ihn durch Musikeinsatz zu „verschlimmbessern" und ihn so dem Publikum auf dem Silbertablett zu servieren.

Praxistipp

Betreiben Sie rechtzeitig Erwartungsmanagement und sprechen Sie offen über Stärken und Schwächen des Drehbuchs, der Inszenierung oder des Schnitts. Nur so können Sie herausfinden, wie die Musik dramaturgisch am wirkungsvollsten eingesetzt wird.

A4 INTERVIEW MIT KAROLA MEEDER (REGISSEURIN)

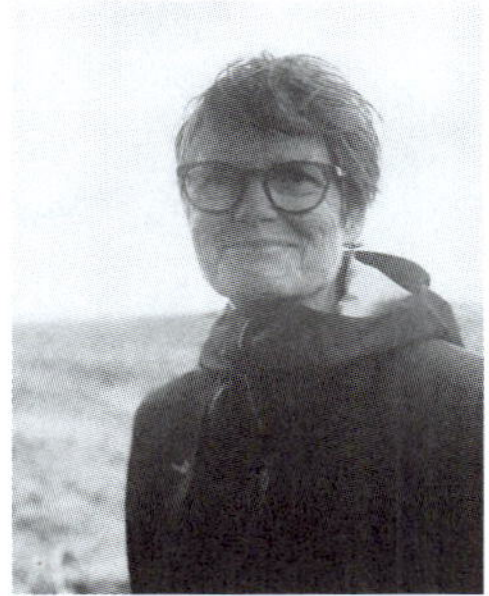

© John Aisle

Karola Meeder gehört zu den erfahrensten Regisseurinnen im deutschen Fernsehen. Seit mehr als 30 Jahren inszeniert sie vorwiegend TV-Primetime-Filme in quotenstarken Formaten wie *Das Traumschiff, Ein Sommer in …* oder *Rosamunde Pilcher.*

Was zeichnet in deinen Augen gute Filmmusik aus?

Dass sie die Dramaturgie eines Films voranbringt. Gute Filmmusik ist nie aufdringlich und setzt einen individuellen Ton für den Film, der im Idealfall Hand in Hand mit dem Bild geht. Niemals ragt das eine oder das andere heraus. Filmmusik ist dann auch gut, wenn sie mich überrascht. Es gibt in gewissen TV-Formaten einen Sound, der mich gar nicht mehr überrascht. Da wird meist ein permanenter Musikteppich benutzt. Das ertrage ich nicht, das ist für mich ein Beispiel für schlechte Musik. Es bedient vielleicht das Genre, aber es macht für mich meistens die Bilder kaputt bzw. überlagert sie, und das ist das Gegenteil von guter Filmmusik.

Wenn du inszenierst oder ein Buch vorbereitest, spielt für dich die Tonebene da schon eine Rolle?

Ja, absolut. Aber zuerst beschäftige ich mich mit der Musikebene des Films, den es zu realisieren gilt. Ich habe die erste Drehbuchfassung, ich kenne ungefähr die Richtung des Genres – Komödie, Liebesgeschichte, Drama usw. – und dann fange ich an, im Internet Musikstücke zu suchen, baue mir einen Kosmos auf der Musikebene. Ich gehe so durch Soundtracks und suche auch Songs, denn wir brauchen ja auch immer Source-Musiken. Der Kosmos des Filmtons entsteht parallel. Wenn ich das Buch dann zwei-, dreimal gelesen habe, höre ich auch den Ton. Dann geht es um Tempo in Szenen, um die Schärfe des Tons, die Rolle der Geräusche und das Timing. Ich tausche mich früh mit meinem Cutter aus, der sehr musikaffin ist und auch schon sehr früh Musiken raussucht – er schöpft da aus einem großen Archiv von Soundtracks aller Art. So werfen wir beide uns die Bälle zu.

Dieser Prozess, den du gerade beschrieben hast, geht ja nachher weiter, wenn du über Musik nachdenkst oder wenn ihr Musik im Schneideraum sucht. Ist das für dich ein ausschließlich intuitiver oder auch ein rationaler Prozess?

Ich glaube, in der Kombination mit meinem Cutter bin ich die Intuitive und er übernimmt den rationalen Part. Er ist filmtheoretisch sehr versiert und erklärt mir oft Dinge und argumentiert dramaturgisch oder weist mich auf bestimmte Zusammenhänge hin. Das ist manchmal hilfreich, oft nicht. Dann stimmt der Ton der Musik trotzdem noch nicht. Wir suchen dann so lange, bis wir beide merken, jetzt haben wir's. Und von daher die kurze Antwort: Ich bin intuitiv.

Gibt es deiner Ansicht nach einen Unterschied zwischen der Filmmusik in sehr quotenorientierten und der in weniger quotenorientierten Projekten?

Also für mich persönlich nicht. Ich gehe an jedes Projekt mit der gleichen leidenschaftlichen Intention ran. Ich denke aber, dass häufig die quotenträchtige Musik weniger individuell ist. Sie bedient mehr dieses teppichmäßige „Mainstream-Gedudel", was schon sehr lange in gewissen Formaten stilbildend ist. Damit wird man jedoch den Möglichkeiten von Filmmusik nicht gerecht. Dennoch gibt es Zuschauer*innen, die genau diese Art von Teppich lieben. Auch viele Produzent*innen tun das. Bei ihnen herrscht die Vorstellung, das Publikum kann bildlich gesprochen auch mal raus in die Küche und sich Bier holen, bleibt dabei aber durch den Musikteppich und Ton stets noch in der Geschichte orientiert. Ein anderer Aspekt ist natürlich das Geld. Ich glaube schon, dass da unterschiedlich gewichtet wird, zum Beispiel nach Vorabend und Hauptabend. Bei vielen Produktionen wird die Musik oberflächlicher bedient, weil es billiger sein muss.

*Wie hat sich deinem Erleben nach die Zusammenarbeit mit Komponist*innen verändert?*

Ich selbst habe eigentlich kaum Veränderung erlebt, weil ich mit Musik immer schon akribisch arbeite. Es gibt Komponist*innen, die muss man sehr antreiben, nicht immer musikalische Teppiche zu legen und genau und fein zu arbeiten, mit anderen funktioniert die Zusammenarbeit von vornherein sehr gut. Aber ich werde klüger und noch feiner in der Arbeit als früher, da habe ich mich vielleicht schneller zufriedengegeben. Bei der Umsetzung hat sich vor allem verändert, dass kein Geld mehr für Orchesteraufnahmen da ist. Echtes Orchester habe ich in den letzten Jahren nicht mehr erlebt. Alle Komponisten, die ich kenne, arbeiten mit ihren Computerprogrammen und entwickeln die Filmmusik fast ausschließlich allein. Manche Komponisten können mehrere Instrumente spielen, manche müssen einzelne Musiker engagieren, aber das wird immer weniger. Die Soundqualität, die mit Computerprogrammen erzeugt wird, ist allerdings hervorragend. Früher hast du die künstlichen Geigen sehr stark herausgehört, das ist vorbei. Was sich aber vor allem geändert hat sind die Zeitabläufe. Alles muss viel schneller gehen, man hat weniger Zeit, Dinge auszuprobieren. Auch der/die Komponist*in hat weniger Zeit und muss Projekte immer schneller abwickeln. Stilistisch würde ich sagen, dass sich die Musik im TV-Bereich dahingehend verändert hat, dass sie vielseitiger und spritziger geworden ist. Alles muss schneller, spannender und abwechslungsreicher sein.

*Was erwartest du von Komponist*innen, wenn du mit ihnen zusammenarbeitest?*

Vor allem Ideenreichtum. Das ist wirklich mein größtes Anliegen. Dass er/sie mich überrascht, mal einen anderen Blick auf eine Szene hat und was ganz Neues dazu gibt, dass er/sie schnell umsetzen kann, ein ähnliches Verständnis von der musikalischen Umsetzung hat. Denn es ist sehr schwierig, über Musik zu reden. Wenn diese intuitive Kommunikation zwischen Komponist*in und Regisseurin klappt, weil man einen ähnlichen inneren, intuitiven Musikkosmos hat, aus dem man schöpft, dann bin ich glücklich und ich weiß, es wird am Ende eine gelungene Musik geben. Wenn ich alles erklären muss, wird es mühsam, und dann weiß ich, es wird eh nicht in die Richtung gehen, die ich mir eigentlich wünsche, weil er/sie eine andere Denke, einen anderen Anspruch hat. Also von daher erwarte ich eine ähnliche Herangehensweise, ähnlichen Anspruch und dass wir beide Film lieben.

Glaubst du, dass deine Zusammenarbeit mit Komponistinnen anders wäre als mit Komponisten? Aber das ist natürlich eigentlich eine sinnlose Frage …

Ich habe noch nie mit einer Frau zusammengearbeitet. Das ist eigentlich schade. Ich würde es gern mal erleben. Ich wäre sehr gespannt zu erfahren, inwieweit sich die Zusammenarbeit anders anfühlen würde als mit einem Mann.

Spürst du denn unabhängig von deiner eigenen Arbeit schon irgendwas von Förderprogrammen für Frauen, wenn du die Branche beobachtest?

Nein, spüre ich nicht. Ich bezweifle ja diese Förderprogramme. Immer wenn ich davon höre, sind das Frauen, die auch schon über 40 sind und ausnahmsweise mal den Film einer etablierten TV-Reihe machen dürfen. Ich denke dann, das müssten doch eigentlich Studentinnen mit Mitte/Ende 20 sein, die noch nie was gemacht haben. Ich glaube, diese Entwicklung läuft schlichtweg noch nicht lange genug. Zur Förderung im Bereich Filmmusik speziell kann ich nichts sagen. Da kenne ich mich zu wenig aus.

Gerade weil du so viel Erfahrung und noch die Zeiten erlebt hast, in denen Frauen absolute Exotinnen waren: Würdest du sagen, ein Kulturwandel ist grundsätzlich fällig?

Auf jeden Fall. Mehr Chancengleichheit, mehr Vielseitigkeit ist notwendig. Aber das heißt wirklich auch, dass besonders in den öffentlich-rechtlichen Anstalten Strukturen aufgebrochen werden müssen. Es gibt TV-Reihen, die werden seit Jahren immer an dieselben Produktionsfirmen und Regisseure vergeben. Der Gedanke der Förderung, den bedient der öffentlich-rechtliche Rundfunk zwar schon. Trotzdem muss es viel breiter gestreut werden, auch wenn ich persönlich dann weniger Arbeit haben werde (hahaha). Es muss viel mehr Menschen die Chance gegeben werden zu arbeiten. Ich persönlich bin durch Learning by Doing reingekommen, dadurch, dass plötzlich jemand zur mir als Regieassistentin sagte: „Mach mal." Das geht heute gar nicht mehr und das finde ich grundsätzlich auch gut. Trotzdem glaube ich, dass neue Leute, vor allem in den Bereichen Regie und Kamera und auch bei den Autor*innen und Filmkomponist*innen, noch mehr Chancen bekommen müssten.

*Ich teile deine Beobachtung, dass Veränderungen nur sehr schleppend vollzogen werden. Zum Beispiel werbe ich seit geraumer Zeit vergeblich für ein durch Sender gefördertes Mentorensystem für junge Komponist*innen.*

Ja, das finde ich, ist eine super Idee, das wäre für Regie auch absolut nötig. Gerade weil es ja gar keine Regiepraktikanten gibt, zumindest nicht bei meinen Auslandsproduktionen. Es gibt entweder dieses Förderprogramm oder die Hochschulausbildung ohne Praxisbezug. Für mich wäre es deshalb toll und sinnvoll, wenn ich meine Erfahrung an ausgebildete Leute in der Praxis weitergeben könnte, ein formatspezifisches Förderprogramm sozusagen. Das wäre auch sehr notwendig im Bereich Drehbuchautor*in. Wie lange schreiben bestimmte Autor*innen schon für die gleichen Formate? Von Senderseite höre ich dann: „Die/den nehmen wir, die wissen Bescheid, denn man muss das ja auch können." Ja, aber woher können, wenn es nicht in der Praxis geübt wird? Wie immer geht es ums Geld, denn natürlich wollen die Sender das nicht finanziell mittragen.

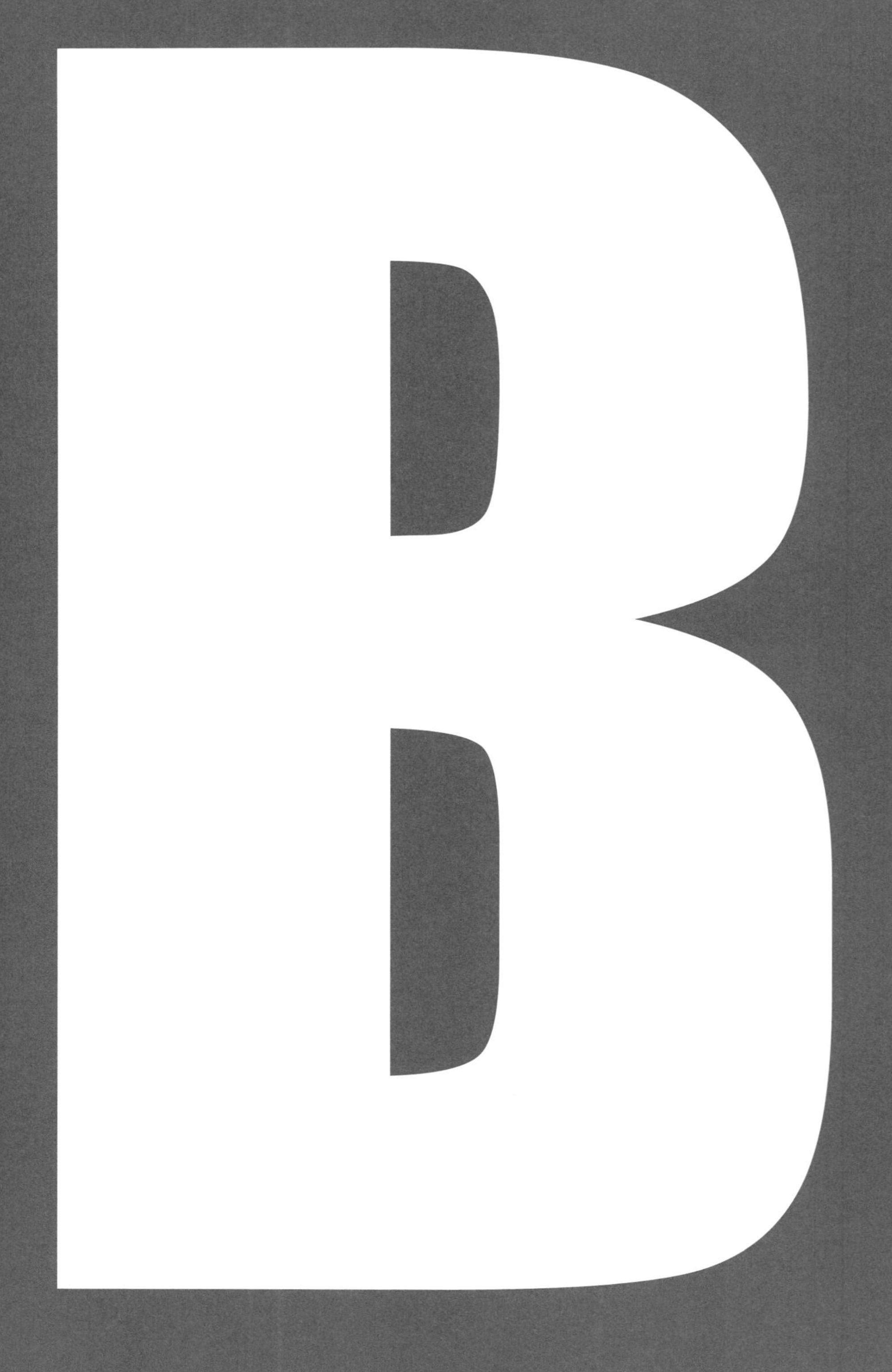

WER IST DER ODER DIE RICHTIGE?

B1 AUSWAHL

„I was lucky Mozart was not eligible this year."

MAURICE JARRE (BEI DER OSCARVERLEIHUNG 1985)

Filme machen ist Terminarbeit. Die Einhaltung eines festen Zeitplans in der Postproduktion ist zwingend notwendig, da die Zeitspanne zwischen Drehende und Auslieferung des Films normalerweise so kurz wie möglich gehalten werden soll. Regelmäßig ist dies bei Fernsehauftragsproduktionen der Fall, bei denen die Produktionsfirmen ihr volles Honorar vom auftraggebenden Sender erst nach Abgabe des fertigen, technisch einwandfreien Sendebandes erhalten. Nicht selten kommt es zudem vor, dass Produktionen früher als ursprünglich geplant veröffentlicht werden sollen und sich so die Endfertigungszeit eines Films zum Teil erheblich verkürzt. Von einem erfahrenen TV-Produzenten ist angesichts des knappen Postproduktionszeitraums eines TV-Movies das Bonmot überliefert, man nähere sich „der aktuellen Berichterstattung". In Konsequenz bedeutet das: Werden Termine nicht exakt eingehalten, kann der Film schlimmstenfalls nicht veröffentlicht werden.

Dennoch gibt es bei vielen Produktionen die Tendenz, wesentliche Entscheidungen, auch Personalentscheidungen, bis zum letztmöglichen Zeitpunkt aufzuschieben, sei es aus Unbedachtheit oder einfach, um sich alle Wahlmöglichkeiten bis zur letzten Sekunde offen zu halten. Ein Prozedere, das nach Drehende sehr häufig zum Damoklesschwert wird. Dabei könnte man das Problem (zumindest was die Filmmusik anbelangt) problemlos entschärfen, indem man einen Komponisten frühzeitig engagiert.

Das folgende Kapitel erklärt insbesondere potenziellen Auftraggebern, welche Vorteile alle Seiten von einer frühzeitigen Verpflichtung des

Komponisten haben. Es stellt Wege dar, wie Auftraggeber die richtigen Komponisten für ihr Projekt finden können, und erläutert die wichtigsten Kriterien, die bei der Auswahl eine Rolle spielen sollten. Dabei wird auf die marktüblichen Abläufe Bezug genommen und es werden Anregungen zur Optimierung der Strategien gegeben.

Der richtige Zeitpunkt

Ein Komponist braucht Zeit, Konzepte zu erstellen, die Charaktere des Films zu studieren und die Grundemotionalität der Geschichte zu erfassen. Er braucht Zeit, sein musikalisches Material zu suchen und auszuprobieren, über Klänge, Themen und die wirkungsvollste Instrumentierung nachzudenken. Und er braucht Zeit, die Musikproduktion vorzubereiten und zu planen.

Praxistipp

Je früher der Komponist engagiert wird, desto besser.

Der Dialog mit dem Komponisten sowohl während des Roh- als auch des Feinschnitts gibt Cuttern und Regisseuren neue inhaltliche Impulse und kann die Arbeit am Schneidetisch direkt beeinflussen. Am offensichtlichsten gilt das für die Frage der Verlängerung oder Kürzung von Szenen. Zum Beispiel haben Szenen, die ohne Musik als zu lang empfunden werden, mit Musik oft genau richtige Länge. Insbesondere Szenenabschlüsse oder besondere Kameraeinstellungen, bei denen nur ein fragmentierter Originalton vom Drehort vorliegt, werden häufig ohne Geräusche und Musik als zu lang empfunden und deshalb bis aufs Äußerste gekürzt. Der Komponist kann in solchen Fällen gute Hinweise geben, was seine Musik am Ende leisten wird, und kann neue emotionale und dramaturgische Perspektiven aufzeigen. Eine Verpflichtung des Komponisten spätestens zu Beginn des Rohschnitts ist deshalb sehr empfehlenswert. Wartet man mit der Verpflichtung des Komponisten bis nach dem Feinschnittende, bleibt weniger Zeit für inhaltliche Diskussionen und die Suche nach thematischen und stilistischen Alternativen. Der Komponist wird unnötig unter Zeitdruck gesetzt.

Sollte bereits am Drehort Musik nötig sein, zum Beispiel bei Szenen mit choreografierter Livemusik, ist es sinnvoll, den Komponisten bereits deutlich vor Drehbeginn zu engagieren. So kann er frühzeitig mit der Erstellung der Musikplaybacks für den Dreh beginnen. Zumindest sollte man vom Komponisten eine grobe Skizze des Stücks vorbereiten lassen, in der die wichtigsten musikalischen Motive und vor allem das Tempo bereits festgelegt sind. Den Komponisten oder einen musikkundigen Mitarbeiter wie Music Editor oder Assistenten zum Dreh der entsprechenden Szenen ans Set zu holen, ist unbedingt notwendig. So können nicht nur Fragen der Synchronisation geklärt und überwacht werden, auch Schauspieler sind in der Regel froh über jede Art von musikalischem Coaching, das ihnen hilft, ihre Darstellung so realistisch wie möglich aussehen zu lassen. Wenn diese Dinge nicht sorgfältig genug koordiniert sind, führen sie später mit Sicherheit zu großen Schwierigkeiten im Schneideraum und oft zu noch größeren Schwierigkeiten für den Komponisten. Denn er hat dann die Aufgabe, für völlig unzusammenhängende Bilder und Bewegungen eine organische und rhythmisch sinnvolle Musik zu schreiben. Ist dabei auch noch Lippensynchronität gefragt, kann dies zu einer kompositorischen und produktionstechnischen Tortur werden, die wiederum sehr viel Zeit und Geld kostet.

Oft wird auch der Zeitbedarf für die Kommunikation zwischen Regie, Cutter und Komponisten unterschätzt. Je früher ein Komponist an Bord ist, desto entspannter kann sich ein Vertrauensverhältnis und damit der kreative Austausch und das gemeinsame Suchen nach der besten Lösung entwickeln. Gerade wenn ein Team zum ersten Mal zusammenarbeitet, kann dies wesentlich zum Gelingen eines Projekts beitragen.

Wie viel Zeit insbesondere für die Konzept- und Materialsuche benötigt wird, ist bei jedem Komponisten individuell verschieden. Als Faustformel kann man davon ausgehen, dass ein versierter Komponist täglich zwischen zwei und vier Minuten Musik schreiben und als Layout produzieren kann. Um das leisten zu können, muss allerdings zuvor die Grundrichtung klar sein und in groben Zügen Einigkeit über Länge und Einsatzorte der Musik bestehen. Oder der Komponist hat weitestgehend freie Hand in seinen Entscheidungen. Zusätzlich muss noch Zeit für Abnahmen oder Besprechungen, für Produktionsvorbereitung wie zum Beispiel Orchestration und Notenerstellung, sonstige organisatorische Aufgaben und natürlich die Musikproduktion selbst eingeplant werden.

Das bedeutet, dass man bei einem durchschnittlichen TV-Film nach Feinschnittabnahme auf jeden Fall von folgendem Zeitaufwand ausgehen sollte:

- ungefähr eine Woche für Konzeption und Vorbesprechungen
- rund vier Wochen für Komposition und inhaltliche Abstimmung
- eine weitere Woche für Produktionsvorbereitung und Produktion

Bei einem Kinofilm ist von einem deutlich höheren Zeitbedarf auszugehen. Und natürlich variiert der Zeitaufwand je nach Menge, Komplexität und Machart der Musik: Ein Drama mit 60 Minuten großer Orchestermusik braucht normalerweise mehr Zeit als ein Krimi mit 20 Minuten rein elektronischer Musik.

Zu bedenken ist auch, dass allzu kurzfristige Produktionsanforderungen oft zu Mehrkosten führen, die bei rechtzeitiger Planung und Buchung vermeidbar sind. Alles Wissenswerte dazu wird in Kapitel D3 („Produktion") erklärt.

Vor der Planung der Postproduktion sollte man sich immer eines bewusst machen: Komponisten stehen vor ähnlichen Herausforderungen wie Drehbuchautoren. Sie arbeiten genauso an den Charakteren, suchen und diskutieren Alternativen und formen den emotionalen Rhythmus eines Films. Während aber im Drehbuchbereich monatelange Vorarbeiten selbstverständlich sind, haben Komponisten wegen enger Postproduktionszeitpläne in der Regel nur einen Bruchteil dieser Zeit zur Verfügung.

Kurz gesagt

Die frühzeitige Entscheidung für einen Komponisten und ausreichend Zeit nach der Schnittabnahme kosten nicht mehr, sie werden aber fast immer zu einem besseren Ergebnis führen.

B2 KONTAKTPUNKTE

„It was 11 o'clock at night and there's a knock on the studio door. I open the door, a guy standing there, going ‚Hello, my name's Barry Levinson.'"

HANS ZIMMER (ÜBER SEINEN ERSTEN HOLLYWOODFILM *RAIN MAN*)

Welche Möglichkeiten haben nun Regisseure, Produzenten, Redaktionen, „ihren" Komponisten zu finden? Und wie wird man als Komponist gefunden?

Die üblichsten Kontaktpunkte sind folgende:

- persönliche Beziehungen und Empfehlungen
- Music Supervisor
- Agentur
- Versand von Demomaterial und Filmografie
- Ausschreibungen („Pitches")

Persönliche Beziehungen und Empfehlungen

Die meisten Komponisten werden für einen Film verpflichtet, weil sie eine langjährige Arbeitsbeziehung mit dem Regisseur oder der Produktionsfirma eines Films verbindet. Die Entwicklung einer solchen „Arbeitsehe" zwischen Komponist und Regisseur wird von Komponisten als Idealfall angesehen. Kreativität braucht Platz, um sich zu entfalten. Dazu hilft ein geschützter Raum des Vertrauens. Dies spiegelt idealerweise auch das Verhältnis wider, in dem Komponist und Regisseur zueinander stehen. In lang anhaltenden Arbeitsbeziehungen entwickelt sich gemeinsames Vokabular und man kennt die gegenseitigen Vorlieben. Der Komponist ist in der Lage, Unausgesprochenes zu spüren und umzusetzen, kann aber auch konstruktiv über Dinge streiten, ohne Angst haben zu müssen, beim Regisseur Unsicherheit zu provozieren.

Da sich im Verlauf eines Projekts durchaus gruppendynamisch schwierige Situationen ergeben können, ist die lang erprobte, verlässliche Beziehung zu einem Regisseur eine wichtige Basis. Kritische Diskussionen mit Produzenten und Redakteuren ohne zu große Vorsicht und Kompromisse fallen dann leichter. Dies gilt insbesondere für schwierige Projekte mit vielen entscheidungsbefugten oder entscheidungswilligen Beteiligten.

Eine wichtige Informationsquelle für Auftraggeber sind auch Empfehlungen und Erfahrungen Dritter. Diese können sowohl von anderen Auftraggebern stammen als auch von Komponisten selbst. Nach wie vor gibt es auch Komponisten, die langjährig mit Assistenten zusammenarbeiten und sehr gut einschätzen können, ob diese bereits weit genug sind, um Projekte eigenverantwortlich zu betreuen.

Music Supervisor

In der Regel ist ein Music Supervisor als Dienstleister für Produktionsfirmen tätig. In Amerika hat dieser Beruf eine lange Tradition und geht bis in die Anfänge des Studiosystems zurück. Seine Aufgaben sind vielfältig: Beratung der Produktionsfirma bei der Erstellung von Musikbudgets, Suche nach passenden Songs für Source-Musiken, Beratung in Lizenzfragen und Rechteklärung, Beratung bei der Auswahl eines Komponisten für die Filmmusik, Suche nach geeigneten Playbacks für den Dreh, Beratung bei der Konzeptionierung der Filmmusik, Hilfe beim Aussuchen von Temp-Tracks und Begleitung der gesamten Filmmusikherstellung von der Spotting-Session bis zur Endmischung.

In Deutschland tätige Music Supervisor beschränken sich meist darauf, Songs an Filmproduktionen zu vermitteln und die Lizenzierungen abzuwickeln. Manchmal vermitteln sie auch Filmkomponisten und fungieren als organisatorisches Bindeglied zwischen ihnen und der Produktionsfirma.

Im Fernsehbereich können Musikredaktionen einzelner Fernsehanstalten sehr nützlich und sinnvoll als eine Art Music Supervisor tätig sein. Sie verfolgen keine kommerziellen Interessen und übernehmen im Idealfall viele der oben beschriebenen Aufgaben. Die Vorteile, die so eine Redaktion für einen Sender bietet, sind nicht zu unterschätzen. Gerade weil der Bereich „Filmmusik" oft mit dem Makel des scheinbar Unkommunizierbaren behaftet ist, kann eine spezialisierte Redaktion fachlichen Rückhalt und Sicherheit bei der Beurteilung inhaltlicher Fragen geben. Auch Budgetdiskussionen können mit ihrer Hilfe fachkundig und schnell geführt und entschieden werden. Gleichwohl sollte ihre Rolle und Entscheidungsbefugnis im kreativen Prozess vorab klar definiert sein.

Ein Spezialbereich des Music Supervising ist die Frage der Rechtefinanzierung. Einige Music Supervisor bieten Filmproduktionen im Auftrag von Medienfonds Finanzierungsmodelle an, die speziell auf den Bereich „Filmmusik" zugeschnitten sind. Da man aber alle anfallenden Verwertungsrechte und damit Verwertungschancen an solche Fonds abgeben muss, ist so eine Zusammenarbeit für die Produktionsfirma nur auf den ersten Blick interessant. Für Komponisten kommt sie fast nie ernsthaft infrage.

Im internationalen Kontext gibt es inzwischen auch Full-Service-Unternehmen an der Schnittstelle zwischen Musikproduktion und Filmproduktion, die sowohl klassisches Music Supervising als auch Rechtefinanzierung aus Eigenmitteln anbieten. Sie übernehmen im Grunde die Funktion einer Filmmusikproduktionsfirma mit allen daraus abgeleiteten Rechten, Pflichten, Risiken und Chancen. Das erste große erfolgreiche Projekt, das in so einer Konstellation realisiert wurde, war der Film *The King's Speech* (2010).

Agentur

In Deutschland gibt es im Unterschied zu anderen Ländern wie Amerika oder England fast keine spezialisierten Filmmusikagenturen. Üblicherweise werden in Deutschland nur Regisseure, Schauspieler und manchmal Kameramänner und Cutter von Agenturen vertreten. Manche dieser Agenturen vertreten inzwischen auch Komponisten. Nur eine vertritt ausschließlich Filmkomponisten. Manchmal wird zusätzlich zur Agenturtätigkeit noch ein mehr oder weniger umfassender Music Supervising Service angeboten. Die Erfahrungen von Produktionsfirmen und Komponisten mit Agenturen, die Filmmusikkomponisten vertreten, sind sehr unterschiedlich, und die Meinungen über Sinn oder Unsinn so einer Zusammenarbeit gehen gerade in Komponistenkreisen so weit auseinander, wie sich die Bedürfnisse der jeweiligen Künstler unterscheiden.

Deutlich spürbar ist aber, dass immer mehr Komponisten einzelne Vertragsverhandlungen in externe Hände geben. In der Regel lassen sie sich dabei durch Anwälte vertreten. Während das Verhandeln mit Anwälten von Produktionsfirmen lange Zeit nicht gern gesehen wurde – schließlich sind Komponisten ohne Vertretung als Verhandlungspartner vermeintlich leichter auszurechnen –, hat hier in den letzten Jahren ein spürbares Umdenken und damit auch eine Professionalisierung eingesetzt.

Für die jeweiligen Komponisten liegen die Vorteile auf der Hand. Da, wie in allen Bereichen der Filmproduktion, die Vertragswerke immer umfangreicher werden und der Kostendruck allgemein steigt, kommen findige Berater von Produktionsfirmen mit immer neuen juristischen Formulierungen und immer komplexeren Vergütungsmodellen um die Ecke. Ein versierter Jurist erkennt solche Zusammenhänge schnell und kann die im Sinne des Komponisten bestmöglichen Lösungen aufzeigen. Ein weiterer Vorteil der Vertretung durch einen Anwalt besteht darin, dass seine Arbeit gewöhnlich auf Stundenbasis vergütet wird und nicht, wie bei einer Agentur, mit einem festgelegten Prozentsatz am Musikbudget. Dies macht sich besonders bei mittleren oder hohen Budgets bemerkbar. Bei diesen steigt die Höhe der Agenturvergütung mit dem Budget, während ein Anwalt nicht mehr verdient, wenn er ein höheres Budget verhandelt.

Aber auch Produktionsfirmen können von Verhandlungen mit Anwälten profitieren. Denn sie haben schlicht eine höhere Rechtssicherheit, wenn sie einen Vertrag mit Profis verhandeln, als wenn sie einem Komponisten fragwürdige und für die Produktion vermeintlich günstige Vertragsformulierungen unterschieben, die häufig einer gerichtlichen Prüfung nicht standhalten. Man sollte meinen, das sei heutzutage kaum mehr möglich. Die Vertragspraxis beweist leider das Gegenteil.

Versand von Demomaterial

Das Senden von Demomaterial an Produktionen oder Redaktionen ist gerade für jüngere oder unbekanntere Komponisten nach wie vor eine gute Möglichkeit, sich in der Szene gezielt vorzustellen und sich „dem Markt" zu präsentieren. Auch von etablierten Komponisten wird immer wieder Material angefordert, um sich ein Bild von ihrer aktuellen Arbeit machen zu können.

Das Versandmedium

War vor zehn Jahren noch der Versand von CDs üblich, wird das Material inzwischen hauptsächlich digital in Form von Links oder MP3s versandt. Auf welche Weise und an wen Material geschickt wird und ob z. B. sogenannte „Kaltakquise" per Mail sinnvoll ist, darüber wird besonders in den sozialen Medien leidenschaftlich diskutiert. Viele Wege führen hier zum Ziel und jeder Komponist macht andere Erfahrungen. Letzten Endes gilt aber für alle: Je gezielter man sein Material als Komponist platzieren kann und je gezielter sich umgekehrt Produktionsfirmen bei der Auswahl von Komponisten informieren können, desto besser. Das bedeutet im Umkehrschluss, dass Videoportale wie YouTube für Filmkomponisten zwar durchaus sinnvolle Funktionen erfüllen können, nicht zuletzt, um grundsätzlich Sichtbarkeit herzustellen. Es ist aber eine Illusion zu glauben, dass diese Sichtbarkeit ernsthaft dazu führt, als Anfänger entdeckt zu werden oder gar eine nachhaltige Karriere zu etablieren. Zu groß sind dort das Angebot, die Konkurrenz und auch die Beliebigkeit der Inhalte.

Auswahl des versandten Materials

Für Komponisten stellt sich beim Versenden von Material zuerst einmal die Frage, welche Stücke enthalten sein sollen. Einerseits möchte man die eigene Arbeit angemessen in allen Facetten präsentieren, andererseits dem Empfänger eine klare Idee von der eigenen musikalischen Handschrift geben. Letzteres kann sinnvoll sein, wenn es Auftraggebern wichtig ist, den Komponisten stilistisch und genremäßig klar einordnen oder einem bestimmten Projekt zuordnen zu können. Auf jeden Fall sollte man als Komponist immer im Hinterkopf haben, dass die Zeit vieler Empfänger begrenzt ist. Es ist also eher nicht zielführend, ein dreiseitiges Anschreiben, einen fünfseitigen Lebenslauf und 20 MP3s zu verschicken. Für dessen Studium würde ein Auftraggeber allein zwei Stunden brauchen.

Praxistipp

Je komprimierter und aussagekräftiger das Demomaterial eines Komponisten ist, desto besser.

Das Phänomen „Typecasting"

Viele professionelle Filmkomponisten sind zwar in der Lage, fast alle musikalischen Stile und Produktionsarten zu bedienen. Dennoch sind Auftraggeber oft nicht an der Flexibilität des Komponisten interessiert – leider, muss man sagen. Das Phänomen des Typecastings ist in der Filmbranche verbreitet, nimmt in der Filmmusik aber zum Teil bizarre Formen an, wenn Komponisten z. B. ausschließlich nach dem Genre ihrer letzten Produktion beurteilt werden.

Einen Komponisten auf einen bestimmten Stil festzulegen und ihn aus diesem Grund kategorisch für ein neues Projekt auszuschließen, kann auch bedeuten, viele aufregende, neue Gedanken und Ansätze von vornherein auszuschließen. Deshalb ist es für den Empfänger von Demomaterial die Herausforderung, den jeweils geeigneten Komponisten aus der Vielzahl des erhaltenen Materials herauszufiltern. Dabei gilt es, interessante Zwischentöne und Alternativen nicht zu überhören.

Parameter der Beurteilung

Viele Auftraggeber erschweren sich das dadurch, dass sie Demomaterial nur danach beurteilen, ob es für das gerade aktuelle Projekt verwendbar ist. Besser wäre es, einfach darauf zu hören, ob die Musik ganz allgemein interessant erscheint, ob sie sorgfältig produziert und ob sie einfallsreich ist. Der Begriff „interessant" ist in diesem Zusammenhang natürlich insofern etwas problematisch, als er sich in der Regel nur durch die musikalischen Erfahrungen und Vorlieben des Rezipienten definiert: Wer regelmäßig Hip-Hop hört, wird sich nicht zwangsläufig für Free Jazz begeistern. Überdies ist bemerkenswerte Musik nicht zwangsläufig die beste Filmmusik. Gute Filmmusik kann ohne Bild durchaus auch sehr repetitiv oder gar langweilig wirken. Sie wurde eben für das Zusammenwirken mit dem Bild geschrieben und entfaltet auch erst im Zusammenspiel mit diesem ihre suggestive Kraft. Eine gute Hilfe ist es deshalb, nach Musik zu suchen, die in der Lage ist, klare Stimmungen zu vermitteln: Musik, die den Hörer – auf welche Weise auch immer – berührt, ohne zu stark gängige Klischees zu bedienen.

Man sollte sich dennoch immer bewusst machen, dass Demomaterial immer nur einzelne Musikstücke oder Filmszenen umfasst. Die Qualität eines Komponisten zeigt sich aber nicht nur in einer ausgefeilten Kompositions- oder Produktionstechnik für ein Stück oder eine Szene, sondern auch in der Durchdringung der dramaturgischen Anforderungen und der Wirkung seiner Musik im Kontext des Films.

Die Aufgabe von Auftraggebern ist es also, genau hinzuhören. Nur wer Demomaterial bewusst hört und sich darauf konzentriert, entwickelt mit der Zeit sichere Bewertungskriterien. Dazu gehört unter anderem auch, unter geeigneten Bedingungen Musik zu hören. Das Musikhören auf den Lautsprechern eines Tablets am Flughafen zum Beispiel macht es der Musik fast unmöglich, die Ohren, geschweige denn die Seele zu erreichen.

Up to date bleiben

Überdies ist es natürlich hilfreich, sich regelmäßig über die Arbeit von Komponisten zu informieren. Die Suche nach neuen Stoffen und das ständige Lesen neuer Drehbücher sind für Regisseure, Produzenten und Redakteure völlig selbstverständlich. Leider gilt dies nicht für Musik. Wenn nur 15 Minuten täglich darauf verwendet würden, bewusst Musik zu hören und hinsichtlich ihrer Verwendbarkeit im Film zu hinterfragen – sei es Demomaterial, bereits bestehende Soundtracks oder Produktionen einer bestimmten Musikrichtung –, würde vieles an Unsicherheit schwinden und die Angst vor dem „Phantom Komponist" bedeutend geringer werden. Mehr dazu in Kapitel C6 („Kommunikation").

Nebenbei gesagt: Einen Komponisten nur anhand von Filmausschnitten einzuschätzen, birgt auch Tücken. Viele Menschen sind nicht in der Lage, Beobachtungen und Einschätzungen, die eigentlich nur den Film oder die Geschichte betreffen, von der Wahrnehmung der Musik zu trennen. Eine an sich gelungene Musik leidet sehr schnell unter der schwachen Leistung eines Hauptdarstellers oder unter offensichtlichen kameratechnischen Mängeln. Überdies kann in fertigen Filmen nicht immer davon ausgegangen werden, dass die Musik im Sinne des Komponisten eingesetzt oder gemischt wurde. Häufig werden in der Endmischung durch Verlängerungen, Verkürzungen oder Verschiebungen Eingriffe in die musikalische Struktur vorgenommen, die der vom Komponisten ursprünglich intendierten Wirkung entgegenstehen. Deshalb ist diese Art des Einschätzens nur empfehlenswert, wenn man genug Erfahrung darin hat, das für Filmmusik Wesentliche herauszuhören.

Demomaterial für ein konkretes Projekt
Wird für eine konkret geplante oder schon begonnene Produktion Demomaterial von Komponisten angefordert, ist es sinnvoll, die Komponisten vorher mit den wichtigsten Informationen zur Produktion auszustatten. Dazu zählen eine genaue Beschreibung des Films, das Genre, das Budget, der Zeitplan und die geplante Stilistik. Dies hilft dem Komponisten, das Demomaterial genauer auf die jeweilige Anfrage abzustimmen. Außerdem erspart es den anfragenden Produktionsfirmen bzw. Sendern zeitraubendes Durchhören von unpassendem Material.

Filmografien und Biografien
Das Komponieren für Film und Fernsehen erfordert spezielle Kenntnisse. Es unterscheidet sich wesentlich von allen Kompositionsformen, bei denen es ausschließlich um die Musik geht, sei es zeitgenössische klassische Musik oder Popmusik. Filmmusik muss dramaturgisch funktionieren und im Verbund mit dem Bild spezielle Anforderungen erfüllen: Sie muss sich in die Tonebene und die Dialoge einfügen und in ein großes Gesamtkonzept einordnen lassen. Hinzu kommen die speziellen Herausforderungen der Teamarbeit und der Kommunikation mit den Filmemachern und Verantwortlichen sowie die Fähigkeit, verantwortlich mit Budgets umzugehen. Das alles erfordert Erfahrung.

Eine kurze Durchsicht der Filmografie eines Komponisten gibt in dieser Hinsicht Aufschluss über viele Details wie z. B.: Hat ein Komponist bereits Filmmusik komponiert (beispielsweise bei der Arbeit an diversen Kurzfilmen) oder war er bisher ausschließlich als autonomer Komponist oder Popproduzent tätig? Kann er filmmusikalische Erfahrung mit Fiction-Formaten aufweisen oder hat er bisher ausschließlich Dokumentarfilme vertont?

Gleiches gilt für die Biografie: Wie ist der Komponist ausgebildet? Welche praktischen Erfahrungen hat er bereits gesammelt? Einem klassisch ausgebildeten und routinierten Komponisten wird man wahrscheinlich eine Orchesterproduktion eher anvertrauen als einem Autodidakten. Ein seit Jahren erfolgreicher Popkomponist oder Popproduzent kommt sicher für den Titelsong eines Kinofilms eher infrage als ein komponierender Konzertpianist mit dem Schwerpunkt auf zeitgenössischer klassischer Musik.

Die Kunst beim Lesen der Filmografie und Biografie ist es daher, das für das eigene Projekt Wesentliche herauszufiltern. Dazu gehört auch, das manchmal aufgeblasene Beiwerk solcher Selbstdarstellungen (in Amerika liebevoll „Namedropping" oder „Projectdropping" genannt) richtig einschätzen zu können. Ein Komponist, der 20 Filme in der Filmografie aufführt, bei diesen allerdings jeweils nur eine kurze Hintergrundmusik beigesteuert hat, ist in diesem Licht anders zu sehen als ein Neueinsteiger, der gerade zwei Filme vertont hat, diese aber mit jeweils 50 Minuten Musik in unterschiedlichen Besetzungen und Stilistiken. Spektakulär klingende Funktionsbezeichnungen (*additional supervising score editing assistant*) sind manchmal nicht mehr als ein Synonym für untergeordnete Praktikantentätigkeiten, manchmal aber Hinweise auf sehr fundierte und spezialisierte Fähigkeiten. Hier lohnt sich also – wie so oft – ein kurzer Blick hinter die Kulissen. Vertrauenswürdige Kollegen oder andere Filmschaffende wie Regisseure oder Cutter können dabei Quellen wertvoller Hinweise sein.

Man sollte diese Informationen nicht zur ausschließlichen Grundlage der Entscheidung machen. Dennoch wird durch sie die Auswahldiskussion zwischen Regie und Auftraggebern auf eine objektivere Grundlage gestellt. Zudem werden bei der Planung eines Projekts wichtige Weichenstellungen im Vorhinein ermöglicht.

Ausschreibungen („Pitches")

Ein Verfahren zur Verpflichtung von Filmkomponisten, das immer wieder angewandt wird, ist die Ausschreibung (oft auch mit dem englischen Ausdruck „Pitch" bezeichnet). Dabei sendet eine Produktionsfirma oder eine Redaktion Bildmaterial einer aktuellen Produktion, für die Musik gesucht wird, an Komponisten mit der Bitte, daraus ausgesuchte Szenen zu vertonen. Die Menge der angeforderten, zu vertonenden Szenen reicht von einer bis zu beliebig vielen innerhalb eines zehnminütigen Filmausschnitts oder eines ganzen Films. Meist werden mehrere, oft sogar viele Komponisten hierfür angeschrieben. Das beiliegende Briefing kann ein bloßes Anschreiben mit der Bitte um Teilnahme bis zu genauen Angaben der Szenen, der Menge und des Stils der gesuchten Musik umfassen. Vergütungsfreie Teilnahme am Pitch wird in der Regel vorausgesetzt.

Solche Ausschreibungen sind für den Komponisten in den allermeisten Fällen ein Glücksspiel, in das er oft mehrere Tage Arbeit und je nach Anforderung auch noch Kosten für Musiker investiert. Sie erinnern ein wenig an einen Familienvater, der auf der Suche nach der richtigen Brotsorte für das Weihnachtsessen alle umliegenden Bäcker besucht und jeden um die kostenlose Überlassung diverser Brote nebst Rezepten zur Geschmacksfindung bittet. Falls keines der Brote den Geschmack der Familie trifft, könnte man dann nämlich das Lieblingsbrot aus den verschiedenen eingesammelten Rezepten vom Cousin des besten Freundes zusammenmischen lassen ... Dieser Vergleich mag im ersten Moment übertrieben, absurd oder zu provokant wirken, spiegelt aber genau die Realität wider, mit der viele Filmkomponisten konfrontiert sind.

Wer annimmt, Ausschreibungen würden hauptsächlich an unerfahrene oder unbekannte Komponisten verschickt, irrt. Tatsächlich wird dieses Verfahren auch bei großen, ehrgeizigen Fernseh- und Filmproduktionen angewandt und die etabliertesten Komponisten dabei zur Teilnahme aufgefordert.

Allerdings sollten Auftraggeber Folgendes bedenken, bevor sie einen Komponisten durch eine Ausschreibung suchen: Der Komponist wird dadurch von Anfang an ausschließlich auf die Rolle eines Dienstleisters reduziert. Die letztendliche Entscheidung für einen Komponisten drückt dabei nicht den Respekt vor einer kreativen Leistung aus, sondern ist in der Regel nur der kleinste gemeinsame Nenner der Entscheider. Im Endeffekt bekommt dann der Komponist den Zuschlag, der am wenigsten riskiert und keine Irritationen durch ambitionierte Konzepte hervorruft. Dies führt selten zum besten Ergebnis für den Film und kann nicht im Interesse der Auftraggeber liegen – es sei denn, die Qualität des Endergebnisses spielt keine Rolle.

Viele Ausschreibungen werden nach dem Gießkannenprinzip versandt. Eine sinnvolle Vorauswahl oder Vorgespräche finden nicht statt. Die Einsendungen der Komponisten werden diskutiert und am Ende steht entweder wie erwähnt die Einigung auf den kleinsten gemeinsamen Nenner, also auf den Komponisten, der am wenigsten spezifisch komponiert hat. Oder der Wunschkandidat jener Person, die in der Diskussion die stärkste Machtposition hatte, wird mit der Komposition beauftragt. Mit anderen Worten: Die Entscheidung für einen bestimmten Komponisten fällt aus politischen oder taktischen Gründen und nicht aus inhaltlichen Überlegungen heraus. Darunter leidet letztlich die Glaubwürdigkeit der Auftraggeber und ihre Sachkenntnis und Verlässlichkeit wird infrage gestellt.

Die Auftraggeber eines Pitches erhoffen sich natürlich, dass mindestens einer der teilnehmenden Komponisten die für den Film optimale Lösung anbietet. Doch dies funktioniert nur in den seltensten Fällen. Zum einen umfasst eine gute Filmmusik nicht nur zwei oder drei Szenen, sondern entfaltet ihre volle Wirkung erst über die gesamte Filmlänge. Vor allem aber: Ein gutes Ergebnis steht immer am Ende eines kreativen Prozesses, niemals am Anfang.

Echte Kreativität entwickelt sich nur auf der Basis von Vertrauen. Die Durchführung eines Pitches signalisiert Komponisten aber eindeutig, dass dieses Vertrauen nicht vorhanden ist. Es signalisiert, dass Auftraggeber nicht bereit sind, mit ihrem Komponisten gemeinsam den Weg nach der besten Lösung zu suchen. Dieser Weg ist manchmal riskant und Fehler oder Enttäuschungen bleiben nicht aus. Dennoch führt nur er am Ende zu einem guten Ergebnis.

Praxistipp

Auftraggeber sollten die Durchführung von Pitches vermeiden. Ein Pitch signalisiert den Komponisten immer, dass Auftraggeber keine eigene inhaltliche Vision von ihrem Projekt haben. Es signalisiert, dass sie Filmmusik für ein Fertigprodukt halten, das sofort funktionieren muss, und dass sie Filmmusikkomposition nicht als integralen Bestandteil des Filmemachens begreifen.

Mindeststandards eines Pitches

Es mag Fälle geben, in denen sich eine Ausschreibung trotz der eben beschriebenen offensichtlichen Nachteile nicht vermeiden lässt. Das Briefing der Komponisten sollte dann allerdings ganz klar und das Anforderungsprofil eingegrenzt sein. Überdies sollten nicht mehr als drei vorher gezielt ausgewählte Komponisten um Vorschläge gebeten werden. Eine Vergütung sollte selbstverständlich sein, schließlich ist die Vorleistung des Komponisten trotz großer Unsicherheit über den Ausgang des Pitches enorm hoch.

Niemand würde übrigens auf die Idee kommen, verschiedenen Kameramännern ein Drehbuch zu senden und sie zu bitten, die ersten zehn

Minuten mit ihrer privaten 4K-Kamera zu verfilmen, um dann die Ergebnisse anschließend vergleichen zu können. Ebenso wenig würde man verschiedene Regisseure bitten, die wichtigsten Szenen eines Buches vorab auf eigene Kosten zu verfilmen, um einen Eindruck von den verschiedenen Inszenierungen gewinnen zu können. Denkt man das Konzept „Maximale Vorleistung bei vollem Risiko" konsequent zu Ende, bedeutet das: Irgendwann werden Fernsehsender auf mehrere Produktionsfirmen gleichzeitig mit der Bitte zukommen, auf eigenes Risiko einen bestimmten Stoff fertig zu produzieren. Aus den fertigen Filmen wird dann eventuell einer ausgewählt und gekauft – oder auch nicht. Stattdessen würde eben im Ausland lizenziert. Ob dieses Szenario ernsthaft im Interesse der Kreativen und der Produzenten liegt, darf bezweifelt werden. Daher sollte es im Binnenverhältnis zwischen Auftraggebern und Kreativen auch keine Rolle spielen.

Die Alternative zum Pitch

Die Alternative zu einem Pitch wäre, gezielt vorausgewählte Komponisten um Einsendung von Demomaterial zu bitten und mit ihnen anschließend ein kurzes persönliches Gespräch über Konzepte und Ideen zu führen. Würde man aufseiten der Auftraggeber die gleiche Energie, die bei einer großen Ausschreibung auf Diskussionen verwendet wird, für die gezielte Vorauswahl von Komponisten nutzen, könnte man in deutlich kürzerer Zeit und mit deutlich weniger Aufwand zu spürbar besseren Ergebnissen kommen.

B3 INTERVIEW MIT CHRISTOPH BECKER (CEO CONSTANTIN MUSIC)

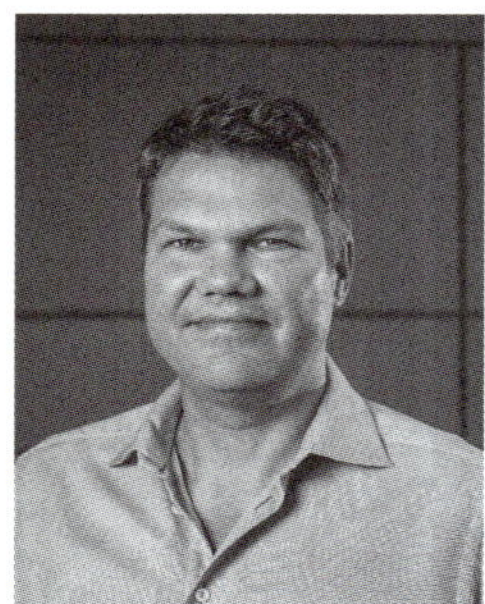

© Thomas Ertmer

Christoph Becker ist Geschäftsführer von Constantin Music und betreut als Music Supervisor mit seinem Team nationale und internationale Produktionen der Constantin Film und ihrer diversen Tochterfirmen. In dieser Funktion arbeitet er sowohl mit deutschen Nachwuchskomponist:innen als auch mit Oscar-Gewinner:innen zusammen.

Was ist deine Rolle als Music Supervisor bei einem Projekt? Was genau machst du eigentlich?

Meine Definition der Music Supervision in einem Film oder einer Serie umfasst die Konzeption, Auswahl, rechtliche Klärung und Organisation sämtlicher musikalischer Details – das betrifft ebenso die komponierte, dramaturgische Musik wie auch lizenzierte Titel oder die Beauftragung von Songs. Und deren Auswertung über Soundtracks, Kooperationen oder Live-to-Projection-Aufführungen.

Jenseits dieser formalen Definition sehe ich die Aufgabe vor allem darin, hin und wieder eine möglichst passende Idee zu haben, was die Verbindung von Komponist:innen oder Performing Artists und Projekten angeht, und natürlich eine Art kommunikativen Raum zwischen Film und Musik sowie den jeweiligen Machern zu schaffen.

Was sind deiner Meinung nach die wichtigsten Anforderungen an Komponisten, die Musik für fiktionales Programm in Streaming, TV oder Kino zu schreiben?

Ich wünsche mir von Komponist:innen eine eigenständige musikalische Identität, einen markanten Sound und für jedes Projekt den Anspruch, eine möglichst individuelle Herangehensweise zu finden. Wenn dann noch Stressresistenz, die Fähigkeit, komplexe Charaktere zu lesen und eine herausragende Kommunikationsfähigkeit hinzukommen, sind die wichtigsten Anforderungen erfüllt.

Nach welchen Kriterien wählt ihr Komponist:innen aus und wer ist an der Entscheidung üblicherweise beteiligt?

Es geht immer um eine Abstimmung von inhaltlichen Anforderungen, budgetären Möglichkeiten und persönlichen Präferenzen – an der Entscheidung ist also bei uns meist das Team aus Produzent:in, Regisseur:in und Music Supervisor beteiligt.

Wie hat sich deine tägliche Arbeit durch die zunehmende Internationalisierung der Filmindustrie in den letzten Jahren verändert?

Da die Constantin Film schon seit jeher internationale Projekte umgesetzt hat sowie viele Filme und Serien international auswertet, hat sich für mich selbst nicht viel verändert. Die Selbstverständlichkeit einer internationalen Zusammenarbeit – und das meine ich nicht nur im Sinne einer Einbahnstraße für US-Komponist*innen in deutsche Produktionen, sondern auch umgekehrt und als eine generelle Durchlässigkeit für europäische Komponist*innen – hat sich allerdings durchgesetzt. Das bedeutet für deutsche Komponist*innen auch: Es besteht bei fast jedem Projekt ein globaler Wettbewerb.

Wie bewertest du das Niveau der deutschen Film- und Fernsehmusik im internationalen Vergleich und was zeichnet die deutsche Szene für dich aus?

Das Niveau der Film- und Fernsehmusik aus Deutschland hängt bei jedem einzelnen Projekt von der Risikobereitschaft der Macher ab – das bedeutet: Die kreativen Fähigkeiten der Komponist*innen sind natürlich vorhanden. Aber können sie frei agieren oder werden sie von den Ängsten der Macher eingehegt? Einen zentralen Teil meiner Arbeit sehe ich darin, Raum für Komponist*innen zu schaffen.

Die deutsche Szene zeichnet sich dadurch aus, dass es sie gar nicht gibt. Denn gäbe es sie, wäre sie ja von einem gemeinsamen erkennbaren Soundmerkmal geprägt, damit sie als Szene bezeichnet werden könnte. Aber die deutsche Landschaft, wie ich sie lieber nenne, ist so vielfältig wie sie sein sollte.

In welchen Bereichen ist deutsche Filmmusikkomposition bzw. -produktion aus deiner Sicht verbesserungswürdig?

Ich würde mich freuen, wenn wir die Funktion des Music Editors in den Prozess der Filmmusikproduktion integrieren würden – das bedeutet zunächst mal, dass es ein Verständnis für die Bedeutung der Rolle gäbe, dass in der Budgetierung eine solche Funktion eingeplant werden würde und schließlich, dass es auch die eine oder den anderen Music Editor hierzulande gäbe.

Was sind deiner Erfahrung nach die besten Wege für Nachwuchskomponist:innen, einen „Fuß in die Tür zu bekommen"? An wen sollten sie sich mit welchem Material wenden?

Ein Studium kann helfen. Neben den kompositorischen Skills entstehen dort natürlich entscheidende Kontakte. Idealerweise auch schon zu Regisseur:innen oder Produzent:innen, die ebenfalls im Studium sind, mit denen sich ein gemeinsamer Weg ergeben kann. Alternativ: Der Weg einer Assistenz bei etablierten Komponist:innen scheint mir in Deutschland noch etwas unterrepräsentiert zu sein.

Klassische (Kalt-)Akquise mit der Präsentation von Beispielkompositionen sehe ich hingegen skeptisch. Es ist bei uns wie inzwischen überall: Talent muss gefunden werden. Niemand möchte Ziel von Eigen-PR unzähliger Komponist:innen sein. Aufgabe ist es stattdessen, eine Sichtbarkeit zu erzeugen, die das Interesse der Entscheider:innen weckt. Das ist auch einer der Gründe für die stark gewachsene Präsenz von Performing Artists als Filmkomponist:innen. Sie sind sichtbar, haben bereits eine Reichweite und wecken auf diese Weise das Interesse an einer Zusammenarbeit.

Gibt es irgendetwas, was du aufstrebenden Nachwuchskomponist:innen sonst noch mit auf den Weg geben möchtest?

Um es mit den Worten von Bernd Eichinger zu sagen: nicht nachlassen!

B4 DAS GENDER-THEMA

„Ich wollte viel mehr auf der Basis meiner Arbeit beurteilt werden und nicht anhand meines Geschlechts."

RACHEL PORTMAN

Ein zentrales Thema der Filmbranche ist seit einiger Zeit das Ungleichgewicht in der Jobverteilung zwischen den Geschlechtern. Die Branche ist in weiten Teilen immer noch männlich dominiert, auch wenn zuletzt durch diverse Initiativen zaghafte Veränderungen spürbar wurden. Im Spezialbereich der Filmmusik ist das nicht anders.

Die Gründe hierfür sind vielschichtig. Nicht zuletzt wurde bei der Vergabe von Studienplätzen bis vor Kurzem ebenso wenig auf eine Ausgewogenheit zwischen den Geschlechtern geachtet wie bei bracheninternen Fördermechanismen. Die Debatte um Teilhabe und Gleichberechtigung und die Suche nach praktischen Lösungsansätzen ist daher aus meiner Sicht nicht nur gesamtgesellschaftlich, sondern auch spezifisch in der Filmmusik mehr als überfällig. Eine ausführliche Betrachtung des Themas würde die Möglichkeiten dieses Buches bei Weitem übersteigen. Dennoch halte ich eine Auseinandersetzung damit für sehr wichtig und möchte dafür ein paar Denkanstöße geben.

Vorurteile auflösen

Ein erster Ansatz muss auf jeden Fall sein, dass Auftraggeber die eigene Haltung überprüfen. Nach wie vor hält sich z. B. hartnäckig das Vorurteil, nicht-männliche Filmschaffende seien den technischen Anforderungen der immer komplexeren digitalen Produktionsumgebungen nicht gewachsen. Spürbar ist das insbesondere im Bereich der Filmmischung, in dem de facto nach wie vor ausschließlich männliche Mitarbeiter engagiert werden. Dass es in den Rundfunkanstalten auf der mittleren Arbeitsebene der Toningenieure und im Tonschnitt viele erfahrene weibliche Mitarbeiterinnen gibt, ist entweder wenig bekannt oder wird bei dieser „Argumentation" geflissentlich ignoriert.

Ein weiteres häufig geäußertes Vorurteil ist, dass Komponistinnen mehr für emotionale Stoffe geeignet seien und weniger für zupackende, action-lastige Filme. Abgesehen davon, dass diese Art des Typecastings schon unabhängig vom Geschlecht wenig zielführend ist: Wer so denkt, hat offenbar noch nie etwas von Pinar Topraks Musik zu *Captain Marvel* oder Hildur Guðnadóttirs Musik zu *Joker* gehört. Blockbuster-Kino, nach allen Regeln der (Ton-)Kunst komponiert und produziert, das nicht nur reihenweise internationale Auszeichnungen erhalten, sondern auch das Box Office gestürmt hat. Und so ziemlich das Gegenteil des Vorurteils, Frauen könnten nur weiche, emotionale Musik schreiben. Solange diese Art von Klischee das Denken bestimmt, wird ein echter Kulturwandel nur schwer möglich sein.

Gezielt fördern

Besonders in den letzten Jahren wurden von diversen Branchenteilnehmern Förderprogramme ins Leben gerufen oder die Produzenten bei Projekten dazu verpflichtet, Komponist:innen zu engagieren. Abgesehen davon, dass eine rein binäre Aufteilung in männlich/weiblich nicht unbedingt die Lebensrealität vieler junger Menschen abbildet, ist es natürlich ein naheliegender Gedanke, bestimmte gesellschaftliche Gruppen gezielt zu fördern. Insbesondere auftraggebende Sender oder Streamingdienste sollten aber bedenken, dass eine Quote oder formale Vorgaben allein nicht die Lösung sein können. Wenn man nicht-männliche Komponist:innen fördern möchte, indem man sie für gewisse Produktionen vorrangig engagiert, muss man sie sowohl mit angemessenen finanziellen als auch zeitlichen Ressourcen ausstatten. Förderprogramme für weibliche Filmschaffende, die zu extrem reduzierten Budgets arbeiten sollen, konterkarieren alle guten Absichten genauso wie Postproduktionspläne, die so eng gestrickt sind, dass sie von Newcomerinnen (und Newcomern) schlicht nicht zu bewältigen sind.

Bei Förderprogrammen scheint mir zudem wichtig, das Förderziel genau zu definieren und auf mögliche Seiteneffekte zu überprüfen. Wenn eine angestrebte Frauenförderquote de facto bedeutet, dass zwar mehr junge Frauen engagiert werden, dafür aber branchenerfahrene ältere Frauen weniger Aufträge erhalten – ein Phänomen, das besonders bei Regisseurinnen deutlich zu beobachten ist –, ist das eigentliche Ziel, die Erhöhung des Frauenanteils, am Ende nicht erreicht.

Mentoring

Eine effektive Möglichkeit für Auftraggeber bzw. Produktionsfirmen, gezielt zu fördern, wäre die Einrichtung von Mentoringprogrammen. Denkbar wäre z. B., die Vergabe bestimmter Aufträge an die Bedingung zu knüpfen, bei dem jeweiligen Projekt eine nicht-männliche Assistent:in zu beschäftigen. Dafür müssten dann auch die entsprechenden Mittel bereitgestellt werden. So könnte man junge Komponist:innen Schritt für Schritt gezielt an die Anforderungen des professionellen Filmkomponierens heranführen und auf breiter Basis bei einer deutlich höheren Anzahl von Projekten für eine nicht-männliche Beteiligung und die nötige Praxiserfahrung sorgen.

Auch etablierte Filmkomponistinnen und Filmkomponisten können unabhängig davon an einem Kultur- und Bewusstseinswandel mitarbeiten, z. B. indem sie ihrerseits gezielt nach nicht-männlichen Mitarbeiter:innen Ausschau halten und diese wenn möglich auch entsprechend engagieren.

Das Ziel für die gesamte Branche sollte jedenfalls sein, dass Ausgewogenheit und Teilhabe so selbstverständlich sind, dass Komponisten gleich welchen Geschlechts und gleich welcher Herkunft auf Basis ihrer Arbeit engagiert und beurteilt werden, ganz im Sinne Rachel Portmans.

B5 GLOBALISIERUNG UND INTERNATIONALER WETTBEWERB

> **„Der Handel mit Gütern und Dienstleistungen der Kulturwirtschaft findet zu großen Teilen längst auf der internationalen oder mit Blick auf Deutschland zumindest auf der europäischen Ebene statt."**
>
> OLAF ZIMMERMANN (IN *AUS POLITIK UND ZEITGESCHICHTE*)

Die Globalisierung der Medienwelt hat in den letzten Jahren auch zu spürbaren Veränderungen bei der Vergabe von Aufträgen geführt. Waren die Netzwerke vor 20 Jahren noch weitgehend national orientiert, sind inzwischen interkontinentale Kooperationen durchaus üblich. Im Bereich der Filmmusik bedeutet das, dass vermehrt deutschsprachige Produktionen mit ausländischen Komponisten arbeiten.

Das liegt zum einen daran, dass sich einige international tätige Filmkomponisten in Deutschland, zumeist Berlin, niedergelassen haben und damit für deutsche Produktionen viel einfacher erreichbar sind als bisher. Zum anderen ermöglicht die fortgeschrittene Digitalisierung eine Zusammenarbeit über Landesgrenzen und Zeitzonen hinweg auf einem Niveau, das technisch und organisatorisch einer realen Zusammenarbeit schon sehr nahekommt.

Konsequenzen

Die Konsequenzen für deutsche Komponisten sind vielfältig. Sie zeigen sich zum einen an der sinkenden Anzahl von Produktionen, für die deutsche Komponisten beauftragt werden, zum anderen an sich immer weiter verschlechternden Bedingungen.

Co-Produktionen und Streaming

Am augenscheinlichsten ist die gestiegene Konkurrenzsituation bei größeren TV-Co-Produktionen und Streamingproduktionen. Immer häufiger werden hierfür entweder im Ausland lebende Komponisten oder in Deutschland lebende ausländische Komponisten engagiert. Momentan mag das insgesamt noch einen eher kleinen Anteil an den Gesamtproduktionen betreffen. Mit wachsender Anzahl von Eigenproduktionen der Streaminganbieter und zunehmender Tendenz der TV-Sender, finanzielle Risiken durch Co-Produktionen abzufedern, wird das in absehbarer Zeit für deutsche Komponisten konkret spürbar werden.

Konkurrenz durch weltweite Music Libraries

Die Globalisierung führt insbesondere noch in einem anderen Segment zu einer deutlichen Erhöhung des Angebots und damit zu Konkurrenzdruck: in dem der vorgefertigten Musikbibliotheken (*library music*). Diese Musikbibliotheken enthalten Musik, die nicht spezifisch für einen Film, sondern unabhängig davon komponiert und produziert wurden. Sie können von Produzenten oder TV-Sendern gegen überschaubare Lizenzgebühren für ihren Film genutzt werden. Die Lizenzzahlungen unterscheiden sich je nach Anbieter teilweise erheblich und umfassen je nach Herkunftsland der Anbieter unterschiedlich große Rechtepakete. Die Angebote deutscher Libraries werden zum Teil von ausländischen

Anbietern massiv unterboten. Da die meiste Verbreitung für Libraries inzwischen über zentrale Datenbanken und über das Internet erfolgt, haben Produzenten oder TV-Sender sehr einfach Zugriff auf das weltweite Repertoire. Dies führt dazu, dass für bestimmte Programme, z. B. Dokumentationen, deutlich weniger Musik bei Komponisten in Auftrag gegeben, sondern stattdessen auf vorgefertigte Bausteine aus internationalen Music Libraries zurückgegriffen wird. Das Bewusstsein, was komponierte Filmmusik leisten kann, wird dadurch immer geringer.

Vertragsinhalte

Je mehr Auftraggeber mit internationalem Background sich im deutschen Filmmarkt etablieren, desto stärker verändern sich die Bedingungen für die Komponisten, die für diese Anbieter arbeiten. Konkret verlangen zum Beispiel amerikanische Auftraggeber auch von deutschen Komponisten die Unterzeichnung der in Amerika üblichen Verträge auf Basis des amerikanischen Urheberrechts. Diese sehen in aller Regel für die Komponisten zwar höhere Honorare, aber auch deutlich umfassendere Rechteübertragungen vor und widersprechen häufig sogar dem deutschen oder europäischen Rechtssystem. Deutsche Komponisten wiederum müssen diese Rechteübertragungen akzeptieren, wollen sie für solche Produktionen überhaupt noch engagiert werden. Die Honorare werden allerdings nicht dem amerikanischen Standard angepasst. Je mehr Produktionen dieser Art in Deutschland produziert werden, desto größer wird der Druck auf die deutschen Komponisten, dauerhaft zu deutlich verschlechterten Bedingungen zu arbeiten. Führt man sich vor Augen, dass in vielen dieser Verträge sogar versucht wird, eine Vergütung durch Verwertungsgesellschaften zu verhindern oder bis an die unterste Grenze zu minimieren, bekommt man eine Vorstellung von den finanziellen Auswirkungen. Die bislang für Filmkomponisten übliche Mischkalkulation aus Vorabhonoraren und nachgelagerten Tantiemen bzw. nutzungsabhängiger Vergütung wird de facto aufgelöst. Dies führt bei Komponisten zu Einkommensrückgängen von bis zu 75 Prozent.

Das viel zitierte „Race to the bottom", in dem sich Honorare und Nutzungsvergütung in einer deutlichen Abwärtsspirale in Richtung Nirgendwo bewegen und urheberrechtliche Prinzipien erodieren, ist durch die zunehmende Globalisierung des Filmmusikmarktes also inzwischen keine apokalyptische Prophezeiung mehr. Sie ist in vielen Bereichen bittere Realität.

Aus- und Weiterbildung

Im Bereich der Aus- und Weiterbildung hat die globalisierte Digitalisierung für Filmkomponisten durchaus praktischen Nutzen. Nie zuvor waren zum einen Ausbildungsinstitute weltweit leichter erreichbar und internationaler orientiert (siehe das nachfolgende Interview), zum anderen ein Know-how-Transfer so einfach und individualisiert möglich wie durch die diversen weltweit aktiven Videoplattformen und Suchmaschinen. Anleitungen oder Informationen zu den branchenüblichen Softwarelösungen sind hier ebenso schnell und zielgerichtet zu finden wie Grundlagen der Musiktheorie oder Analysen von Filmmusikklassikern. Nicht alle Angebote, gerade bei Online-Kursen, sind dabei fachlich fundiert oder seriös. Aber die umfassende Zugänglichkeit von Informationen führt gerade bei Nachwuchskomponisten zu einem im Vergleich zu den Vorjahrzehnten deutlich gestiegenen Produktionsniveau. Je mehr sich die technischen Fähigkeiten von Komponisten allerdings angleichen, desto ähnlicher oder austauschbarer droht die komponierte Filmmusik zu werden. Der ganze Bereich des „Epic Scoring" und der Kinotrailermusik hat das im letzten Jahrzehnt schmerzhaft vor Augen geführt. Umso wichtiger ist es daher für Auftraggeber, die Komponisten zu finden, die die Komplexität des Komponierens für Film jenseits von technischer Virtuosität durchdringen und möglichst wirkungsvoll im Sinne des Films einsetzen können.

B6 INTERVIEW MIT KUBILAY UNER (COLUMBIA COLLEGE CHICAGO)

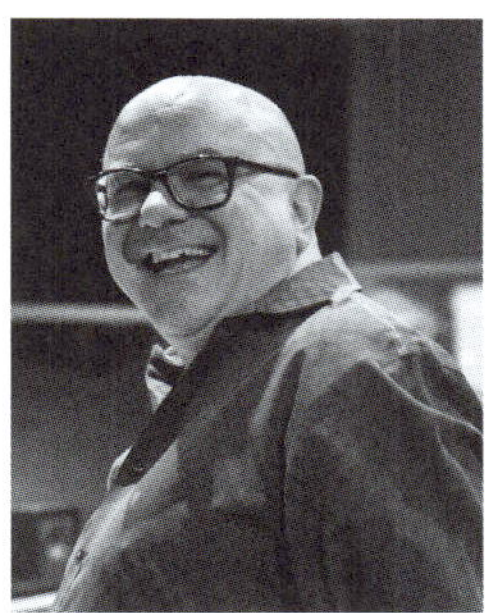

© Erielle Bakkum

Kubilay Uner ist preisgekrönter Filmkomponist und Leiter des Masterstudiengangs Music Composition for the Screen am Columbia College Chicago. Er hat das Institut innerhalb weniger Jahre zur ersten Adresse der Filmmusikausbildung weltweit geformt.

Der Hollywood Reporter und andere Medien bezeichnen euren Filmmusikstudiengang in Chicago als „world's best music school for scoring". Für dich als Leiter und konzeptionellem Kopf des Ganzen, was bedeutet das?

Validierung, Bestätigung, dass wir auf dem richtigen Weg sind. Seit den letzten drei oder vier Jahren ist dieses *Hollywood Reporter*-Ranking Resultat einer Umfrage unter Industry Professionals wie z. B. Mitgliedern der SCL (Society of Composers and Lyricists, die führende Organisation für Medienkomponisten in den USA), der Motion Picture Academy, TV Academy und so weiter. Insofern zeigt das, dass wir auf dem richtigen Weg sind, weil das ja im Endeffekt die professionelle Welt ist, und wie du wahrscheinlich weißt, gibt es da eine wirklich große Spaltung. Da gibt es einige sehr erfahrene etablierte Leute, die halten das für totalen Betrug, diese Universitätsausbildung in Filmmusik. Weil sie hier in den USA ja wirklich teuer ist. Auf gut Deutsch: Diese Leute sind im Endeffekt der Meinung, du sollst beim Meister in die Lehre gehen, Schulen sind Schwachsinn, so ungefähr. Ich finde natürlich, wenn man es richtig macht, ist das nicht der Fall, und wenn man es falsch macht, dann haben diese Leute total recht. Und ich habe das Gefühl, dass doch viele Schulen das ziemlich falsch machen, also in unterschiedlicher Ausprägung. Die Ausbildung, die viele anbieten, ist, glaube ich, oft nur bedingt in der Praxis relevant. Und darum machen wir das, was wir machen, so, wie wir es machen.

Was macht ihr anders als die anderen?

Der große Unterschied ist, dass wir außerhalb der technischen Kurse alles nur basierend auf echten Projekten unter der Leitung der jeweiligen Komponisten machen. In fast allen anderen Ausbildungsstätten würde ich zum Beispiel jetzt von Disney eine Szene aus *Avengers: Endgame* bekommen – für Unterrichtszwecke stellen die so etwas inzwischen zur Verfügung –, und dann sitzen wir in der Klasse und ich rede darüber, was wir jetzt mit dieser *Avengers: Endgame*-Szene machen. Dann komponieren alle dazu und anschließend gebe ich ihnen meine Kritik. Das Problem mit diesem Ansatz ist, dass es den Vorgang des Filmmusikkomponierens total klischeehaft darstellt. Denn ich war ja nicht da bei dem Projekt, ich war nicht in den ganzen Meetings, ich kenne den Regisseur gar nicht persönlich, ich habe mich nie großartig mit dem Marvel-Universum befasst ... Und all das, was halt wirklich im Scoring passiert, einschließlich des Zusammenhangs dieser Szene im gesamten Film, kann ich für die Klasse gar nicht rekonstruieren. Das war mein erster Gedanke, als ich hierher nach Chicago kam, deshalb habe ich hier das System der Composer-in-Residence eingeführt. Über sieben Wochen arbeiten die Studierenden mit jedem Composer-in-Residence an einem vollen Projekt. Scoring ist eine holistische Angelegenheit, die kann man nicht so atomisieren. Das heißt, der gesamte Vorgang muss komplett in einer Ausbildung simuliert werden, nicht nur Einzelteile daraus. Das ist ja im Endeffekt auch die Hauptkritik mancher großer Komponisten an der akademischen Musikausbildung, dass sie mit der Praxis nicht viel zu tun hat. Insofern gebe ich denen recht. Im Endeffekt ist es bei uns die Kombination aus den Vorteilen einer Lehre – „no fake, this ist the real thing" – und den Vorteilen einer Schule, wo es um den Schüler geht, nicht ums Produkt.

Wozu braucht man euch eigentlich noch? Gerade im Bereich Filmmusik sind doch die einschlägigen Videoportale mit Lehrvideos überschwemmt?

Na ja, das Wichtigste, das in jeder Art von YouTube-Situation fehlt, ist Feedback. Du bekommst Input, aber du bekommst nichts zurück, nachdem du dann darauf reagiert hast. Das ist für mich die größte Schwäche jeder Art von einseitigem Lernen, sei es ein Buch oder YouTube oder irgendetwas anderes. Du kennst sicher den Begriff *flipped classroom*. Das ist extrem wichtig und eine großartige Möglichkeit, Zeit zu sparen. Man kann die mechanischen Dinge allein zu Hause machen, warum soll man dafür Zeit verschwenden, wenn alle zusammen sind? Ich verstehe das und mag das auch. Aber Feedback ist die eine Sache, die man außerhalb einer persönlichen Begegnung eben nicht herstellen kann. Einer der Hauptgründe, warum wir immer noch nötig sind, ist deshalb der Workshop-Teil, der Bootcamp-Teil sozusagen, dass man zusammen ist und ständig Feedback bekommt und direkt aufeinander reagieren kann. In dieser Hinsicht würde unser Programm ohne die Composer-in-Residence, die hier unterrichten, natürlich auch nicht funktionieren. Mit ihnen können wir diese Art echtes Bootcamp auf der Grundlage realer Projekte ins Klassenzimmer bringen und das über einen langen Zeitraum hinweg. Denn das ist die andere Sache, die bei YouTube unmöglich ist: ein Projekt in voller Länge zu machen. Wir arbeiten hier ausschließlich an Projekten in voller Länge.

Wie wichtig ist es für euch, dass sich die Studierenden auch auf einem klassischen Instrument auskennen oder es bestenfalls sogar beherrschen?

Interessante Frage. Die kurze Antwort ist: nicht wichtig. Ich denke, es ist wichtig, Übung in einer spezifischen Art von Musik zu haben. Es kann Tom-Holkenborg-Dance-Music sein oder elektronischer Pop im Stil von Trent Reznor, was auch immer. Es ist wichtig, einen musikalischen Standpunkt zu haben, ein musikalisches Vokabular, das ich gern als Homebase bezeichne. Das ist wichtig, z. B. wenn unsere Komponisten bei einem Projekt ihre Komfortzone verlassen müssen – damit sie nicht komplett scheitern, können sie sich immer auf ihre musikalische Homebase verlassen. Ich sage meinen Studenten in solchen Fällen immer: „Geh zu deiner Homebase, behandle die Aufgabe zunächst so, als müsste sie in einem dir vertrauten Stil passieren, und dann übersetze das Resultat einfach in die stilistischen Werkzeuge, die du verwenden musst." Ich denke, es ist wichtig, eine Sprache zu sprechen. Aber ich glaube nicht mehr, dass es die klassische sein muss, die wird sicher immer weniger wichtig. Im Moment würde es mir mehr Sorgen machen, Studierende aufzunehmen, die sich nicht mit Synthesizern auskennen. Aber natürlich müssen alle Noten lesen und schreiben können, aus praktischen Gründen.

Welche Chancen oder Risiken siehst du in der umfassenden Digitalisierung der Musikproduktion insbesondere bei Medienmusik?

Aus pädagogischer Sicht denke ich, das größte Risiko besteht darin, den Ball entweder nur auf der handwerklichen, technischen Seite oder nur auf der Kunstseite fallen zu lassen. Man muss lernen, beides zu jonglieren. Einerseits muss man eine stabile technische Ausbildung sicherstellen, andererseits will man aber nicht nur perfekte Assistenten züchten, die zur Welt nichts beitragen, weil sie keine individuelle künstlerische Stimme haben. Für mich liegt in der Technologie aber auch ein großes kreatives Potenzial, wenn man sie richtig nutzt. Ein offensichtliches direktes Ergebnis der Digitalisierung ist der breiter angelegte Geschmack von Regisseuren in puncto Musikstil, da sie jederzeit im Prozess des Filmemachens alle Stile einbringen können, die sie wollen. Ich persönlich denke, dass wir uns im Moment in der besten Zeit befinden, die es für Filmmusik je gab.

Was sind die wichtigsten Tools, die Studienbewerber mitbringen müssen?

Sie müssen auf jeden Fall erfahren darin sein, Musik zu machen. Sie müssen eine musikalische Sprache sprechen, in der sie sich zu Hause fühlen. Innerhalb dieser Sprache ist die wichtigste Fähigkeit, Form und Variation zu meistern. Mit anderen Worten, eine grundlegende Idee auf ganz unterschiedliche Weise zu präsentieren. Das ist das erste, worauf ich in Bewerbungen achte. Höre ich ein Gespür für Form, ein Gefühl für Zeit, ein Gefühl, Prozesse zu formen? Bezogen auf die Technik müssen sie meiner Ansicht nach grundlegende Notationskenntnisse haben. Und dann müssen sie sich mit elektronischer Musikproduktion und Sound Engineering wohl fühlen, damit sie ihre Musik so programmieren und mischen können, dass es zumindest einigermaßen gut klingt.

Was sind deiner Erfahrung nach die wichtigsten persönlichen Eigenschaften, die junge Komponist:innen haben müssen, um später erfolgreich zu sein?

Sie müssen Zusammenarbeit zu schätzen wissen, das heißt, Anregungen von außen als Chance für Verbesserung begreifen und nicht als unangemessenen Eingriff. Darüber hinaus brauchen sie eine Leidenschaft für das Medium, mit dem sie sich beschäftigen: Kino, TV, Games etc. Das heißt, sich nicht zu sehr auf die Musik zu fixieren, sondern sie als Teil des großen Ganzen zu begreifen. Kommunikationsfähigkeit ist letztlich am wichtigsten neben Neugier und einer offenen Geisteshaltung. Und auch irgendwie diese extrem seltene Mischung aus Demut und Selbstvertrauen. Und natürlich Ausdauer, die ist definitiv notwendig. Du musst definitiv lieben, was du tust, sonst wird es schwer.

Sowohl die Arbeit als Komponist mit dem dauernden Zeitdruck und dem Alleinsein als auch die Arbeit als Lehrer mit ständiger sozialer Interaktion können sehr anstrengend sein. Du machst beides gleichzeitig und zwar regelmäßig. Und dir gehen die Ideen und die Energie nie aus. Wie machst du das?

Auf seltsame Weise befruchten sich beide Tätigkeiten extrem gut. Genau dann, wenn ich es wirklich satthabe, allein in meinem Studio zu sein, ist es normalerweise Zeit in den Unterricht gehen. Und das erfrischt mich, auch wenn es sehr anstrengend ist. Unter dem Produktivitätsaspekt ist diese mehr oder weniger hälftige Teilung zwischen den Jobs ideal. Und eigentlich brauche ich jetzt weniger Freizeit als früher, als ich nur Musik geschrieben habe, einfach weil das Unterrichten so anders ist als das Komponieren. Eine Methode, die ich mit meiner Frau perfektioniert habe, ist der Mikrourlaub. Ich nehme mir zwei Stunden, laufe zum See, um die Sonne zu genießen und ein bisschen Bewegung zu haben, und komme dann zurück und arbeite weiter. Das mache ich ganz bewusst. Aber ja, eigenartigerweise ist es einfacher, beide Jobs zu machen als entweder den einen oder den anderen.

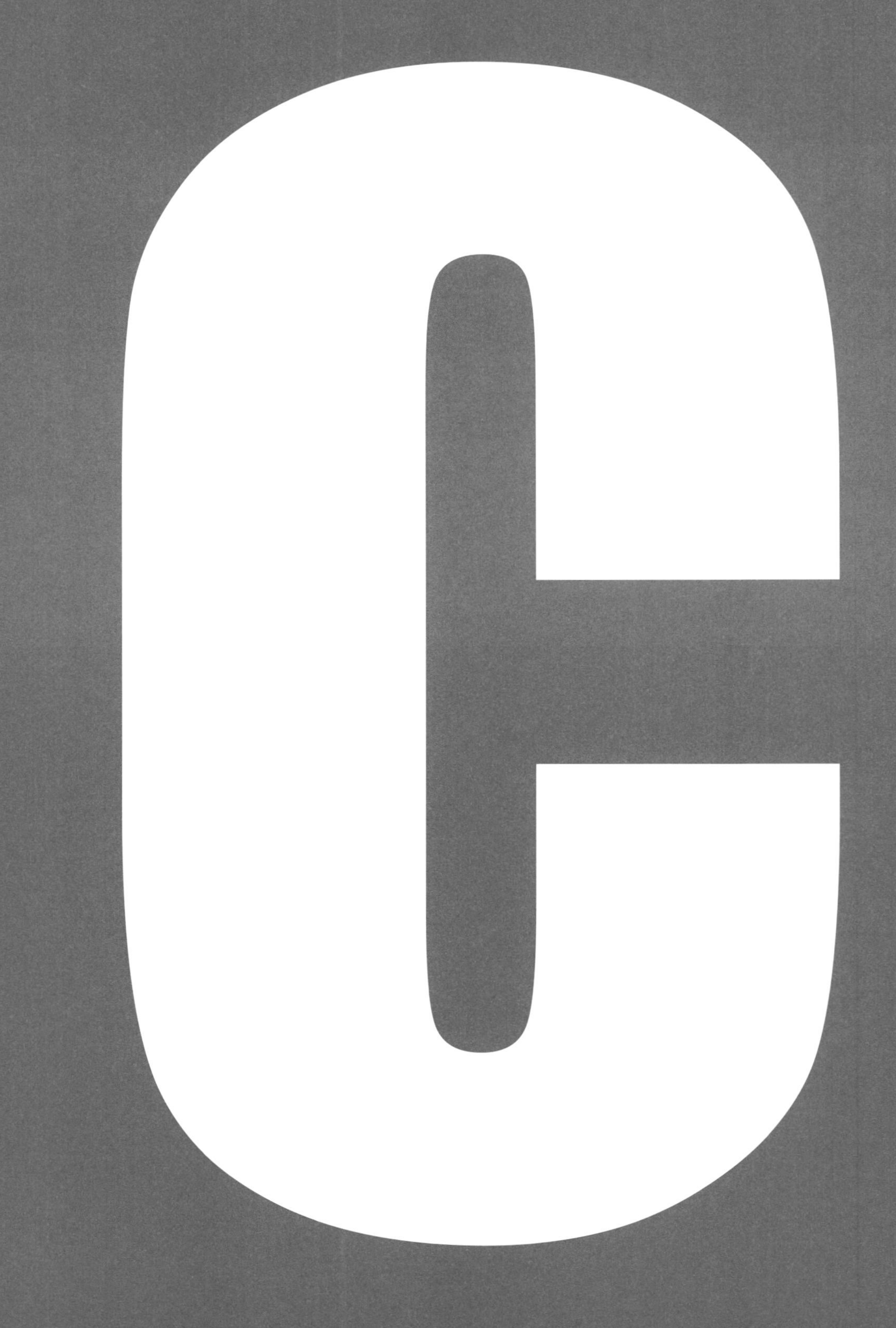

FILMWORK IST TEAMWORK

C1 IM SCHNEIDERAUM

„It's not possible for a composer to just be in their musical lane, you need somebody who's part of the team."

CHRISTOPHER NOLAN

In der Rohschnittphase wird das Material vom Drehort in den Schneideraum übertragen, dort gesichtet und auf Anschlüsse oder fehlende Einstellungen kontrolliert. Sie beginnt bereits während des Drehs und dauert bei einem Fernsehfilm normalerweise vier bis sechs Wochen, bei Kinofilmen nicht selten mehrere Monate. Der Cutter montiert aus dem vorhandenen Material eine erste Rohfassung des Films. Diese wird anschließend nach und nach verfeinert. Während des Rohschnitts entsteht also bereits das rhythmische und erzählerische Grundgerüst des Films.

Da im Fernsehalltag zwischen Rohschnittende, Rohschnittabnahme durch den auftraggebenden Sender und Fertigstellung des Feinschnitts oft nur wenige Tage liegen, sollte spätestens am Rohschnittende damit begonnen werden, die filmmusikdramaturgischen Konzepte zu diskutieren und die Grundrichtung festzulegen. Bei Kinoproduktionen werden meist immer wieder neue Schnittversionen ausprobiert. Dadurch ist die Trennlinie zwischen Rohschnitt und Feinschnitt weniger klar zu ziehen. Gerade deshalb ist aber auch hier eine frühzeitige Verpflichtung des Komponisten sinnvoll. So kann das musikalische Konzept mit dem Filmschnitt sozusagen „mitwachsen".

Im Folgenden wird zuerst das Phänomen der Temp-Tracks näher erklärt. Dabei wird insbesondere darauf hingewiesen, welche Konsequenzen der Einsatz von Temp-Tracks für den Komponisten hat. Die Rolle des Komponisten im Schneideraum wird beleuchtet und es wird erklärt, warum eine rechtzeitige Integration des Sounddesigns für den Komponisten wichtig ist.

Temp-Tracks: Fluch und Segen

Ein Temp-Track (*temporary track*) ist ein Musikstück, das im Schneideraum übergangsweise zum Film angelegt wird, bis der Komponist seine für den Film komponierten Musiken zum Anlegen bereitstellen kann. Meistens werden als Quelle dafür bereits existierende Musikstücke aus der Musiksammlung des Cutters oder des Regisseurs benutzt. Sie stammen häufig aus früheren Filmmusiken des Komponisten, anderen Filmmusiken oder von anderweitig veröffentlichter Musik.

Etwas missverständlich reden viele Cutter und Regisseure von „Musiklayouts", meinen damit aber eigentlich Temp-Tracks. Während ein Temp-Track bereits vor dem Dreh des Films bestand und nicht in Zusammenhang mit dem jeweiligen Film komponiert wurde, handelt es sich bei einem Layout um einen vom Komponisten speziell für den aktuellen Film erarbeiteten Vorschlag.

Temp-Tracks werden nicht zwangsläufig in jeder Produktion benutzt. Wenn sie aber eingesetzt werden, kann das vielfältige Gründe haben. Manche Cutter schneiden einzelne Szenen gern zum Rhythmus einer Musik oder überprüfen anhand von Temp-Tracks das Tempo und den Fluss ihres Schnitts. Regisseure nutzen Temp-Tracks immer wieder, um neue emotionale Perspektiven ihres Films zu entdecken und um eine Kommunikationsgrundlage für die Arbeit mit dem Komponisten zu haben. Redakteure sehen gern den Rohschnitt eines Films mit angelegter Musik, damit sie sich das angestrebte Endergebnis besser vorstellen können.

Die gemeinsame Arbeit an Temp-Tracks kann für alle Beteiligten sehr inspirierend sein. Zwar findet man fast nie Musik, die perfekt zum eigenen Film passt (dafür ist ja auch ein Komponist engagiert worden). Dennoch bekommt man schnell ein Gefühl, welche Stilistik und vor allem welches Tempo am besten zu den Bildern wirkt und den Kern des Films am besten trifft. Wichtig ist in diesem Stadium, sich auf eine gemeinsame Sprache und auf ein Konzept zu einigen, statt den Film perfekt zu vertonen. Stellt man zum Beispiel übereinstimmend fest, dass bestimmte musikalische Elemente auf gar keinen Fall funktionieren, ist man der endgültigen Lösung schon ein gutes Stück nähergekommen.

Vorteile von Temp-Tracks

Für den Komponisten können Temp-Tracks Segen und Fluch zugleich sein. Der Vorteil ist, dass bei kluger Benutzung von Temp-Tracks die musikalische Grundrichtung bereits festgelegt werden kann. Außerdem können viele musikdramaturgische Entscheidungen, besonders was Musikeinsätze angeht, bereits im Schneideraum getroffen werden. Ein weiterer Vorteil ist, dass der Komponist Ideen des Regisseurs bereits vor Beginn seiner eigentlichen Kompositionsarbeit kennenlernt und sich mit ihnen auseinandersetzen kann. Das verringert die Wahrscheinlichkeit späterer Missverständnisse und hilft besonders unter Zeitdruck, böse Überraschungen zu vermeiden. Außerdem kann er auch eigene Musiken von früheren Produktionen zur Verwendung als Temp-Tracks anbieten. Das erleichtert es gerade bei mehrteiligen Filmen oder Filmreihen im Fernsehen, den Grundcharakter der Musik über einen längeren Zeitraum und mehrere Filme hinweg konsistent zu halten.

Kurz gesagt

Ein Temp-Track sollte in jedem Fall als Hilfestellung verstanden werden. Er verdeutlicht die dramaturgischen und emotionalen Eckpunkte einer Geschichte.

Nachteile von Temp-Tracks

Ein großer Nachteil von Temp-Tracks liegt darin, dass man sich sehr schnell an sie gewöhnt und nicht mehr für neue Ideen offen ist. Im Englischen spricht man daher auch von *temp love*. Die neu komponierte Filmmusik klingt dagegen oft fremd, manchmal sogar „falsch". Das kann zu Irritationen und damit zu Änderungswünschen führen, die darauf abzielen, dass die neu komponierte Filmmusik den Temp-Tracks möglichst ähnlich klingt. Der Komponist bewegt sich mit seiner Musik dann im Extremfall immer am Rande des Plagiats, was für ihn nicht nur kreativ unbefriedigend, sondern auch urheberrechtlich sehr unangenehm werden kann.

Überdies werden Temp-Tracks häufig auch produktionstechnisch zum Maß aller Dinge gemacht. Besonders bei Filmen mit kleinem und mittlerem Budget kann das zum Problem werden. Vom Komponisten wird erwartet, dass seine Musik möglichst schon in der Layoutversion so gut klingt wie die Temp-Tracks. Auch wenn sich die Studiotechnik und die elektronische Klangerzeugung in den letzten Jahren rasant entwickelt haben, kommt das in gewissen Kontexten einer Herkulesaufgabe gleich. Manche Temp-Tracks stammen aus amerikanischen Filmmusiken, für deren Musikproduktion ein Budget von 1 Million Dollar oder mehr zur Verfügung stand. Das bedeutet für den Komponisten: Man erwartet von ihm – bildlich gesprochen –, dass er in einem umgebauten VW-Käfer in Eigenregie auf der Rennstrecke „Filmmusik" genauso schnell unterwegs ist wie die Formel-1-Teams in den modernsten Boliden. Dass solche Erwartungen manchmal schwer erfüllbar sind, liegt auf der Hand. Deshalb sollte bei der Auswahl der Temp-Tracks bedacht werden, dass die produktionstechnische Qualität des Temps vom Komponisten mit dem ihm zur Verfügung stehenden Musikbudget auch annähernd erreicht werden kann.

Kurz gesagt

Die Verwendung von Temp-Tracks im Rohschnitt ist nur sinnvoll, wenn die Musiken dafür sorgfältig ausgesucht werden, vorzugsweise unter Mitwirkung des Komponisten.

Einfluss auf das Spotting

Ein Nebeneffekt von Temp-Tracks, der leider selten bedacht wird, ist ihr Einfluss aufs Spotting. Im Idealfall wird durch den bewussten Einsatz von Temp-Tracks verbunden mit gutem Music Editing schon wichtige Vorarbeit für die Spotting-Session geleistet, die in Kapitel C3 („Spotting-Session") erklärt wird. Sehr oft aber geht es bei der Auswahl von Temp-Tracks nur um die Frage, ob die Musik an sich gewisse Kriterien erfüllt. Während des Schnittprozesses werden dann Musiken immer wieder neu angelegt und verschoben, höchst selten aber wieder komplett entfernt, es sei denn ganze Szenen entfallen. Dies führt letztlich dazu, dass sich die *temp-love* nicht nur an der Gewöhnung an bestimmte Musiken, sondern auch am Festhalten an definierten Musikstellen oder Musikeinsätzen ausdrückt. Der emotionale Rhythmus des Films und auch die emotionale Perspektive einzelner Szenen werden dadurch oft unbewusst so stark definiert, dass es dem Komponisten später nur sehr eingeschränkt möglich ist, neue Zugänge zum Film auszuprobieren. Manche Komponisten sehen daher einen fertig geschnittenen Film vor der Spotting-Session mehrfach komplett ohne Musik an. Sie können so unabhängig von den Temp-Tracks ein eigenes Gefühl für den Film entwickeln und Entwicklungsmöglichkeiten entdecken, die bisher im Schneideraum noch nicht ausprobiert wurden.

Praxistipp

Bei Ausspielungen des Films für den Komponisten sowohl während des Rohschnitts als auch nach dem Feinschnitt müssen die Temp-Musik und der Originalton immer getrennt auf unterschiedlichen Tonspuren ausgespielt werden. Am besten werden die Temp-Tracks noch zusätzlich im OMF- oder AAF-Format mitgeliefert, damit der Komponist ggf. Musikschnitte nachvollziehen kann.

Der Komponist im Schneideraum

In der Rohschnittphase ist der Cutter der verlängerte Arm und der engste Vertraute des Regisseurs. Cutter beginnen den Rohschnitt während der Drehphase und verbringen deshalb sehr viel Zeit mit dem Film allein, ohne Regisseur. Insbesondere dramaturgische Entscheidungen müssen sie deshalb erst einmal eigenverantwortlich treffen. Meist kommt der Regisseur erst nach Drehende in den Schneideraum, um den Feinschnitt gemeinsam mit dem Cutter zu erarbeiten. Die Feinschnittphase kann aber besonders beim Fernsehen außerordentlich kurz sein, sodass dann nur noch wenige Änderungen möglich und viele wichtigen Entscheidungen bereits getroffen sind. Zu diesen Entscheidungen gehört oft auch die Auswahl von Temp-Tracks. Es gibt viele Regisseure, die sich in dieser Frage völlig auf ihren Cutter verlassen und sogar von ihren Cuttern eine provisorische Vertonung mit Temp-Tracks erwarten. Deshalb ist der frühzeitigen Kommunikation zwischen Cutter und Komponist eine große Bedeutung beizumessen.

Kurz gesagt

Je mehr und je früher der Komponist im Schneideraum in Entscheidungen, die die Filmmusik betreffen, einbezogen wird, desto besser.

Wenn schon während des Rohschnitts Musiklayouts oder Skizzen vom Komponisten vorliegen, lohnt es sich immer, diese im Schneideraum gemeinsam anzulegen und zu diskutieren. Idealerweise machen das Cutter, Komponist und Regisseur gemeinsam. Je früher sich eine musikalische Grundrichtung zeigt, desto früher kann ein Cutter mit dem Schnitt darauf reagieren, wenn es ihm sinnvoll erscheint. Er kann zum Beispiel den Schnitt beschleunigen oder verlangsamen oder auch einzelne Szenen verlängern oder verkürzen, um sie an die Musik anzupassen. Zudem kann er durch Umstellen oder Weglassen ganzer Szenen grundsätzlich in die Dramaturgie eingreifen, dennoch aber einzelne emotionale Aspekte der eliminierten Szenen durch die Filmmusik spürbar machen. Kurz gesagt, er kann sich durch die Ideen des Komponisten inspirieren lassen. Das Gleiche gilt natürlich umgekehrt für den Komponisten. Auch er kann sich inspirieren lassen und die Erfahrung und die Ideen des Cutters nutzen. Cutter haben im Gegensatz zum Regisseur einen frischen Blick auf den Film, sie entdecken neue, manchmal völlig andere Aspekte in einzelnen Szenen. Wenn sie vom Komponisten anhand des Drehbuchs angefertigte Musikskizzen an neue, vom Komponisten nicht geplante Stellen anlegen und diese durch Musikschnitte an eine Szene anpassen, eröffnen sich oft ungeahnte Perspektiven. Der Komponist bekommt auf diese Weise Anregungen, die er in seine Komposition einfließen lassen kann.

Kurz gesagt

Eine gute Kommunikation zwischen Komponist und Cutter hilft sowohl dem Schnitt als auch der Musik.

Die Tonbesprechung

Spätestens am Ende des Rohschnitts ist es sinnvoll, auch die Tonebene in die dramaturgischen Überlegungen mit einzubeziehen. Dazu gehören Sounddesign und Geräusche genauso wie die Dialogspur. In der Praxis werden zwar oft die Arbeitsschritte der Tonnachbearbeitung von verschiedenen Personen durchgeführt, am Ende wird das ganze Material aber im Computer des Sounddesigners zusammengeführt und für die Filmmischung vorbereitet. Er ist letztlich verantwortlich für das Ton- bzw. Geräuschkonzept und deshalb auch schon während des Filmschnitts der Ansprechpartner für alle Fragen der Tonebene. Selbst wenn eine detaillierte Tonbesprechung – genauso wie die Spotting-Session mit dem Komponisten – meist erst nach Feinschnittende abgehalten wird, hilft auch hier eine frühzeitige Kommunikation, das musikdramaturgische Konzept und das allgemeine tondramaturgische Konzept effektiv aufeinander abzustimmen. Die Tonebene und besonders das Sounddesign hat für den Komponisten eine wichtige Bedeutung, die leicht unterschätzt wird. Es prägt das Tempo und den Rhythmus eines Films wesentlich und kann deshalb großen Einfluss auf musikalische Entscheidungen haben.

Dies wird an einem einfachen Beispiel deutlich: Wenn eine Actionszene auf der Sounddesignebene besonders dicht und druckvoll sein soll und z. B. sehr viele Explosionen zu hören sein werden, wird der Komponist versuchen, den mittleren Frequenzbereich in seiner Musik auszusparen und auf bestimmte Instrumente verzichten. Andernfalls können Musik und Sounddesign in der Filmmischung nicht in eine gute Balance gebracht werden. Weiß der Komponist allerdings, dass an einer bestimmten Stelle das Sounddesign in den Hintergrund treten soll, kann er alle Möglichkeiten der Instrumentation ausschöpfen und so die optimale Wirkung der Musik erreichen. Umgekehrt wird sich ein Sounddesigner bei der Auswahl seiner Geräusche an bestimmten Stellen nach der Musik richten, um ihre Wirkung nicht zu stören und das musikdramaturgische Konzept nicht zu gefährden.

Was in den vorherigen Kapiteln über die Zusammenarbeit zwischen Cutter und Komponist gesagt wurde, gilt analog auch für den Sounddesigner: Ein regelmäßiger Dialog zwischen Komponist und Sounddesigner trägt wesentlich zu einem überzeugenden filmischen Gesamtkonzept bei. Bei Projekten, bei denen der Zeitraum für die Postproduktion sehr knapp ist und keinen ausführlichen Dialog zulässt, ist es ratsam, nach Feinschnittende zumindest eine allgemeine Tonbesprechung abzuhalten. An dieser sollten auf jeden Fall der Sounddesigner, der Komponist und der Regisseur teilnehmen. Auch die Anwesenheit des Tonmeisters, der die Filmmischung vornimmt, ist empfehlenswert. Eine solche Tonbesprechung kann zwar den Prozess, gemeinsam eine Tondramaturgie sorgfältig zu entwickeln, nicht ersetzen. Zumindest können so aber die wichtigsten konzeptionellen Eckpunkte geklärt werden.

C2 INTERVIEW MIT CLAUDIA WOLSCHT (EDITORIN)

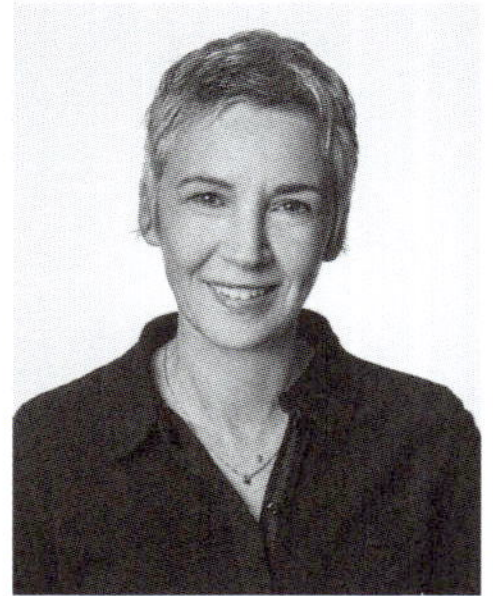

© Fotostudio Balsereit

Claudia Wolscht gehört zu den renommiertesten Editorinnen Deutschlands. Ihre Arbeit wurde mehrfach ausgezeichnet. Zuletzt erhielt sie den deutschen Filmpreis für den Schnitt von *Fabian oder Der Gang vor die Hunde* von Dominik Graf.

Was führt oder gehört in deinen Augen zu einer guten Zusammenarbeit zwischen Cutterin und Filmkomponist?

Das Erste ist ja schon mal, dass man sich überhaupt kennt und in Kontakt tritt. Das ist nicht automatisch der Fall. Das passiert nur aus Eigeninitiative oder aus persönlicher Sympathie. Wenn man öfter mit jemandem zusammengearbeitet hat, ist ganz klar, man bespricht sich. Ich kenne aber auch Beispiele, in denen irgendwer Musik unter den Film gelegt hat und dann wurde man in der Mischung davon überrascht. Das ist für mich furchtbar gewesen, weil es auch in Anführungsstrichen eine Enttäuschung war, im wahrsten Sinne des Wortes, sowohl positiv wie negativ. Deshalb ist für mich schon ein ganz wichtiger Punkt, dass der Kontakt und diese Zusammenarbeit so früh wie möglich stattfinden. Gerade auch in der Rohschnittzeit, wenn noch gedreht wird, wenn ich noch allein im Schneideraum sitze, wenn noch überhaupt nicht klar ist, wo die Reise hingeht, aber die Szenen sich natürlich entwickeln oder sich eine Stimmung entwickelt.

Wenn du mit dem Komponisten zusammenarbeitest und diesen Austausch haben kannst, was wünscht du dir von demjenigen oder derjenigen? Was davon nutzt du gern und wo sagst du, ich will lieber mein eigenes Ding machen?

Da gibt es unterschiedliche Varianten. Es gibt zum Beispiel ein Komponistengespann, mit dem ich oft zu tun habe. Da ist das so: Wenn ich in den Schneideraum komme, gibt es schon Musiken. Manches aus deren Archiv, vielleicht aber einfach nur ein paar Vorschläge und Themen, die die Komponisten assoziativ zum Filmthema gehabt haben. Damit kann ich dann arbeiten und kann mir Stellen suchen, wo ich sie anlege oder wo ich das Gefühl habe, da sind sie als mein Vorschlag gut aufgehoben. Es gibt aber auch andere Komponisten, die genau sagen, wo die Musik liegen oder anfangen soll. Da fühle ich mich ehrlich gesagt immer ein bisschen gegängelt oder eingegrenzt. Ich schaue mir dann zwar gern an, wie das gemeint ist. Aber eigentlich würde ich gern selbst entscheiden, welche Bilder bei mir im Kopf entstehen, wenn ich die Musik höre. Das kann dann gut passen und gut stimmen oder auch nicht. Regelmäßig sagen mir dann Komponisten: „Ach, da hast du die Musik verwendet, die haben wir ja ganz woanders gesehen." Und das finde ich genau das Spannende am Musikanlegen, solange man mit Musiken des Komponisten und nicht mit Fremdmusiken arbeitet. Das ist sozusagen die Freiheit in der Beschränkung. Wenn Komponisten etwas einbringen, würde ich gern fragen dürfen: Was mache ich daraus?

Wenn du Musiken anlegst, dann machst du auch schon das, was wir als Komponisten das „Spotting" nennen. Könntest du für dich sagen, es gibt allgemeine oder für jeden Film gültige Spotting-Regeln, wie du Musik anlegst?

Es gibt sicher allgemeingültige Regeln oder sagen wir besser Konventionen, die auch oft angewendet werden und mehr oder weniger immer funktionieren. Aber ich weiß nicht, ob ich das gut finden soll. Wenn man sagt, da und da muss laut Regel Musik sein ... Nein, so könnte ich die Frage nicht beantworten.

Nach welchen Kriterien entscheidest du denn, ob und gegebenenfalls welche Musik du anlegst, wenn du schneidest?

Der einfachste Fall ist ja eine Montage. Wenn es also keine Dialoge gibt, keine zusätzlichen Informationen im Ton und man nur eine Montage hat, die assoziativ ist, die Zeit vergehen lässt oder die Sachen beschreibt. Wenn ich das Gefühl habe, ich brauche für eine bestimmte Montage Musik, dann suche ich mir eine aus dem Portfolio, das ich bekommen habe. Ich höre sie ein paar Mal an, bis ich sie im Körper habe. Dann schneide ich die Montage ohne Musik und lege die Musik danach wieder drunter, um zu sehen, wo sie passt und wo sie nicht mehr passt. Manche Kolleg*innen machen es ganz anders. Sie legen die Musik an und bringen dann die Bilder an bestimmte Musikstellen. Mir geht es aber bei der Arbeit mit Musik oft so: Ich höre eine bestimmte Stelle und sage: „Diese Musik oder eine Sequenz daraus oder dieser Musikeinsatz muss an diese Stelle des Films." Dann schaue ich, was sie nach vorn und nach hinten noch leistet oder was da passiert und das passt oft ganz wunderbar. Das Schönste beim Musikanlegen ist ja immer, wie gut es dann zusammenpasst oder dass durch das Bild und die Musik etwas Neues entsteht.

Du hast gerade beschrieben, dass du dir manchmal Musiken anhörst, emotional aneignest, dann ohne Musik schneidest und sie anschließend wieder anlegst. Denkst du da bereits daran, was auf der Soundebene passieren könnte?

Ja natürlich, das ist ganz, ganz wichtig. Das Bild und die Audiospur gehören ja zusammen. Also, wenn ich ein Bild zeige und ich stelle mir vor, da wird im Hintergrund ein Zug einlaufen, dann braucht er ja eine gewisse Zeit. Das ist anders, als wenn ich nur kurz den Bahnhof zeige und da passiert nichts. Das hat auch immer mit Timing, Länge und dem Vergehen von Zeit zu tun. Ich stelle mir auch manchmal Geschichten dahinter vor, die gar nichts mit dem realen Film zu tun haben, um dem Lauf der Bilder irgendwie einen Sinn zu geben, auch wenn es diesen Sinn im Bild oder im Film gar nicht gibt.

Ich kenne das auch, dass in bestimmten Szenen beim Schnitt eine Musik ganz wichtig war, man sie dann aber beim Vorführen wieder weggenommen hat, weil die Szene, nachdem sie ihre Form gefunden hatte, für sich so gut getragen hat, dass die Musik nicht mehr nötig war. Da kommt es dann darauf an, an welcher Stelle im Film die Musik liegt, wie oft es vorher oder nachher Musik gibt, wie inflationär bestimmte Dinge waren oder ob mal Ruhe gebraucht wird. Dann kann man sie auch wieder weglassen. Das kenne ich schon. Aber das kann man in der Rohschnittzeit noch gar nicht sagen. Das kann man erst sagen, wenn der Film als Ganzes beginnt zu leben. Aber was ich mir gar nicht vorstellen kann, ist, dass ich diesen Prozess abgebe. Für mich gehört er wirklich zum Schneiden dazu. Manche machen das ja scheinbar, dass sie einen Musikeditor haben oder verschiedene Schnittversionen des Bildes und der Musik immer hin- und herschicken. Das ist für mich schwierig. Erstens mag ich den Prozess sehr gern und möchte den nicht abgeben. Außerdem finde ich, kann man das auch zusammen machen, aber man kann das nicht so hintereinander oder nebeneinander machen. So nach dem Motto: „Schick mir mal die Szene, ich vertone sie, dann schicke ich sie dir wieder zurück." Das finde ich gerade in dieser Phase schwierig, in der die Musik sich hinzuaddiert. Beziehungsweise sie addiert sich ja nicht, sie gehört ja dann dazu, sie verwebt sich ja mit dem Film.

Wenn der Komponist nicht verfügbar ist und du müsstest selbst Musiken irgendwoher aussuchen, nach welchen Kriterien tust du das?

Ich finde das ehrlich gesagt sehr schwer und sehr zeitintensiv. Ich habe das jetzt länger nicht gemacht, weil ich in den letzten Jahren den Luxus hatte, dass Komponisten frühzeitig beteiligt waren. Wenn ich dann auf die Suche gehe, würde ich tatsächlich nach ähnlichen Filmen suchen oder danach, was ich gerade als Lieblingsmusik gut finde. Es fängt also erst mal sehr spontan und sehr gefühlsbetont aus dem Bauch heraus an, bevor es irgendwie in den Kopf geht. Für eine Actionszene zum Beispiel nimmt man erst einmal Musik aus einer Actionszene eines anderen

Films. Oder ich habe von anderen Komponisten Musiken, die schon in Rubriken eingeteilt sind wie Rhythmus, Themen oder Spannung. Dann würde man nach der Emotion gehen. Aber da sind wir ganz schnell in dem konventionellen Bereich, von dem du eben gesprochen hast. Der funktioniert, lässt aber nicht unbedingt was Besonderes entstehen.

Was hältst du grundsätzlich von der Praxis des Tempens? Man könnte ja sagen, du schneidest den Film, aber du benutzt einfach keine Musik, und bei den Abnahmen wird auch keine Musik sein.

Dass keine Musik bei Abnahmen benutzt wird, kenne ich auch. Das wurde eine Zeit lang auch mal so gemacht nach dem Motto: „Der Film muss sich selbst tragen." Aber ich kann mir das schwer vorstellen. Es geht natürlich, kommt aber auch immer sehr stark darauf an, was für ein Genre, was für eine Art von Film wir haben, worum es geht. Aber ich nehme auch eine Wechselwirkung der Musik zum Schnitt, zur Szene, zur Dramaturgie wahr. Und je nach Film hilft die Musik auch sehr stark, Szenen, Gefühle, den dramaturgischen Bogen zu strukturieren oder zu verbinden. Und das muss ich ja irgendwie zumindest mal selbst hören oder während einer Abnahme oder Ähnlichem bestenfalls sogar anderen vermitteln.

Könntest du konkret beschreiben, was genau ein Schnittrhythmus ist? Was ist damit gemeint, wenn von Schnittrhythmus die Rede ist?

Ich stelle mir das ein bisschen wie einen Takt bei der Musik vor. Es kann alles Mögliche sein, ein Dreivierteltakt oder Siebenachteltakt oder ein Beat, der auch wechseln kann, aber der erst mal wie ein Herzschlag zu spüren ist. Manchmal arbeite ich mit Menschen zusammen, bei denen ich denke, die haben einen anderen Herzschlag als ich. Die schneiden immer an einer anderen Stelle, als ich das gefühlsmäßig machen würde. Ich kann Schnittrhythmus eigentlich nicht anders erklären als als einen Takt oder einen Rhythmus, der beim Tanzen entsteht. Kannst du mit der Antwort was anfangen?

Unbedingt, ja, ich finde das extrem spannend. Das Tempo ist sicherlich nicht nur durch dein Empfinden vorgegeben, sondern auch durch das Material. Wenn du Bilder mit sehr vielen schnellen Zooms oder sehr vie-

len schnellen Kamerabewegungen bekommst, dann ergibt sich daraus möglicherweise ein anderes Grundtempo?

Ja, natürlich. Es kann aber auch dramaturgisch in einer Szene ein großer Druck da sein oder auch eine große Entspanntheit. Beides verändert das innere Tempo einer Szene, sowohl formal als auch inhaltlich. Wir hatten mal einen fertigen Kinofilm mit Musik, alle waren glücklich, aber der Film war zu lang. Also sollte eine kürzere Version des Films hergestellt werden. Letztendlich ist die lange Version dann die Festivalversion geworden und die kürzere die Kinoverwertungsversion. Es gab also immer zwei Fassungen. Bei der kürzeren haben wir dann eine andere Musik benutzt, die den Schnitt und die Geschwindigkeit des Films verändert hat, obwohl es ja dasselbe Material war.

Wenn du dir als Cutterin zum Thema „Filmmusik" etwas wünschen dürftest, was wäre das? Mehr Zeit für den Austausch und die Kommunikation mit dem Komponisten?

Ja, ich würde mir wünschen – das versuche ich auch schon jetzt durchzusetzen, und es klappt auch manchmal –, dass die Komponisten in den Schneideraum kommen, dass man sich zusammen Szenen ansieht, dass man zusammen über Musikeinsätze redet, dass man einfach schon mal im Kontakt ist. Letztlich, dass man diesen Weg – du nennst das Spotting – gemeinsam geht. Und dass man sich dann wieder trennt und was am Ende dabei herauskommt, sieht man dann. Das weiß man gar nicht immer. Es gibt ja auch noch eine Regie, die etwas dazu zu sagen hat. Das große Problem ist ja, dass man eine gemeinsame Sprache finden muss. Das ist, glaube ich, das Grundproblem der Filmkomponisten. Wie spricht man über Filme, wie spricht man über Filmmusik, wie spricht man über Gefühle und wie sie an welcher Stelle was auslösen sollen?

Und ich würde mir sehr wünschen, dass die Redaktionen nicht so viel Einfluss auf die Musik haben. Sie sehen das mittlerweile – zumindest habe ich das so erlebt – als ihr persönliches Steckenpferd an und merken nicht, dass sie damit sehr bestimmend auf die Gesamtdramaturgie des Films Einfluss nehmen, bevor er fertig ist. Außerdem haben sie mehr als alle anderen Angst, dass etwas aus dem Rahmen fällt und dass der Zuschauer den Film nicht versteht.

C3 SPOTTING-SESSION

> „[In editing] emotion, story, rhythm are extremely tightly connected.“
>
> WALTER MURCH

Die Spotting-Session ist gewissermaßen der Abschluss des Bildschnitts und der Beginn der Musikkomposition. Sie findet nach Beendigung des Feinschnitts (englisch *locked picture*) statt. Sie dient dazu, die endgültige Menge der Filmmusik, ihre genauen Ein- und Ausstiegsstellen und ihre dramaturgische Funktion an den jeweiligen Stellen so weit festzulegen, wie man sie am Beginn des Kompositionsprozesses sinnvollerweise festlegen kann.

Von den vielen Arbeitsschritten, die zu einer Filmmusikproduktion gehören, ist die Spotting-Session sicher einer der wichtigsten. Denn die schönsten Melodien und die besten Musiker helfen nichts, wenn die Musik an den falschen Stellen im Film beginnt oder endet, die Gesamtmenge der Musik nicht richtig dosiert ist oder die Musik nicht die Intention des Films unterstützt. Eine ausführliche Spotting-Session erleichtert es, Musik in einem Film emotional zielgerichtet einzusetzen. Zudem schafft eine Spotting-Session Verbindlichkeit in der Kommunikation und eine verlässliche Arbeitsgrundlage für den Komponisten. Er muss nicht auf Verdacht verschiedene Vorschläge machen, sondern kann sich direkt auf die Umsetzung des beim Spotting skizzierten Konzepts konzentrieren.

Kurz gesagt

Rechtzeitige umfassende Absprachen ersparen dem Komponisten das Erarbeiten unnötiger Alternativen und sie verringern das Risiko aufwendiger Änderungen. Sorgfältiges, dokumentiertes Spotting spart deshalb Zeit und Geld.

Das folgende Kapitel verdeutlicht, warum eine Spotting-Session für die Erarbeitung eines überzeugenden Musikkonzepts wichtig ist. Es erklärt den Ablauf einer Spotting-Session und die besondere Rolle, die dem Komponisten dabei als dramaturgischem Berater zufällt. Anschließend werden Kriterien erläutert, die in der Praxis helfen können, Musik wirkungsvoller einzusetzen. Auf die Möglichkeiten einer sorgfältigen Dokumentation, die Probleme im Arbeitsprozess zu vermeiden hilft, wird am Ende des Kapitels hingewiesen.

Teilnehmer

An der Spotting-Session nehmen normalerweise Komponist, Regisseur und gegebenenfalls Cutter und Music Editor teil. Wenn der Komponist schon während des Rohschnitts hinzugezogen wurde, müssen hier nur noch letzte Details besprochen werden, denn ein großer Teil der notwendigen Diskussionen wurde in diesem Fall bereits im Schneideraum während der Arbeit an den Temp-Tracks oder Kompositionsskizzen geführt. Wenn sich Regisseur und Komponist allerdings bei der Spotting-Session zum ersten Mal über die geplante Musik austauschen, sollte auf jeden Fall genug Zeit eingeplant werden.

Die Grundlage einer Spotting-Session bildet die gemeinsame Durchsicht des Feinschnitts. Wie dies genau vollzogen wird, ist je nach persönlicher Arbeitsweise sehr unterschiedlich: Manche Komponisten ziehen es vor, den Film zuerst komplett anzusehen und anschließend über das Anlegen von Temp-Tracks zu ausgewählten Szenen zu versuchen, eine ihnen passend erscheinende musikalische Grundstimmung zu finden. Andere wiederum kommunizieren gern während der Durchsicht des Films mit dem Regisseur, stoppen, spulen zurück, diskutieren direkt einzelne Szenen und lassen sich die Intention des Regisseurs erklären.

Welchen Weg auch immer man wählt: Der Prozess des Spottings nimmt auf jeden Fall viel Zeit in Anspruch, denn das sorgfältige Auswählen und Anlegen von Temp-Tracks, das Diskutieren verschiedener Stilistiken und die immer wieder unterbrochene Durchsicht des Films kann nicht in ein paar Minuten erledigt werden.

Bei Fernsehfilmen wird häufig nach Beendigung des Feinschnitts eine kurze Musikbesprechung mit Komponist, Regisseur, Produktion und Redaktion abgehalten, um die jeweiligen grundsätzlichen Erwartungen und Ziele zu formulieren und abzugleichen. Dies ist äußerst empfehlenswert, da es meist der einzige Termin ist, an dem alle Beteiligten sich persönlich austauschen können. Eine solche Musikbesprechung kann allerdings nur der Standortbestimmung dienen, sie kann eine ausführliche Spotting-Session nicht ersetzen.

Die Spotting-Session ermöglicht neben dem grundsätzlichen Austausch von Visionen und Konzepten insbesondere auch zwei weitere wichtige Dinge: Zum einen kann sich der Komponist hier als dramaturgischer Berater einbringen, zum anderen kann man sich einen Überblick über das geplante Konzept verschaffen, indem das Besprochene dokumentiert wird. Diese Dokumentation bildet auch eine verlässliche Grundlage für weitere Diskussionen, die sich im Verlauf der Kompositionsarbeit ergeben werden.

Dramaturgische Beratung

Ein versierter Filmkomponist ist immer auch ein versierter Dramaturg. Er kann einschätzen, welche Menge an Musik für einen Film sinnvoll ist, und er hat Erfahrung mit emotionalem Timing. Er sieht und hört seine Musik dabei immer im Zusammenhang der kompletten Tonebene und passt sie in ein klangliches Gesamtkonzept ein. Er weiß genau, welche musikalischen Mittel er in welcher Situation am wirkungsvollsten einsetzen kann, und er findet bildgenau die besten Ein- und Ausstiegspunkte für die Musik.

Die Musik kann zum Beispiel

- genau auf einen Schnitt oder kurz vor oder nach einem Schnitt beginnen,
- sofort nach einem wichtigen Dialog oder erst einige Sekunden danach einsetzen, um die Worte noch nachwirken zu lassen

- eine Gefahrensituation im Voraus ankündigen oder sich aus einer Szene völlig zurückziehen, um ein anschließendes Schockelement auf der Tonebene noch stärker wirken zu lassen,
- über einen längeren Zeitraum sehr diskret oder gar nicht benutzt werden, um einen anschließenden Musikeinsatz hervorzuheben. Oder sie kann über einen längeren Zeitraum eine Szene emotionalisieren und sich am Höhepunkt in die Stille zurückziehen, um den Zuschauer mit den vorher geschürten Emotionen allein zu lassen.

Solche oder ähnliche Detailfragen werden von Regisseuren oft nicht thematisiert, weil sie entweder die verschiedenen Möglichkeiten nicht kennen oder sich noch nicht ausführlich mit ihrer Wirkung beschäftigt haben. Die dramaturgische Erfahrung eines Komponisten ist hier sehr wertvoll. Denn eine seiner wesentlichen Fähigkeiten ist es einzuschätzen, welche Wirkung die Summe der einzelnen Entscheidungen auf den Film als Ganzes hat.

Kurz gesagt

Beim Spotting müssen zahlreiche Entscheidungen getroffen werden, die Einfluss auf die Dramaturgie nehmen und damit auch darauf, wie die Zuschauer den Film erleben werden. Grundlage dieser Entscheidungen sind das Wissen und die Intuition des Komponisten sowie die Wünsche von Regie und Auftraggebern.

Vier zentrale Fragen des Spottings

Um ein Gefühl für die richtige Dimensionierung und den Einsatz von Musik zu entwickeln, braucht man Erfahrung. Anders als in der Bildgestaltung, beispielsweise bei der Vermeidung von Achsensprüngen, gibt es keine traditionellen Regeln für den Umgang mit Musik. Dies gilt insbesondere für die Einsatzstellen und die Gesamtmenge der Musik.

Es gibt aber vier wichtige Fragen, die sich erfahrene Komponisten oder Regisseure immer wieder neu stellen und deren Beantwortung unerfahrenen Komponisten oder Regisseuren helfen kann, ein wirkungsvolles musikalisches Konzept zu entwickeln.

1. Warum braucht diese Stelle Musik?

Idealerweise wird Musik nur eingesetzt, wenn es einen klaren dramaturgischen Grund dafür gibt. Das klingt erst einmal sehr theoretisch. Dennoch leistet die eigene Intuition hier gute Hilfestellung, wenn man sie richtig nutzt. Warum habe ich hier das Bedürfnis nach Musik? Fehlt mir etwas im Bild, in der Geschichte, im Schauspiel, das ich musikalisch kompensieren möchte? Versteht der Zuschauer den Plot oder muss ich auf der Tonebene Zusammenhänge zusätzlich erklären? Fragen dieser Art zu stellen und offen zu diskutieren, ist für die Entscheidungsfindung sehr hilfreich. Denn grundsätzlich gilt: Alles ist möglich, es gilt eben, die für den Film beste Lösung zu finden.

Auf jeden Fall sollte man einzelne Musiken ins Verhältnis zur Gesamtmenge an Musik im Film stellen, vorhergehende und nachfolgende Musiken mit bedenken und auf die Integration in die Dialog- und Geräuschebene achten. Entscheidet man einen Musikeinsatz zu sehr szenenbezogen, verliert man leicht das Gesamtkonzept und den emotionalen Rhythmus des Films aus den Augen.

Man sollte sich darüber bewusst sein, dass eine sehr hohe Gesamtmenge an Musik die Gefahr birgt, dass Geschichte und Charaktere eindimensional werden oder zu häufig in Szenen eine an sich nicht vorhandene Bedeutung suggeriert. Durch eine solche emotionale Dauerbeschallung ermüdet und langweilt sich das Publikum sehr schnell.

Kurz gesagt

Filmmusik ist wie eine gute Schokolade. Wenn man zu viel davon in zu kurzer Zeit isst, kann man sie irgendwann gar nicht mehr richtig genießen.

2. Was soll die Musik im Kontext des Films aussagen?

Dies ist eine entscheidende Frage. Wenn man sich entschließt, Musik einzusetzen, hilft diese Frage vor allem dabei, fokussiert zu bleiben und nicht in allgemeinen dramaturgischen Floskeln zu versinken. Sie sensibilisiert den Regisseur dafür, so klar wie möglich seine Erwartungen an die jeweilige Musik zu artikulieren und hilft dem Komponisten, die Essenz der Szene zu begreifen und die Grundidee des Musikstücks dahingehend herauszuarbeiten. Die Essenz einer Szene geht oft viel tiefer als es allgemeine Begriffe wie „traurig", „glücklich", „dramatisch" oder „emotional" ausdrücken. Hilfreiche Fragestellungen können hier zum Beispiel sein:

- Entwickle ich die Charaktere über den Verlauf des Films weiter?
- Drücke ich die Gedanken und Gefühle einer Figur angemessen aus?
- Ist der Subtext der Szene durch die Musik verständlicher?
- Mit welchem Musikstil und welchen Instrumenten erreiche ich die angestrebte Wirkung am besten?

3. Welche Rolle spielt die Musik auf der Tonebene?

Die Wirkung und Funktion von Musik im Film kann nur in Zusammenhang mit der allgemeinen Tonebene beurteilt werden. Deshalb muss man das Zusammenspiel der verschiedenen Tonelemente beim Einsatz von Musik mit bedenken. Soll die Musik einen Dialog unterstützen oder Charaktere und Geschichten diskret begleiten? Dann wird sie in der Regel im Hintergrund bleiben und muss leise genug gemischt oder dünn genug instrumentiert werden. Soll sie die Führung übernehmen, für sich selbst stehen, das große Bergpanorama noch gewaltiger, den finalen Kuss noch intensiver machen? Dann wird sie gewöhnlich im Vordergrund stehen und muss gut hörbar sein und eine gewisse Größe und Dichte haben. Dabei ist sie im Idealfall stets Partner der Geräuschebene (des Sounddesigns) und des Dialogs und interagiert mit beiden so nahtlos wie möglich. Das kann auch bedeuten, dass sich die Musik der Geräuschebene unterordnet.

4. Welche Perspektive soll die Musik einnehmen?

Musik im Film kann sowohl hinsichtlich einzelner Charaktere als auch hinsichtlich der Metaebene des gesamten Films verschiedene Perspektiven einnehmen. Am einfachsten verständlich wird das, wenn man zwischen Innen- und Außenperspektive unterscheidet. Die Innenperspektive nimmt die Emotionalität einzelner Figuren auf und erzählt den Film aus deren Perspektive. Ein einfaches Beispiel: Die Trennungsszene eines Paares wird sich für die Erwachsenen anders anfühlen als für ihr Kind, das den Streit der Eltern heimlich beobachtet. Die Außenperspektive beschäftigt sich mit den Kernbotschaften eines Films. Zum Beispiel mit der Frage, ob man einen Kriegsfilm als individuelles Heldenepos, zeitgeschichtliches Drama oder als patriotische Befreiungsgeschichte erzählt.

Vieles davon ist bereits durch das Drehbuch und den gedrehten Film definiert. Die Möglichkeiten der Musik, hier noch einmal ganz grundsätzlich die Wirkung eines Films zu beeinflussen, sind aber deutlich größer als es vielen Filmemachern bewusst ist.

Kurz gesagt

Die vier skizzierten Fragen machen den Unterschied aus zwischen Filmmusik aus einem Guss und Filmmusik, die lediglich aus einer Abfolge von Musikstücken besteht, die irgendwie zu den Bildern passt. Zu wissen, was man mit dem Einsatz von Musik an den jeweiligen Stellen erreichen möchte, ist der Kern eines musikdramaturgischen Konzepts.

Dokumentation

Es empfiehlt sich, während der Spotting-Session die Ergebnisse der Gespräche zu protokollieren und anschließend in Form eines Cue-Sheets zu dokumentieren („Cue" ist die englische Bezeichnung für „Musikeinsatz" oder „Musikstück"). Normalerweise ist dafür der Music Editor verantwortlich, in Deutschland werden dessen Tätigkeiten aus Budgetgründen aber zum Großteil von den Komponisten selbst mit übernommen.

Cue-Sheet

Die Erstellung eines Cue-Sheets ist zwar am Anfang aufwendig, spart aber im Verlauf der Arbeit sehr viel Zeit. Zum einen gibt es einen sehr schnellen und einfachen Überblick über alle Fragen, die mit zeitlicher Einordnung zu tun haben. Es zeigt die Ein- und Ausstiegspunkte der Musik sowie die Länge einzelner Musiken oder bei Bedarf die Gesamtmusiklänge, die für die Kalkulation der Produktionskosten ausschlaggebend sein kann. Zum anderen ist es eine verlässliche Kommunikationsgrundlage für alle Beteiligten. Anmerkungen oder Änderungswünsche von Regie oder Auftraggebern lassen sich so unmissverständlich bestimmten Musikstücken zuordnen. Die Dokumentation dieser Anmerkungen dient als Gedächtnisstütze für den Komponisten. Sie ist aber auch bei Szenen hilfreich, deren musikalische Gestaltung über einen längeren Zeitraum in unterschiedlichen Ansätzen diskutiert wird.

Es ist hilfreich, die Informationen im Cue-Sheet übersichtlich zu strukturieren und jedem Musikstück eine fortlaufende Nummer zu geben. „M02" lautet zum Beispiel die Bezeichnung für das zweite Musikstück im Film. Falls der Film in einzelne Akte ausgespielt wird, sollte man die jeweilige Aktnummer vor der fortlaufenden Nummer nennen. „1M03" ist dann zum Beispiel die Bezeichnung für das dritte Musikstück, es befindet sich im ersten Akt. „3M27" ist das 27. Stück und befindet sich im dritten Akt und so weiter. Das Cue-Sheet sollte auf jeden Fall eine überschriftartige Beschreibung der Szenen beinhalten sowie weitere wichtige Angaben wie Synchronpunkte oder Hinweise des Regisseurs. Die geplanten Ein- und Ausstiegspunkte der Musik sollten klar mit den jeweiligen Timecode-Angaben definiert sein (vgl. Abb. 1).

CueDB

Dunkle Schatten

CUE #	TITLE	IN	OUT	DURATION	SPOTTING NOTES
v1_230306_DunkleSchatten_PL					
1m01	Intro	10:00:00:00	10:01:00:20	1:01	10:00:00:00 Start leise, Hits auf Jump Cut, Crescendo bei Rampe
1m02	Am Telefon 1	10:01:00:20	10:01:58:03	0:57	Start suspense tief, nicht auf Flashes reagieren, sneak out
1m03	Anne	10:02:34:24	10:03:32:19	0:58	
1m04	Heute Abend muss ausfallen	10:05:19:11	10:05:46:18	0:27	
1m05	Sturz oder Suizid	10:06:02:23	10:06:30:19	0:28	
1m06	Bunn untersucht Wohnung	10:08:22:05	10:09:45:14	1:23	
1m07	CANCELLED_Fotos Schreibtisch	10:11:30:06	10:11:30:06	0:00	
1m08	Telefon 2	10:12:27:16	10:13:16:24	0:49	
1m09	CANCELLED_Gespräch mit Clown	10:13:54:06	10:13:54:06	0:00	
1m10	Böse Nachrichten	10:15:25:12	10:16:40:07	1:15	
1m11	Der Chef	10:17:23:19	10:18:12:13	0:49	
1m12	Behörden kennen Opfer nicht	10:19:17:07	10:19:45:03	0:28	
1m13	In der Werbeagentur	10:19:51:11	10:20:50:23	0:59	
1m14	LKA	10:21:22:07	10:21:38:14	0:16	
1m15	Chef panisch	10:26:18:01	10:27:12:11	0:54	
1m16	Das Dreckige Dutzend	10:27:39:07	10:28:23:06	0:44	
1m17	Telefon 3	10:29:23:01	10:30:13:10	0:50	
1m18	Die Leiche	10:30:13:10	10:30:54:17	0:41	
1m19	Opfer hatte Besuch	10:32:22:08	10:33:03:18	0:41	
1m20	Handy tracken	10:33:03:18	10:33:59:17	0:56	
1m21	Bunn redet über Fall	10:34:44:00	10:36:16:13	1:33	

Abb. 1: Cue-Sheet

Es ist sinnvoll, das Cue-Sheet als verbindliche Arbeitsgrundlage zu nutzen, sich aber dennoch die Flexibilität im Kompositionsprozess zu erhalten. Meist ergeben sich während der konkreten Arbeit an der Filmmusik neue Aspekte, die während des Spottings noch nicht so offensichtlich waren oder anders bewertet wurden. Das kann durchaus dazu führen, dass sich das Endergebnis vom ursprünglichen Spotting substanziell unterscheidet. Selbst während der Aufnahmen mit Livemusikern kann es passieren, dass der Komponist noch Änderungen vornehmen muss. Häufig betrifft das die Ein- und Ausstiegspunkte der Musik. Diese Änderungen sollten im Cue-Sheet auf jeden Fall festgehalten werden.

Im Cue-Sheet werden idealerweise auch alle Angaben zur Musik zusammengefasst (Titel, Längen, Namen der Komponisten etc.), die am Ende für die Registrierung der Filmmusik bei Verwertungsgesellschaften benötigt werden.

Timing-Notes

Timing-Notes werden zusätzlich zum Cue-Sheet hergestellt und schlüsseln den Film und die gespotteten Szenen noch weiter auf. Jedes für den Komponisten wichtige Detail wird mit seiner exakten Timecode-Position verzeichnet (vgl. Abb. 2). Bis vor einigen Jahren waren sie noch üblich, haben aber mit der Entwicklung digitaler Bildquellen und softwarebasierter Hilfsmittel zunehmend an Bedeutung verloren.

CueDB

Dunkle Schatten

CUE #	TITLE	IN	OUT	DURATION	NOTES
v1_230306_DunkleSchatten_PL					
1m01	Intro	10:00:00:00	10:01:00:20	1:01	10:00:00:00 Start fade in, 10:00:20:15 Close Up. 10:00:35:10 jump Cut Face, 10:00:45:20 Start ramp, 10:00:59:00 Black
1m02	Am Telefon 1	10:01:00:20	10:01:58:03	0:57	Für Zäsur sorgen am Anfang auf Gesicht, 10:00:59:13 Start, 10:01:21:14 Zoom in, 10:01:41:10 Baum
1m03	Anne	10:02:34:24	10:03:32:19	0:58	10:02:34:24 Hit, 10:03:00:02 build up, climax bis 10:03:32:19
1m04	Heute Abend muss ausfallen	10:05:19:11	10:05:46:18	0:27	
1m05	Sturz oder Suizid	10:06:02:23	10:06:30:19	0:28	
1m06	Bunn untersucht Wohnung	10:08:22:05	10:09:45:14	1:23	

Abb. 2: Timing-Notes

Die Herstellung der Timing-Notes ist sehr aufwendig und meistens nur leistbar, wenn ein Music Editor oder Assistent diese Aufgabe übernimmt. Sie erlauben es dem Komponisten aber, sich beim Komponieren vom Bild zu lösen, ohne die Genauigkeit und Bildsynchronität zu vernachlässigen. Außerdem ermöglichen sie eine sehr detaillierte Kommunikation mit Regisseur und Auftraggebern über einzelne Szenen.

Sobald sich beim Komponisten nach dem Spotting ein Gefühl für den Film eingestellt hat und er eine Idee davon hat, welches Ziel er mit der Musik ansteuert, kann er beginnen, an der Filmmusik zu arbeiten. Mehr dazu in Kapitel D („Es geht los").

C4 INTERVIEW MIT STEPHANIE ECONOMOU (KOMPONISTIN)

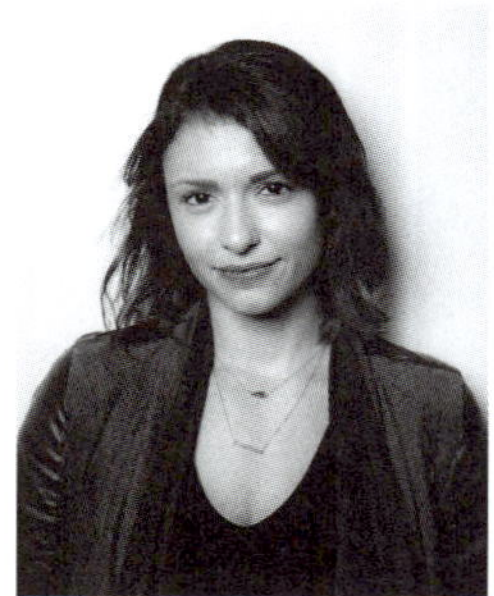

© Privat

Stephanie Economou gehört zu den erfolgreichsten Komponistinnen Hollywoods. Als langjährige Assistentin von Harry Gregson-Williams arbeitete sie an Filmmusiken für Blockbuster wie *Der Marsianer* und *Der Equalizer 2*. In ihrer Filmografie finden sich außerdem Dokumentationen wie *More Than Robots* und die Netflix-Serie *Jupiter's Legacy*. Ihre Musiken wurden mehrfach ausgezeichnet. Zuletzt erhielt sie den zum ersten Mal überhaupt vergebenen Grammy für Computerspielmusiken für ihre Musik zu *Assasin's Creed: Dawn of Ragnarök*. Sie ist außerdem Vorstandsmitglied der Alliance for Women Film Composers.

Du arbeitest in sehr unterschiedlichen Bereichen der Medien. Wie unterscheidet sich deiner Erfahrung nach das Komponieren für das Fernsehen, für das Kino und für Videospiele?

Vom kompositorischen, konzeptionellen Ansatz her gibt es keinen Unterschied. Ich möchte immer ein Thema, eine Palette oder etwas Einzigartiges finden und herausbekommen, wie ich die Geschichte am besten für das jeweilige Medium erzählen kann. Ich versuche, mich mit Werkzeugen zu rüsten, mit denen ich die musikalische Geschichte am besten erzählen kann. Etwas anderes ist die logistische Ebene. Bei Film und Fernsehen steht die Musik zur Szene fest. Videospiele sind interaktiv, die Musik reagiert auf die Aktionen des Spielers. Und bestimmte Elemente der Musik werden durch die Handlungen des Spielers ausgelöst. Die Musik muss also vielschichtig sein, um auf die Handlungen des Spielers reagieren zu können.

Ich würde auch sagen, dass es bei Videospielen sehr lange dauern kann, bis man als Komponist eine visuelle Vorlage hat. Oft schreibt man Musik zu Konzeptzeichnungen oder einer Story-Synopse – das ist einfach ein Word-Dokument. Das liegt daran, dass das Spiel entwickelt wird, während man die Musik schreibt, und die Komponisten werden gern sehr früh engagiert. Das ist bei Film und Fernsehen ganz anders. Auch wenn Komponisten manchmal schon in der Vorproduktion mit der Arbeit an Themen und Suiten beginnen, fängt für die meisten Komponisten die eigentliche Arbeit erst an, wenn sie den Film bekommen.

Was ist deine Präferenz, wann ist für dich der beste Zeitpunkt, um an einem Projekt mitzuarbeiten?

Ich ziehe es vor, engagiert zu werden, wenn alle bereit sind, sich auf die Musik zu konzentrieren. Ich denke, bei Videospielen ist es gut, früher engagiert zu werden, um die konzeptionellen Gespräche zu führen. Bei Film und Fernsehen werde ich meistens dann engagiert, wenn sie einen guten Schnitt haben und wir uns hinsetzen und eine Besprechung abhalten können. Dann kann ich einfach anfangen. Ich würde sagen, das ist meine Präferenz: in der Lage zu sein, ein wirklich umfassendes Gespräch über die Musik zu führen, weil wir uns den Film in einer Phase ansehen, in der es bereits einen guten Schnitt gibt.

Wie eng arbeitest du mit dem Cutter und dem Sounddesigner zusammen?

Am liebsten würde ich die ganze Zeit mit dem Sounddesigner zusammenarbeiten, denn so bekommt man eine saubere Mischung und kann sie konzeptioneller gestalten, aber das ist nicht üblich. Es ist sogar noch seltener, als man denken würde. Vor allem beim Fernsehen, wo die Abgabetermine knapp bemessen sind. Aber ich denke, dass Cutter die besten Freunde von Komponisten sind. Der Cutter kennt den Film einfach am besten. Er kennt sich damit aus, und er bestimmt mit dem Schnitt das Tempo des Films. Auch die Musik bestimmt das Tempo. Ich würde sagen, der Cutter ist einfach ein entscheidender Partner.

Wie gehst du mit Temp-Musiken um? Bist du gern in den gesamten Prozess involviert, arbeitest du vielleicht sogar mit dem Music Editor zusammen?

Ich mag Temp-Musik sehr. Ich denke, sie ist ein großartiger Ausgangspunkt für ein Gespräch über Musik mit dem Regisseur oder Showrunner. Es ist etwas, auf das man reagieren kann. Und oft sind Regisseure nicht unbedingt musikalisch bewandert, sodass sie nicht wissen, wie sie beschreiben können, was sie wollen. Was ich aber nicht mag, ist, meine eigene Musik in den Temps zu hören. Wenn Musik von anderen Komponisten in den Temps vorkommt, denke ich eher: „Vielleicht probiere ich etwas anderes aus, vielleicht versuche ich es mit etwas, das ich normalerweise nicht machen würde …" Ich denke, dass da viele Gelegenheiten drinstecken. Und selbst wenn ein großartiges Stück eines Komponisten, den man liebt, in den Temps vorkommt, ist das eine Gelegenheit etwas zu entdecken. Möchte ich in den Prozess des Tempens einbezogen werden? Nein, lieber nicht. Ich denke, es ist gut, einen Music Editor zu haben, dem man vertraut und mit dem man sich gut versteht.

Früher gab es einen großen Unterschied zwischen Hollywood und Deutschland, was die Größe der Teams angeht. Wir haben hier in Deutschland nicht diese großen Teams. Wie groß ist dein Team?

Was große Teams anbelangt, ehrlich gesagt, das ist in Hollywood so gut wie ausgestorben. Man hat natürlich seine Mitarbeiter. Ich habe einen Music Editor, mit dem ich die ganze Zeit zusammenarbeite. Ich würde sagen, das ist mein Hauptansprechpartner. Aber diese großen Teams werden immer seltener, das ist interessant. Ich meine, es gibt Leute, die diese riesigen Filme machen, und die haben keine Teams. Da gibt es inzwischen so viele Möglichkeiten, ohne großes Team zu arbeiten. Den Hollywood-Standard gibt es nicht mehr, denn man kann großartig klingende Musik machen, unabhängig davon, wo man sich befindet, welche Ausrüstung man hat und wie das Team aussieht. Die Leute haben das erkannt und ich finde, das ist eine wirklich schöne Sache.

Wer sind deine wichtigsten Teammitglieder?

Ich würde sagen, das sind die Solisten, die Musiker, mit denen ich ständig zusammenarbeite. Mein Lieblingspart des Prozesses ist es, mit ihnen zu arbeiten und etwas Verrücktes zu machen, was wir noch nie zuvor gemacht haben. Ein Music Editor ist für bestimmte Phasen entscheidend, würde ich sagen, vor allem am Anfang und am Ende des Kompositionsprozesses. Er macht einen Großteil seiner Arbeit in der Filmmischung oder wenn wir Umstellungen haben oder wenn er den Film tempt. Ich habe eine Teilzeitassistentin, die bestimmte Dinge wie die Vorbereitung von Noten für die Solisten übernimmt. Manchmal arbeite ich mit zusätzlichen Komponisten zusammen, die mir helfen, indem sie einige Minuten schreiben. Und wenn ich am Ende ein Orchester aufnehme, ist mein Orchestrator wichtig. Je nach Projekt ist auch mein Mischer ein wichtiger Teil des Teams. Bei jeder Fernsehsendung, an der ich gearbeitet habe, gibt es vielleicht eine Handvoll Cues, die wirklich wichtig sind und die ich abmischen lassen möchte, wenn die Zeit dafür reicht. Und er ist auch mein Toningenieur. Wenn wir also ein Orchester aufnehmen, ist er derjenige, der das Orchester aufnimmt und es dann abmischt.

Du warst selbst Assistentin bei einem der erfolgreichsten Hollywood-Komponisten. Und du bist in gewisser Weise zu einer Kollegin gewachsen. Glaubst du, dass du ohne diese Erfahrungen eine so erfolgreiche Karriere bis jetzt hättest machen können?

Ja, das ist eine gute Frage, über die ich viel nachgedacht habe. Ich bin sehr froh über meine Assistentenstelle. Ich glaube, sie hat mich dorthin gebracht, wo ich heute bin.

Ich glaube jedoch nicht, dass man Assistent sein muss, um Erfolg zu haben. Ich denke, dass eine Assistentenstelle einen guten Einblick in die Realitäten der Branche bietet. Aber sie ist nicht unbedingt eine Garantie dafür, dass man als Komponist selbstständig arbeiten kann. Ich denke, das hängt mit der Persönlichkeit zusammen. Wenn man den Willen und die Konzentration hat, wird man einen Weg finden, es zu schaffen und Erfolg zu haben, egal wie die Umstände sind. Aber die Frage ist schwer zu beantworten, weil jeder Mensch anders ist. Man muss einfach alles auf verschiedene Arten versuchen. Ob es nun darum geht, eine Assistenzstelle zu finden, aber auch auf Filmfestivals zu gehen und Regisseure oder Cutter oder Sounddesigner zu treffen und sich einfach in all diesen verschiedenen Gruppen zurechtzufinden. Ich denke, man muss es von so vielen verschiedenen Seiten angehen. Und ich denke, der Erfolg wird sich einstellen, wenn man diese Motivation hat und mit seiner Musik etwas zu sagen hat.

Ist das auch ein Schlüssel für ein mögliches Vorankommen von Komponistinnen in der Branche? Was sind deiner Erfahrung nach die größten Probleme, mit denen Komponistinnen in der Filmindustrie heute konfrontiert sind?

Ich denke, die Herausforderungen sind dieselben wie bisher. Ich würde sagen, dass es sich größtenteils um sexuelles Fehlverhalten, Missbrauch und systemische Frauenfeindlichkeit handelt. Und ein Mangel an Möglichkeiten. Ich denke, dass möglicherweise weniger Frauen diese Karriere verfolgen, weil die Sichtbarkeit für Komponistinnen so schrecklich war, dass junge Frauen nicht einmal wissen, dass dieser Beruf eine Option für sie ist.

Das Bewusstsein ist in den letzten Jahren viel besser geworden, wahrscheinlich wegen der MeToo-Bewegung, und die Leute stellen bewusst Frauen ein, weil sie vorher nicht erkannt haben, wie groß das Problem wirklich war. Diese bewusste Fokussierung auf die Einstellung von Frauen hat sich verbessert und das muss auch weiterhin geschehen. Das ist alles gut. Aber der Missbrauch hat sich nicht geändert, das kann ich sagen. Wenn die Atmosphäre missbräuchlich ist, werden sich viele Leute anders orientieren und es nie wieder versuchen. Das ist schon seit Langem Realität und erst jetzt kommt vieles davon an die Oberfläche.

Ich unterstütze jedes Wort, das du sagst. Also die Frage ist: Was würdest du sagen, wie könnte sich die Situation für besonders junge Komponistinnen in der Filmmusikindustrie verbessern? Durch Programme, die ihnen helfen? Indem man sie als etablierter Komponist versucht zu unterstützen?

Ich verstehe sehr gut, was du sagst. Als weißer Mann in dieser Branche will man nicht so tun, als sei man der Retter, und jedem sagen: „Seht her, ich stelle Frauen ein." Aber wenn du bewusst sagst „okay, ich werde hier eine Möglichkeit schaffen", dann ist das enorm wichtig. Und ich denke, das muss mehr geschehen.

Ich glaube auch, dass Initiativen sehr wichtig sind. Die Alliance for Women Film Composers ist eine wunderbare Vereinigung. Auch Aufklärungsarbeit ist wichtig, um jungen Frauen zu zeigen, dass eine Karriere als Filmkomponistin für sie möglich ist.

Ich denke, wir müssen sichere Räume schaffen, nicht nur für Frauen, sondern allgemein für jüngere Komponisten, die in die Branche einsteigen und vielleicht nicht verstehen, dass diese Landschaft sehr manipulativ und toxisch für sie sein kann. Daher ist es wichtig, sichere Räume mit größeren Komponisten-Communities zu schaffen, um einfach einen offenen Kommunikationskanal zu haben. Sichere Listen zu erstellen, z. B., um mit sicheren Komponisten zu arbeiten. Ich denke, das ist auch sehr wichtig. Und die Schaffung von Stipendien für junge Frauen, damit sie sich weiterbilden können. Wir müssen ihnen diese Möglichkeit bieten und den Schwerpunkt auf die Diversifizierung der kompositorischen Stimmen legen. Wir müssen einfach mehr Frauen einbeziehen und sie dafür begeistern, sich zu beteiligen. Und dann muss man sie fördern und ein sicheres Umfeld für sie schaffen, damit ihre Liebe zur Kunst nicht unterdrückt wird, nur weil manche Leute totale Vollidioten sind.

C5 KOMMUNIKATION

> **„[S]ome directors are very disposed to listen to a composer if they like him [...] and they trust him.“**
>
> JOHN WILLIAMS

Ein zentraler Punkt bei der Zusammenarbeit im Team ist Vertrauen. Die Grundlage dafür ist eine gute Kommunikation. Sie muss zwischen allen Beteiligten funktionieren, damit die in diesem Buch beschriebenen Prinzipien ihre Wirkung entfalten können.

Ein Regisseur hat sich Monate, manchmal Jahre mit einem Film beschäftigt. Er kennt alle Facetten der Geschichte und der Figuren. Sobald die Musik aber ihre Kraft entfaltet, ergeben sich neue Aspekte, erscheinen Figuren in einem neuen Licht. Ein Regisseur muss deshalb dem Komponisten vertrauen, dass dieser seine Vision des Filmes versteht und sie in der Musik fühlbar und erkennbar macht. Er wiederum kann den Komponisten dabei unterstützen, indem er ihn an seiner Vision des Films teilhaben lässt. Die Schwierigkeit dabei ist, Worte zu finden, die die kreative Vision des Films beschreiben – Worte, die sich dann in Musik übersetzen lassen.

Gute Kommunikation und Vertrauen bedingen und beeinflussen sich gegenseitig. Ohne Vertrauen ist die Kommunikation oft schwierig oder sogar von Misstrauen geprägt. Die Zusammenarbeit in einem Team wird anstrengend, die Entscheidungsfindung mühsam, der kreative Fluss entwickelt sich bestenfalls zäh. Umgekehrt trägt eine gute und zielgerichtete Kommunikation sehr zur Vertrauensbildung bei. Alle Beteiligten fühlen sich verstanden und respektiert und sind bereit für gemeinsame kreative Abenteuer.

Das folgende Kapitel erklärt, warum sich Regisseure oft schwertun, Komponisten zu vertrauen und welche konkreten Schritte für eine gute Kommunikation insbesondere zwischen Regisseur und Komponist hilfreich sind. Überdies werden die Vor- und Nachteile verschiedener Kommunikationsformen und deren Auswirkung auf die Zusammenarbeit dargestellt.

Vertrauen kontra Kontrolle

Der Hauptgrund für die Unsicherheit von Regisseuren und Auftraggebern im Umgang mit Filmmusik ist die Angst vor Kontrollverlust. In den meisten Bereichen des Filmemachens wie zum Beispiel Kostüm, Kamera oder Schnitt kennen sie die technischen Abläufe und das Vokabular. Sie können das zu erwartende Endergebnis relativ genau einschätzen oder kurzfristig vor Ort prüfen. Bei der Musik ist das anders. Hier hat der Regisseur weder Kenntnis von den Arbeitsabläufen noch kann er sich die fertige Musik durch verbale Beschreibung allein vorstellen. Zudem kennt er bestenfalls Zwischenergebnisse. Das Endergebnis, die fertig produzierte Musik, ist eigentlich erst in der Filmmischung wirklich zu hören. Detaillierte Eingriffe in die Musik sind dann meist nicht mehr möglich.

Die rasanten technischen Entwicklungen in der Musikelektronik geben Regisseuren zwar die Möglichkeit, auch bei der Musik in Details einzugreifen. Wenn diese Möglichkeit aber zu ausführlich genutzt wird, wird der kreative Spielraum für den Komponisten sehr eingeengt. Dem Komponisten wird dadurch vermittelt, eine Erfüllungshilfe statt ein kreativer Partner zu sein.

Natürlich ist der Wunsch eines Regisseurs, alle Bereiche seines Films möglichst genau zu kennen und zu kontrollieren, absolut verständlich. Gleiches gilt für die Auftraggeber, die ihr „Investment" in die Musik möglichst gut angelegt sehen wollen. Dennoch sollten sich Regisseure und Auftraggeber darüber klar sein, dass sich Komponisten immer im Spannungsfeld bewegen zwischen ihren eigenen Ideen und den Erwartungen, die von außen an sie gestellt werden.

Der Komponist ist auf der einen Seite ein Dienstleister, der die Vision des Regisseurs und die Erwartungen der Auftraggeber möglichst gut verstehen und musikalisch unterstützen will. Auf der anderen Seite ist er ein kreativer Fachmann mit eigenen Visionen, der wegen seiner speziellen Fähigkeit engagiert wurde, aus einer frischen Perspektive den emotionalen Kern des Films musikalisch herauszuarbeiten und bislang unentdeckte oder verschüttete Seiten einer Geschichte freizulegen. Man könnte ihm die Gestaltung der Musik durchaus auch allein überlassen.

Alle Beteiligten sollten sich daher vor Beginn einer Zusammenarbeit darüber klar werden, was genau vom Komponisten erwartet wird, und diese Erwartungen idealerweise auch möglichst klar formulieren.

Kurz gesagt

Je klarer die Erwartungen an den Komponisten zu Projektbeginn formuliert werden, desto größer ist die Chance, dass alle am Ende mit dem Ergebnis zufrieden sind.

Das Vertrauen in die kreativen Fähigkeiten des Komponisten ist der Schlüssel zu einer erfolgreichen Zusammenarbeit.

Eine gemeinsame Sprache finden

Damit der Komponist seine kreative Kraft in den Dienst des Films stellen kann, gilt es für Regisseur und Komponist zuerst, eine gemeinsame Sprache zu finden. Dies erfordert ein bisschen Übung und Geduld, zahlt sich aber sehr schnell aus.

Die beste gemeinsame Sprache von Regisseur und Komponist besteht aus Begriffen, die Gefühle umschreiben und Dramaturgie erklären. Allerdings kann auch Worten ein gewisser Interpretationsspielraum innewohnen und jede psychologische Färbung eines Wortes wird unterschiedlich klingen, wenn sie in Musik übersetzt wird. Das Wort „traurig" zum Beispiel kann im Detail verschiedene Bedeutungen oder unterschiedliche Subtexte haben. So gibt es etwa eine mit Wut gemischte Traurigkeit, eine naive kindliche Traurigkeit, eine tiefe existenzielle Traurigkeit, eine mit Angst erfüllte Traurigkeit und viele Varianten mehr. Die Kunst des Komponisten ist es, diese Nuancen hörbar zu machen und in den musikalischen Kontext des Films zu bringen. Deshalb ist es hilfreich, im Gespräch mit dem Komponisten die eigenen Worte möglichst gezielt und nuanciert zu formulieren.

Die Crux mit der musikalischen Fachsprache

Musikalische Fachsprache zu benutzen, ist nur ratsam, wenn man sich über die Bedeutung der Fachausdrücke absolut im Klaren ist. Werden Fachausdrücke falsch verwendet, kommt es schnell zu Missverständnissen. Ein klassisches Beispiel dafür ist die Verwechslung von Instrumenten, wenn zum Beispiel von einer Oboe gesprochen wird, obwohl die Klarinette gemeint ist. Mit Komponisten, die musikalische Autodidakten sind, vergrößert sich die Wahrscheinlichkeit von Missverständnissen dabei noch. Die Angst mancher Auftraggeber und Regisseure, gegenüber dem Komponisten inkompetent zu wirken, wenn keine fachspezifischen Ausdrücke benutzt werden, ist völlig unbegründet. Es entsteht im Gegenteil gerade dann der Eindruck von Inkompetenz, wenn Fachvokabular falsch angewendet wird.

Kurz gesagt

Bei der Suche nach den musikalisch wirkungsvollsten Mitteln können dem Komponisten emotionale und dramaturgische Hinweise helfen, aber keine technischen Anweisungen.

Die Unkenntnis musikalischer Fachbegriffe wird von Komponisten häufig beklagt. Im Gespräch unter Kollegen hört man dann Sätze wie: „Der weiß ja gar nicht, was er will. Erst sagt er, er will Streicher und dann meint er die Holzbläser." Oder: „Die Regie hat Skamusik bestellt, ich habe Skamusik gemacht und auf einmal möchte sie keine Gitarre hören." Meine persönliche Meinung dazu ist, dass sich Komponisten darüber nicht beklagen sollten. Wenn man von einem Regisseur ernsthaft erwartet, dass er auch noch Musikwissenschaftler sein soll (und vielleicht auch noch Kameramann und Beleuchter und Ausstatter ...), hat man eine falsche Vorstellung von der Rolle des Regisseurs. Seine Aufgabe ist die Gesamtspielleitung, er hat die Gesamtverantwortung dafür, dass eine künstlerische/dramaturgische Idee durch das Zusammenspiel vieler unterschiedlicher Gestaltungsebenen möglichst gut umgesetzt wird. Seine Aufgabe ist nicht, auf jeder Gestaltungsebene jedes technische Detail nebst Fachbegriffen zu kennen.

Ein Komponist darf daher nicht erwarten, dass ein Regisseur in der Lage ist, musikalisch korrekte Ausdrücke zu benutzen. Es ist im Gegenteil eine der Hauptaufgaben des Komponisten, den Regisseur trotzdem zu verstehen und ihn dabei zu unterstützen, verständliche Beschreibungen zu finden.

Objektive Argumente
Es ist wichtig, in Diskussionen über Musik nachvollziehbare und möglichst objektive Argumente zu finden. In subjektiven, rein vom persönlichen Geschmack bestimmten Kategorien stecken zu bleiben, hilft nicht weiter. Bemerkungen wie „Ich habe Flöte schon als Kind immer gehasst und deshalb will ich in der ganzen Musik keine Flöte hören" sind weder konstruktiv noch überzeugend. Denn sie haben mit dem Wesentlichen, nämlich die optimale Musik für den Film zu finden, nichts zu tun.

Praxistipp

Eine gute Methode ist es, dem Komponisten nicht die eigenen Gefühle zu beschreiben, sondern das Gefühl, das der Zuschauer haben soll. Seine Aufgabe ist es dann, dies wirkungsvoll musikalisch umzusetzen.

Kommunikationsformen

In den letzten Jahren haben sich nicht zuletzt durch die Pandemie spürbare Veränderungen in den Abläufen der Postproduktion von Filmen ergeben. Dies ist auch bei der Musik spürbar.

Die Tendenz, am Ende des Filmproduktionsprozesses Zeit und Geld für Reisen sparen zu wollen, führte schon vor vielen Jahren dazu, dass es kaum mehr persönliche Treffen mit dem Komponisten gab. Musikbesprechungen vorab fanden fast nicht mehr statt, Musikabnahmen anhand von vorbereiteten DVDs oder Downloads geschahen nur noch telefonisch. Die Zeiten ausführlicher Telefonkonferenzen sind inzwischen vorbei und spätestens seit den pandemiebedingten Umstellungen der Postproduktionsprozesse finden Briefings und Musikbesprechungen fast immer per Videokonferenz statt. Die Tendenz aber, sich nicht mehr persönlich zu begegnen, hat sich dadurch noch weiter verstärkt. Und die nötigen Vorbereitungen für solche Videokonferenzen sind eher komplexer als einfacher geworden. Denn trotz des technischen Fortschritts gibt es noch keine erschwinglichen zuverlässigen Systeme, die es erlauben, Musikabnahmen via Internet in Echtzeit so durchzuführen, wie man sie durchführen könnte, wenn alle Beteiligten in einem Raum säßen.

Daher muss der Komponist nach wie vor eine Ausspielung des Films mit seinen Musiklayouts als digitale Computerdatei herstellen. Das bedeutet, er muss seine Musiklayouts zum Film anlegen, zum Dialog dazu mischen und davon eine Videodatei exportieren, die dann auf einem Server als Streaming- oder Downloadlink zur Verfügung gestellt wird. So kann jeder der Beteiligten individuell den Film mit den Musiklayouts ansehen und dazu im Anschluss sein Feedback geben.

Tücken der digitalen Ausspielung

Was erst einmal einfach klingt, birgt im Detail Tücken. Beim Export des Videos muss zum Beispiel darauf geachtet werden, dass das finale Format und die finale Dateigröße von allen Empfängern verarbeitet werden können. Das Lautstärkeverhältnis zwischen Dialog und Musik muss so gewählt werden, dass es auch in komprimierten Dateiformaten funktioniert. Nicht zuletzt muss geklärt werden, über welche Plattform die Datei verteilt wird. Da jeder Auftraggeber einen anderen Datenschutzstandard und andere Voraussetzungen beim Internetzugang hat, müssen unter Umständen mehrere Formate auf mehreren Plattformen zur Verfügung gestellt werden. Summa summarum: Allein das Herstellen von Ausspielungen bedeutet einen enormen organisatorischen, technischen und zeitlichen Aufwand.

Praxistipp

Klären Sie schon bei Projektbeginn Termine und technische Details, wenn Musikabnahmen remote erfolgen sollen.

Abgesehen von dem enormen Zeitaufwand, den das für den Komponisten bedeutet, sind solche Remote-Abnahmen mit Unwägbarkeiten behaftet, die dem Komponisten eine Einschätzung der Rückmeldungen sehr erschweren: Zum einen haben nicht alle Personen, die den Film oder die Ausschnitte sehen und die Musik beurteilen, die gleichen technischen Voraussetzungen zum Abhören. Diese allerdings hat einen wesentlichen Einfluss auf die Wirkung der Filmmusik. Je mehr Personen den Film sehen, desto schwieriger fällt dem Komponisten demnach, das Feedback einzuschätzen.

Zum anderen müssen insbesondere Downloads in komprimierten Formaten zur Verfügung gestellt werden, um die Datenmenge des Downloads praktikabel zu halten. Das bedeutet automatisch eine Verringerung der Tonqualität, die dadurch noch verstärkt wird, dass die Musik dann oft nur über die eingebauten Computerlautsprecher abgehört wird. Dadurch können schlimmstenfalls ganze Frequenzbänder oder einzelne Instrumente wie z. B. Kontrabässe unhörbar werden. Die Vielfalt an mobilen Geräten, die es inzwischen an fast jedem Ort und in fast jeder Situation erlaubt, einen Film in unterschiedlichen Datenraten zu downloaden oder zu streamen, vergrößert dieses Problem noch mehr.

Es ist wirklich erstaunlich, wie viele Musikabnahmen in Flughafenlounges oder in der deutschen Bahn abgehalten werden mit dem Lautsprecher des mobilen Geräts als Tonreferenz. Dass unter solchen Bedingungen keine seriöse Beurteilung von Musiklayouts möglich ist und die Grenzen des von Komponisten technisch Realisierbaren erreicht sind, bedarf eigentlich keiner weiteren Erklärung.

Informationsfluss

Besonders schwierig ist es, wenn Musiklayouts per Download vorgestellt werden, obwohl es noch kein klares, von allen akzeptiertes Musikkonzept gibt. Dabei passiert es nach wie vor häufig, dass der Komponist als Reaktion auf seine Musiken zahlreiche Mails und Anrufe von verschiedenen Beteiligten bekommt, die genau gegensätzliche Aussagen beinhalten. Eine mögliche Lösung für dieses Problem kann sein, dass der Komponist zur Konzeptfindung erst einmal einen kleinen Teil der Musiklayouts komponiert und versendet. Idealerweise handelt es sich dabei um die ersten 15 bis 20 Minuten des Films. In diesen sind meistens bereits das Konzept und die musikalischen Hauptthemen gut erkennbar. So können konzeptionelle Fragen rechtzeitig besprochen und Änderungen mit relativ wenig Aufwand umgesetzt werden. Dieses Verfahren birgt aber auch Nachteile. Man riskiert, sich in Detaildiskussionen zu verzetteln und den großen emotionalen Bogen aus dem Blick zu verlieren. Es erfordert daher von allen Beteiligten Disziplin und Weitblick.

Unabdingbar ist aber bei einer Remote-Arbeitsweise eine klare Kommunikationsstruktur. Die Kommunikation mit dem Komponisten sollte immer nur über eine einzige Person organisiert werden, um die zeitlichen und kreativen Ressourcen des Komponisten zu schonen. Idealerweise ist das natürlich der Regisseur. Es kann aber auch der Produzent, der ausführende Produzent oder ein Redakteur des auftraggebenden Fernsehsenders sein. Diese Person ist dafür verantwortlich, alle Anmerkungen zu sammeln, inhaltlich zu strukturieren und dem Komponisten persönlich zu übermitteln. Sie fungiert auch als Ansprechpartner für Rückfragen des Komponisten.

Persönliches Gespräch

Die beste und effektivste Kommunikationsform ist nach wie vor das gemeinsame persönliche Gespräch. Hier können offene Fragen schnell geklärt und Entscheidungen getroffen werden. Der Komponist erhält die Reaktionen der Beteiligten ungefiltert und direkt. Missverständnisse können sofort ausgeräumt werden. Dies erleichtert es dem Komponisten, ein Gefühl für die jeweiligen musikalischen Vorlieben zu entwickeln und die individuelle Ausdrucksweise jedes Beteiligten zu verstehen. Im besten Fall sehen sich alle zusammen gleichzeitig den Film mit Musiklayouts an und sprechen dann darüber. Wenn das nicht möglich ist, sollte zumindest versucht werden, alle Beteiligten in einer Videokonferenz zusammenzubringen, um zumindest auch eine nonverbale Kommunikation zu ermöglichen.

Ein anekdotisches Beispiel dazu beschreibt der Komponist und Dirigent André Previn in seinem Buch *No Minor Chords*. Ein Regisseur forderte ihn auf, mehr Hörner in einer Musik einzusetzen. Auf die Rückfrage, ob er wirklich Hörner meine, bestätigte der Regisseur dies vehement und machte zur Verdeutlichung die typische Armbewegung eines Posaunenspielers. Hätte das Gespräch am Telefon stattgefunden, wäre ein großes Missverständnis unvermeidbar gewesen.

Gruppengröße

Unabhängig vom Gesprächsformat ist es besonders im Fernsehbereich inzwischen üblich, dass musikalische Fragen in größeren Gruppen mit mehreren Beteiligten diskutiert werden. Nicht selten findet man bei einer Besprechung neben Komponist und Regisseur noch den Produzenten, den ausführenden Produzenten, den Redaktionsassistenten, den Redakteur und den Redaktionsleiter auf der „Gästeliste". Diese Praxis kann einerseits sinnvoll sein, um eine Kommunikationsmöglichkeit für alle Entscheider zu schaffen. Es birgt andererseits auch Gefahren. Das Sprichwort „Viele Köche verderben den Brei." trifft nicht selten auf solche Konstellationen zu. Wenn in solch einer großen Runde nicht absolut inhaltlich orientiert und diszipliniert diskutiert wird, ist es fast unmöglich, sich auf ein gemeinsames Musikkonzept zu einigen. Häufig bleibt dann für den Komponisten nur der Weg, durch viele unterschiedliche Vorschläge zu versuchen, jeden zufriedenzustellen. Am Ende steht dann trotz des hohen Aufwands des Komponisten oft nur der kleinste gemeinsame Nenner und kein klares musikalisches Konzept.

Kurz gesagt

Je mehr Menschen an musikalischen Entscheidungsprozessen beteiligt sind, desto schwieriger ist es, eine gemeinsame Sprache zu finden und ein klares Konzept durchzusetzen.

Eine Beteiligung des Regisseurs, des verantwortlichen Produzenten und des verantwortlichen Redakteurs reicht normalerweise aus. So können Entscheidungen getroffen werden, bei denen sowohl künstlerische als auch – wenn nötig – wirtschaftliche Aspekte wie Zielgruppenorientierung berücksichtigt werden.

Eines sollte man bei der Diskussion um die Beteiligung an Musikbesprechungen oder -abnahmen immer bedenken: Wenn Auftraggeber immer präsent sind und sich in jedes Detail einmischen, bekommen selbst erfahrene Regisseure den Eindruck, sie könnten letztlich sowieso nichts entscheiden. Als Konsequenz ziehen sie sich aus der Zusammenarbeit mit dem Komponisten zurück. Das mag im Einzelfall persönlicher Eitelkeit oder Bequemlichkeit geschuldet sein, birgt aber eine gefährliche Tendenz. Die kreative Verbindung zwischen Regisseur und Komponist wird getrennt. Dass dies das gemeinsame Ziel, einen stimmigen und überzeugenden Film herzustellen, gefährdet, sollte allen Beteiligten bewusst sein.

C6 INTERVIEW MIT TIM TRAGESER (REGISSEUR)

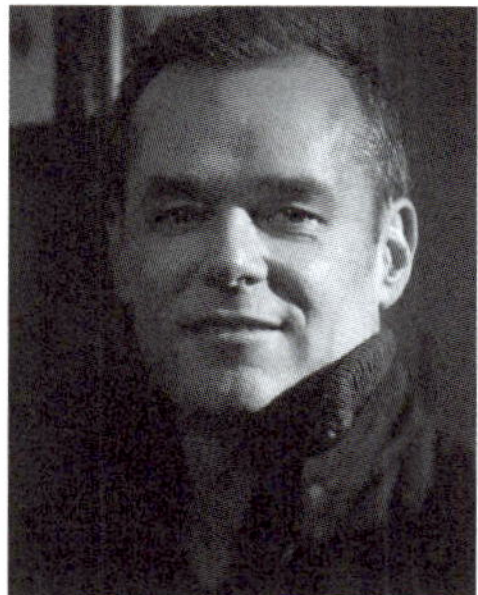

© Tom Trambow

Tim Trageser zählt zu den bedeutendsten deutschen Regisseuren. Die Auswahl seiner Filme reicht von gesellschaftskritischen TV-Dramen (*Die Lehrerin*) über Kinofamilienfilme (*Die Wolf-Gäng*) bis hin zu Biografien berühmter Persönlichkeiten (*Der Kaiser*).

Was zeichnet in deinen Augen gute Filmmusik aus?

Eine gute Filmmusik ist für mich wie ein Spiegel, ein Spiegel der Emotion. Jeder Regisseur versucht doch, in den jeweiligen Szenen seines Films eine bestimmte Emotion beim Zuschauer entstehen zu lassen. Und falls in diesen Szenen Filmmusik gewünscht ist, dann sollte die Filmmusik diese Emotion spiegeln. Allerdings nur spiegeln, nicht vorgeben oder gar auslösen. Der Zuschauer sollte immer genug Raum für eigene Gefühle und für seine eigene Interpretation der Szene haben. Gute Filmmusik setzt für mich deshalb auch immer ein gutes Spotting voraus. Nicht ohne Grund wird in der Auseinandersetzung über die Filmmusik mit den Redakteuren oder Produzenten oft länger über das Spotting diskutiert als über die Musik selbst. Für mich setzt die gute Filmmusik erst ein, wenn die Emotion entsteht und nicht davor. Die gute Musik wartet, bis die Emotion entstanden ist, dann wird sie ihr Spiegel. Die gute Musik führt den Zuschauer nicht durch den Wald, sondern sie begleitet ihn. Sie nimmt ihn nur an die Hand, wenn es zu dunkel für ihn wird, um sich allein zurechtzufinden. Sprich: Nur wenn die Szene vom Regisseur missverständlich inszeniert wurde, darf die Musik die erwünschte Emotion auslösen, oder, wenn die Szene vollkommen misslungen ist, sogar vorgeben. Das nenne ich dann „die Szene stützen" oder „die Szene retten". Die Freude über diese Möglichkeit in der Postproduktion ist bei mir meist begrenzt, weil sie mir meine Regiefehler vor Augen führt. Aber natürlich greife ich lieber darauf zurück, bevor ich die Szene aufgebe. Allerdings wird dann die Musik für mich nicht mehr als „gute" Filmmusik wahrgenommen, sondern als „notwendige". Wahrscheinlich ist eine gute Filmmusik deshalb auch nur in einem guten Film möglich. Allerdings verhält es sich umgekehrt genauso.

Ist der Umgang mit Musik bei dir eher ein emotionaler oder ein rationaler Prozess? Wie sehr suchst du deine Musik „mit dem Bauch"?

Die Suche nach der richtigen Musik, das ist ein sehr emotionaler Prozess. Denn mit jeder Musik wird ja Emotion verbunden. Niemand hört Musik rational, das geht nicht, das wäre ja wie essen, ohne zu schmecken. Die Frage ist doch jedes Mal: Zu welchem Zeitpunkt hat der Zuschauer welche Emotion und wie kann die Musik diese adäquat abbilden? Das kann ich für mich selbst, weil ich kein Komponist bin, nur emotional beantworten. Das Problem aber ist, wird der Komponist mich auch verstehen? Da muss man dann rational werden und sich überlegen: Was kann ich tun, falls die Musik meinen Wünschen nicht entspricht? Wie kann ich mich dem Komponisten verständlich machen? Das gelingt selten über den emotionalen Weg. Da wird von den Komponisten sehr viel verlangt, wenn sie die emotionalen Zustände von Regisseuren, Produzenten oder Redakteuren auch noch deuten sollen. Am besten gelingt es über den rationalen Weg, mittels einer dramaturgischen Analyse der Szene, für die eine Musik gesucht wird. Wenn ich weiß, was ich in der Szene erzählen will, kann der Komponist am leichtesten die passende Musik finden.

Welchen Zeitpunkt hältst Du als Regisseur für sinnvoll, um den Komponisten zu verpflichten?

Wenn ich den Komponisten kenne, verpflichte ich ihn gern zum frühestmöglichen Zeitpunkt. Sprich schon vor den Dreharbeiten. Es gibt mir eine unschätzbare Sicherheit und Ruhe, wenn ich weiß, in welche Hände ich die Szenen geben werde, die ich inszeniere. Ich weiß dann, dieser Blick des Schauspielers reicht aus, ich muss die Bedeutung des Blicks nicht noch stärker herausarbeiten, denn ich weiß schon beim Drehen, wie sensibel mein Komponist damit umgehen wird.

Arbeitest du während des Schnitts mit Temp-Musiken? Wie sind deine Erfahrungen damit?

Die Arbeit mit Temp-Musiken ist unerlässlich, weil der Film sehr früh, schon vor dem Picture-Lock, Redakteuren und Produzenten präsentiert werden muss, die den Film in einer Form erwarten, die dem Endprodukt nahekommen soll. Und dazu gehören neben dem Bildschnitt auch die Vertonung und die Musik. Das Anlegen von Temp-Musiken hilft mir aber auch selbst, die Szenen zu überprüfen, beispielsweise auf das richtige Spotting, das für mich, wie oben beschrieben, enorm wichtig ist. Allerdings versuche ich immer, so gut wie möglich Temp-Musiken auszuwählen, die den Komponisten nicht zu stark unter Druck setzen. Er sollte immer die Möglichkeit haben, alle Beteiligten die Temp-Musik vergessen zu lassen. Sonst heißt es wohlmöglich: „Du, die Musik ist ja sehr schön, aber die von John Williams fanden wir besser."

Wie gehst du damit um, dass an musikalischen Entscheidungsprozessen häufig auch Redakteure, Verleiher oder Produzenten beteiligt sind?

Redakteure oder Produzenten haben oft so viele Projekte zeitgleich zu betreuen, dass ihnen der Regisseur und der Komponist in der intensiven Auseinandersetzung mit dem Filmwerk meist voraus sind. Der Zugang zu den musikalischen Argumenten, die jenseits der üblichen Film- und Fernsehsprache liegen, fällt den Redakteuren oder Produzenten deshalb manchmal schwerer. Diesen Argumenten verschließt sich der kluge Redakteur oder Produzent aber zum Glück selten, wenn sie vom Regisseur oder Komponisten professionell vorgetragen werden. Aber natürlich ist der eine nicht immer klug und der andere nicht immer professionell.

Was sind aus deiner Sicht die wichtigsten Aspekte einer gewinnbringenden Zusammenarbeit zwischen Regisseur und Komponist?

Vertrauen. Mut. Fortschritt. Solidarität.

Klingt wie ein Parteiprogramm, aber gemeint ist: Regisseur und Komponist sollten Vertrauen in das Urteil des anderen haben. Sie sollten den Mut haben, bei der gemeinsamen Arbeit Fehler zu machen und sie einzugestehen. Ohne beiderseitigen kreativen Fortschritt sollte die Arbeitsbeziehung zum Besten beider Seiten bald enden. Und soll die Zusammenarbeit über den Film hinaus bestehen, sprich sollen weitere Wege beim Filmemachen gemeinsam bestritten werden, ist die Solidarität in einer Krise mit Sicherheit wichtiger als der jeweilige Film, an dem gearbeitet wird.

Das bisherige Interview stammt aus der Vorauflage dieses Buches von 2011. Wenn du es jetzt liest, würdest du inzwischen Fragen anders beantworten?

Ich versuche immer schon, einen Film so zu verwirklichen, wie ich ihn mir selbst gern ansehen würde. Allerdings ist inzwischen das Angebot an hochwertigen Produktionen so hoch, dass man sich ständig überprüfen muss. Würde ich mir das ansehen? Muss mit der Musik diesmal anders gearbeitet werden als beim letzten Mal? Was kann man besser machen? Früher gab es scharfe Trennlinien zwischen Kino, TV und Serie. Heute sind manche Serien aufwendiger als Kinofilme. Mit diesen Produktionen muss man sich messen lassen. Allerdings habe ich im Moment, im Jahr 2023, auch das Gefühl, viele Filme und Filmmusiken gar nicht mehr voneinander unterscheiden zu können. Was ist dann der beste Weg? Wahrscheinlich muss man sich umso mehr auf das Eigentliche besinnen, wofür man Musik beim Film einsetzen möchte und wofür nicht. Und hier komme ich dann zu dem Schluss, dass ich das meiste genauso wieder beantworten würde. Allerdings wünsche ich mir inzwischen häufig viel mehr Musik als zu meinen Anfängen als Regisseur. Warum? Vermutlich wegen der gesunkenen Aufmerksamkeitsspanne. Früher wollte ich stets verhindern, dass die Musik die Emotionen führt. Ich wollte dem Zuschauer die

Wahl lassen, was er zu welchem Zeitpunkt fühlt. Heute habe ich nichts dagegen, wenn durch die Musik der Zuschauer zum Beispiel einfach nur fühlen soll, wohin die Reise gehen wird. Oder wenn er fühlen soll, dass die Reise gleich losgehen wird. Heute habe ich nicht mehr grundsätzlich etwas dagegen, wenn Filmmusik auch zur Untermalung einer Szene eingesetzt wird, die weder die Handlung vorantreibt noch starke Gefühle auslöst. Vor gut zehn Jahren noch hätte ich hier widersprochen und gesagt, dass Musik unter solchen Szenen nichts verloren hat. Ehrlich gesagt hätte ich versucht, so eine Szene möglichst gleich aus dem Drehbuch zu streichen. Aber das hat sich verändert. Viele Serien leben gerade von diesen Szenen, sie vertiefen die Handlung, ohne sie voranzutreiben. Die Filme/Serien haben sich verändert und dass Musik ausschließlich Emotionen spiegeln soll und nichts anderes, ist mir heute zu dogmatisch gedacht. Ein Dogma ist etwas Rationales, aber ob die Musik am besten passt und an den richtigen Stellen sitzt, kann ich am besten beurteilen, wenn ich mich keinem Dogma unterwerfe, sondern mich auf mein Gefühl verlasse. Und mein Gefühl wird natürlich ständig durch die Art beeinflusst, wie sich Filme verändern, wie sich die Welt verändert.

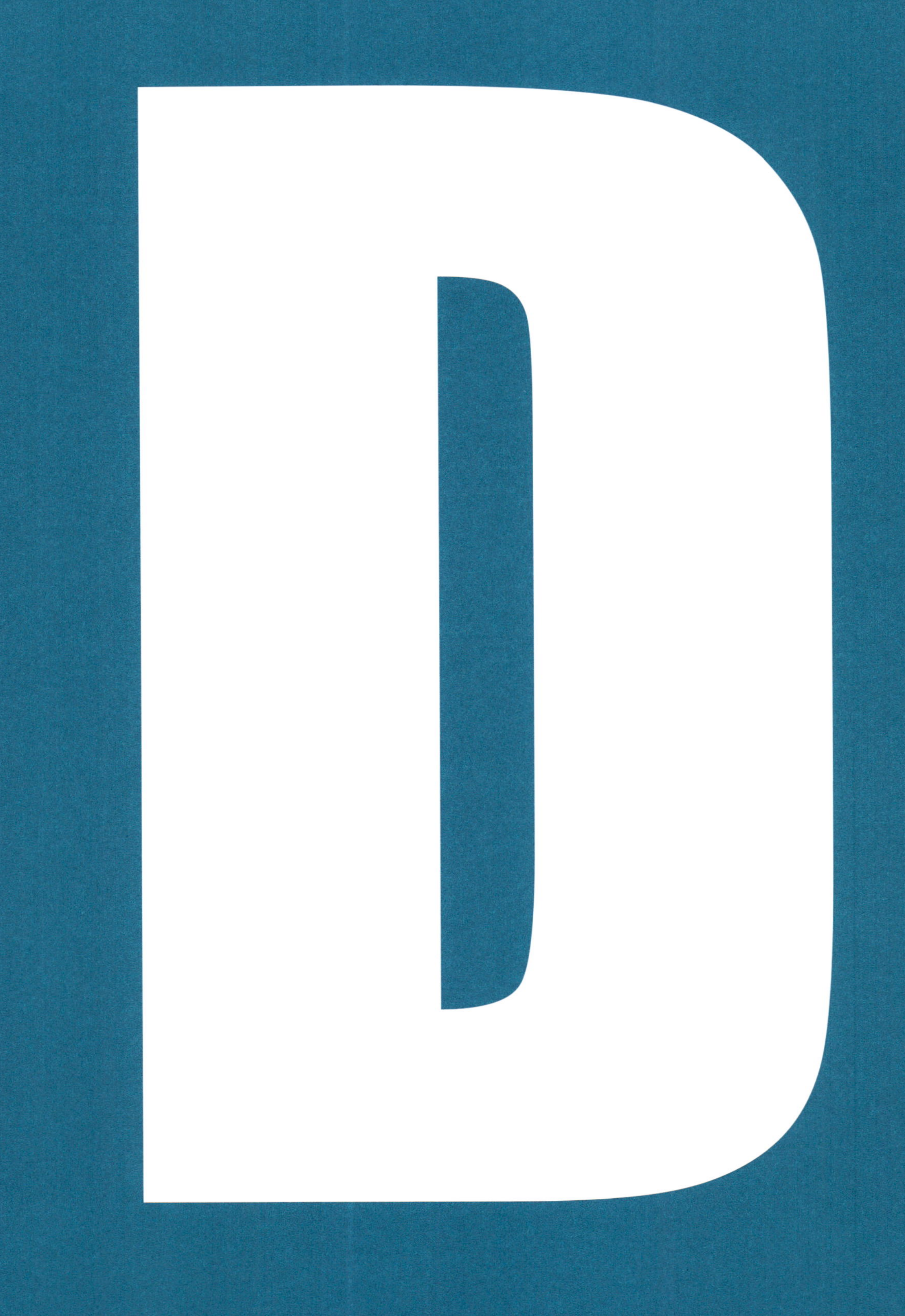
D

ES GEHT LOS

D1 DIE KOMPOSITION

> **„I write music which tries to bring the happenings and characters close to the listener. No tricks, no gimmicks, thank you."**
>
> MIKLOS ROSZA

Nach der Spotting-Session beginnt der eigentliche Kompositionsprozess. Musikalische Themen werden gesucht, Melodien und Motive erfunden, Klänge konzipiert. Der Komponist beginnt, die Musik mit den Bildern zu verknüpfen und in die Szene zu integrieren. Dabei achtet er darauf, dass das Spiel der Darsteller und der Dialog unterstützt und nicht gestört werden und dass sich die Musik in der finalen Filmmischung optimal in die Tonebene integrieren lässt. Alle Entscheidungen, die er trifft, setzt er dabei in Beziehung zur Geschichte und zum großen Ganzen, immer mit dem Ziel, dem gesamten Film zur größtmöglichen Wirkung zu verhelfen.

Dies alles ist bei jedem Film eine neue Herausforderung und erwartet vom Komponisten Kenntnisse, die weit über das rein Musikalische hinausgehen. Erfahrene Filmkomponisten haben sich deshalb nicht nur mit musikalischen Visionen und kompositorischen Konzepten beschäftigt. Sie haben sich auch mit Fragen zur Dramaturgie, Wirkungsorientierung und optimaler tontechnischer Umsetzung ihrer Musik auseinandergesetzt.

Die Herangehensweisen von Komponisten bei der Konzeption von Filmmusik sind sowohl kompositorisch als auch technisch sehr unterschiedlich. Dennoch gibt es einige grundsätzliche Fragen, mit denen sich Filmkomponisten bei jedem Film auseinandersetzen. Diese werden im Folgenden erklärt. Die Frage des angemessenen musikalischen Materials spielt dabei genauso eine Rolle wie unterschiedliche Arbeitsweisen und die Organisation des Zeitplans.

Das Kapitel sollte weder als Anleitung zum schnellen Komponieren noch als Baukastensystem zur Problemlösung verstanden werden. Es kann musikalische Parameter lediglich oberflächlich darstellen und einen ersten Eindruck davon vermitteln, wie komplex der Vorgang des Komponierens für Film ist.

Musikalisches Material

Ennio Morricone stellte in einer Rede vor Studierenden der Musikhochschule München 2003 fest: „Irgendwelche suggestiven Klänge irgendwo unterzulegen, ist heute mit all den erschwinglichen elektronischen Mitteln überhaupt kein Problem mehr. Das kann jeder. Mit Komponieren hat das nichts zu tun." Was er damit unter anderem sagte: Die bewusste Wahl der Mittel ist für Filmkomponisten entscheidend.

Am Beginn jeder Komposition steht die Suche nach dem musikalischen Material. Der Komponist stellt sich die Frage, welche Note zu welchem Zeitpunkt von welchem Instrument gespielt wird. In der Fachsprache des Komponisten heißt das: Die wesentlichen Materialentscheidungen betreffen die Grundparameter Melodik, Harmonik, Rhythmus und Instrumentierung der Musik.

Kurz gesagt

Die Wahl des musikalischen Materials wird wesentlich von Inszenierung, Bildgestaltung, Schnitt und Tonebene beeinflusst. Diese unterscheiden sich bei jedem Film. Daher muss auch das musikalische Material für jeden Film neu gesucht werden.

Je nachdem, wie intensiv die Kommunikation mit Regisseur oder Cutter vor Beginn der Kompositionsarbeit war, gibt es bereits Orientierungspunkte, an die der Komponist bei der Materialsuche anknüpfen kann.

Melodik

Wenn im Kontext von Filmmusik von einer Melodie die Rede ist, versteht man darunter meist eine Folge von Tönen, die man als zusammenhängende musikalische Linie eindeutig identifizieren oder sogar nachsingen kann. Unter Melodik versteht man ganz allgemein die Frage, wie eine Melodie konzipiert ist oder ob überhaupt eine Melodie vorhanden ist.

Wichtige Fragen dabei sind: Wo ist der Höhepunkt einer Melodie? Welchen Spannungsbogen hat eine Melodie? Besteht sie aus kurzen einzelnen Phrasen oder aus einem einzigen langen Atemzug? Jede Melodie hat einen eigenen Charakter und einen speziellen emotionalen Gehalt. Dramaturgisch betrachtet bietet deshalb eine Melodie immer die Gelegenheit zur Identifikation mit einer Figur oder einer Grundstimmung. Man denke nur an die monumentalen Melodien in amerikanischen Heldenfilmen oder an die Hauptthemen epischer Dramen wie *Schindlers Liste*.

Filmmusik, die Melodien beinhaltet, wird vom Zuschauer fast immer bewusst wahrgenommen. Sie bindet die Aufmerksamkeit der Zuschauer. Die Melodie wird dabei als wichtigstes Merkmal der Musik erkannt. Das ist nicht immer wünschenswert. Zu prägnante Melodien unter einem Dialog können vom Geschehen auf der Leinwand oder dem Bildschirm ablenken. Durch diese Erkennbarkeit jedoch eignen sie sich sehr gut, um im Verlauf eines Films immer wieder bestimmte Figuren oder Zusammenhänge ins Gedächtnis zu rufen. Bei einer während des Films immer wiederkehrenden Melodie handelt es sich meist um eine Form des „Leitmotivs".

Der Begriff „Leitmotiv" wurde entscheidend von Richard Wagner (1813–1883) geprägt, dessen Opern um Leitmotive kreisen. Er bedeutet zunächst einmal nichts anderes als die klare, immer wieder auftauchende Verknüpfung einer bestimmten Figur oder Situation mit einem bestimmten musikalischen Element. Die Möglichkeit, ein Leitmotiv als dramaturgischen roten Faden in einem Film einzusetzen, war schon in der Stummfilmzeit üblich. Im Film könnte ein Komponist für einen potenziellen Mörder beispielsweise ein dunkles, bedrohliches Leitmotiv komponieren. Immer wenn diese Figur an einer Szene beteiligt ist, würde der Komponist dieses als Grundlage seiner Komposition nutzen. Oder der Komponist setzt immer dann ein bestimmtes musikalisches Thema ein, wenn sich die Hauptfigur in einem inneren Konflikt befindet. Das muss nicht zwangsläufig eine Melodie sein. Auch ein charakteristischer Klang oder Klangteppich erfüllt diese Funktion. Im Gegensatz zum musikalischen Fachterminus „Melodie" ist

Leitmotiv ein dramaturgischer Begriff. Er sagt nichts darüber aus, wie ein Musikstück komponiert wurde, sondern wie es im Film (oder der Oper etc.) eingesetzt wird.

Eine Mischung aus musikalischen und dramaturgischen Aspekten umfasst der Begriff „Hauptthema". Hauptthema wird zum einen das Musikstück genannt, das die Grundemotion, das emotionale Thema eines Films am besten transportiert bzw. auf den Punkt bringt. Dies beinhaltet oft, aber nicht zwangsläufig eine Melodie. Wenn das dominierende musikalische Motiv allerdings aus einer Melodie besteht, wird diese eigentlich immer Hauptthema genannt. Der Wunsch des Regisseurs „Hier sollten wir wieder das Hauptthema aufgreifen." heißt dann für den Komponisten: „An dieser Stelle möchte der Regisseur die Melodie des Hauptthemas hören."

Harmonik

Werden unterschiedliche Töne zur selben Zeit gespielt, entsteht eine Harmonie. Harmonik im weitesten Sinne beschäftigt sich mit der Frage, wie eine Harmonie aufgebaut ist und welche Harmonien in welcher Reihenfolge verwendet werden.

Für musikalische Laien ist dieses Thema sehr kompliziert. Meist beschränkt sich die Kenntnis in Harmonik auf die Unterscheidung zwischen Dur und Moll. Deshalb ist die Benutzung musikalischer Fachbegriffe in diesem Zusammenhang keinesfalls zu empfehlen. Komponisten allerdings sollten diese Begriffe beherrschen und anwenden können. Denn die Harmonik ist ein äußerst wichtiges Element, um die Wirkung der Musik zu beeinflussen. Die Harmonik prägt wesentlich die Grundemotionalität einer Musik und damit eines Films. Am einfachsten ist das am Beispiel der Tongeschlechter zu verstehen. Verwendet ein Komponist zum Beispiel nur Harmonien in Moll, wird die Musik für die meisten Menschen (zumindest im europäischen oder westlichen Raum) eine traurige oder sentimentale Grundstimmung haben – und das unabhängig von Melodie oder Tempo.

Die Harmonik ergibt sich im Wesentlichen aus der Stilistik und der angestrebten „emotionalen Farbe" der Musik. Umgekehrt beeinflusst sie beides sehr stark. Für Filmmusik ist das ein wichtiger Punkt. Wenn eine Musik beispielsweise das Lebensgefühl der 1920er-Jahre reflektieren soll, müssen bestimmte Harmonieverbindungen verwendet, andere vermieden werden. Umgekehrt gilt das Gleiche: Werden gewisse Harmonien oder Harmonieverbindungen benutzt, kann der Zuschauer die Musik klar stilistisch einordnen. Diese stilistische Einordnung hat dann wieder Konsequenzen für die dramaturgische Einordnung einer Musik in den Film.

Eine Musik, die an einer bestimmten Stelle als zu hell oder zu positiv empfunden wird, kann durch das Ändern einer einzigen Harmonie emotional stimmig werden. Oder das Ende einer Szene, das zu abgeschlossen wirkt und den Fluss des Films blockiert, kann durch Änderung der Harmonien geöffnet werden. So kann die Handlung weitergetragen werden.

Die Möglichkeiten von Harmonik gehen aber noch viel weiter als die bloße Unterscheidung zwischen Dur und Moll, zwischen fröhlich und traurig. So wie rein physikalisch unzählige Variationen von Zusammenklängen möglich sind, ergeben sich aus harmonischer Vielfalt auch zahllose „farbliche Schattierungen" und emotionale Zwischentöne.

Tempo und Rhythmus

Die Wahl des Tempos ist eine der ersten Fragen, mit denen sich ein Komponist beschäftigen muss. Die Wirkung einer Szene oder eines Films hängt sehr stark davon ab, in welchem Verhältnis das Musiktempo zum Grundtempo des Films gesetzt wird. Dieses wird wesentlich durch den Schnitt, die Inszenierung und das Timing der Dialoge bestimmt.

Das Tempo eines Musikstücks hat zum einen großen Einfluss auf Synchronpunkte. Diese entstehen immer dann, wenn ein musikalischer Schwerpunkt oder Akzent bildgenau mit einem auffälligen Bildschnitt (z. B. einem Szenenwechsel) oder einer hervorgehobenen Aktion im Bild zusammenfällt. Durch die Synchronisation der Gestaltungsebenen werden solche Punkte im Film vom Zuschauer als besonders bedeutungsvoll wahrgenommen. Deshalb können schon kleine Tempoänderungen in der Musik die Wirkung bestimmter Schnitte oder Aktionen entscheidend verändern.

Auch das emotionale Timing eines Films (vgl. Kap. A2 „Emotionaler Rhythmus") verändert sich je nach Tempo der Musiken sehr. Der Dialog zum Beispiel kann beruhigt oder beschleunigt werden. Ganze Szenen können dadurch Spannung gewinnen oder verlieren.

Der Einfluss von Dialogen und Geräuschen ist bei der Suche nach dem richtigen Tempo nicht zu unterschätzen. Man gelangt oft zu besseren Ergebnissen, wenn man sich nicht nur am Rhythmus des Bildschnitts orientiert. Deshalb ist es wichtig zu wissen, ob auf der Geräuschebene noch Elemente durch das Sounddesign hinzugefügt werden sollen.

Die Begriffe „Tempo" und „Rhythmus" werden häufig durcheinandergebracht. Der Begriff „Tempo" meint die Geschwindigkeit, mit der die Schläge des Grundmetrums aufeinanderfolgen – also die Geschwindigkeit des regelmäßigen Pulsschlages eines Musikstückes. Dagegen umschreibt der Begriff „Rhythmus" allgemein, wie Töne oder Klänge zeitlich strukturiert sind. Er ist ein Ausdruck für die Organisation der Abfolge von Tönen oder Klängen. Rhythmus ist zum einen ein stilistisches Merkmal. Bestimmte Musikstile lassen sich über einen Rhythmus klar identifizieren (denkt man beispielsweise an Tänze wie Walzer oder Polka). Zum anderen hat er großen Einfluss auf die Ereignisdichte der Musik. Mit Dichte ist gemeint: Wie viele Dinge passieren in der Musik gleichzeitig? Ein komplizierter Rhythmus, der aus vielen verschiedenen einzelnen Klängen besteht, schafft Dichte und bindet damit die Wahrnehmung der Zuschauer. Er wird unter einem Dialog eher stören oder eine an sich ruhige Szene ungewollt aufgeregt wirken lassen. Einer Verfolgungsjagd hingegen wird er mehr Druck verleihen und einzelne Schnitte noch mehr betonen. Die Dichte kann über Zufügung oder Weglassung einzelner rhythmischer Elemente variiert werden.

Instrumentierung

Wenn man den Begriff „Instrumentierung" verwendet, muss man zwei grundsätzlich verschiedene Bedeutungen des Wortes unterscheiden. Zum einen können damit explizit einzelne Instrumente gemeint sein. Die Aussage „Ändere bitte die Instrumentierung." kann zum Beispiel für den Komponisten heißen: „Versuche, die Flöte durch eine Klarinette zu ersetzen."

Zum anderen beschreibt er auf einer elementaren Ebene, welches Klangmaterial überhaupt benutzt wird. Dann beschreibt er ganz allgemein den Klangcharakter (Sound) der Musik. „Ändere bitte die Instrumentierung der Musik." kann also auch bedeuten: „Bitte verwende keine Klänge von klassischen Instrumenten, sondern nur elektronische Klänge vom Synthesizer."

Diese Unterscheidung ist wichtig, denn beim Austausch eines Instruments handelt sich klanglich um ein kleines Detail, bei der Änderung des Klangcharakters um eine konzeptionelle Richtungsentscheidung.

Die Entscheidung für oder gegen bestimmte Instrumente oder einen bestimmten Sound hängt unter anderem vom Genre und den Hörgewohnheiten des Publikums ab. Ein Komponist kann diese Erwartungen erfüllen oder bewusst dagegen arbeiten. Ein romantischer Liebesfilm zum Beispiel hat eine völlig andere Wirkung, wenn statt des erwarteten Streichorchesters nur E-Gitarre und Synthesizerflächen eingesetzt werden. Oder wenn zwar ein Streichorchester benutzt wird, das Liebesthema aber konsequent von einer persischen Flöte gespielt wird. Wie weit man sich in der Instrumentierung von den Erwartungen und Gewohnheiten entfernt, ist eine dramaturgisch-konzeptionelle Entscheidung.

Der Sound der Musik hat einen erheblichen Einfluss auf den „Grundton", die emotionale Grundstimmung des Films. Entscheidet man sich für ein klassisches Orchester als klangliche Basis der Musik, wird sich der Film anders anfühlen, als wenn man ausschließlich Synthesizer benutzt. Die Entscheidung für einen bestimmten Sound hat auch Einfluss auf die Produktionsweise. Näheres dazu im Kapitel D3 („Produktion").

Der Instrumentierung fällt noch eine andere wichtige Rolle zu: Sie kann die psychische Dimensionierung, die inneren Räume von Figuren vermitteln. Das ist insbesondere am Anfang eines Filmes wichtig, wenn der Zuschauer noch nicht viel über die Figuren weiß. Konkret gesagt: Wenn ein Charakter im Film mit einer Pikkoloflöte unterlegt wird, ist er anders dimensioniert, als wenn bei seinem Auftritt immer tiefe gestrichene Bässe zu hören sind. Durch die Wahl des Instruments bekommt seine Persönlichkeit eine andere Facette, eine andere psychische Struktur.

Ein wichtiger Fachbegriff der Instrumentierung ist das „Register". Er beschreibt, wie hoch oder tief ein Instrument spielt. Man sagt zum Beispiel „die Flöte im höchsten Register" und meint damit die höchsten Töne, die eine Flöte überhaupt spielen kann. Jedes Instrument entwickelt in den ihm zur Verfügung stehenden Registern seine eigenen, unverwechselbaren emotionalen Qualitäten. Ein erfahrener Komponist kann diese gezielt einsetzen. Ein in tragischen Szenen häufig genutztes Instrument ist zum Beispiel das Soloviloncello im mittleren Register.

Die Frage der richtigen Instrumentierung ist zudem hinsichtlich der Endmischung eines Films entscheidend.

Die Instrumentierung beeinflusst auch die Frequenzdichte der Musik. Diese muss in jedem Film neu an die dramaturgischen, aber auch die technischen Erfordernisse angepasst werden. Wird in einem Film beispielsweise sehr viel Sounddesign im hohen Frequenzbereich verwendet, ist es nicht zweckmäßig, für die Filmmusik ausschließlich hohe Instrumente zu verwenden. Die Musik würde dann in der Endmischung mit dem Sounddesign kollidieren und wäre im Zweifelsfall nicht mehr gut hörbar. Dazu kommt, dass bestimmte Frequenzen in der Musik je nach Abhörsituation des Zuschauers gar nicht mehr hörbar sind. Eine moderne Kinotonanlage kann den Frequenzbereich von 20 bis 20.000 Hz abbilden. Sie liegt damit also über der durchschnittlichen menschlichen Hörfähigkeit, die ca. von 40 bis 16.000 Hz reicht. Fernsehlautsprecher übertragen allerdings nur ca. 80 bis 12.000 Hz und haben eine wesentlich geringere dynamische Bandbreite. Es macht also beispielsweise wenig Sinn, in einem Fernsehfilm ausschließlich sehr tiefe elektronische Bassklänge zu benutzen.

Kurz gesagt

Die richtige Balance zwischen den musikalischen Grundparametern „Melodik", „Harmonik", „Tempo" und „Instrumentierung" ist der Schlüssel zu einer wirkungsvollen Musik. Sie muss für jeden Film neu gesucht werden.

Computerlayouts – Mockups

Sobald hinsichtlich des Materials grundsätzliche Entscheidungen gefallen sind, beginnt der Komponist damit, Layouts zu komponieren und zu produzieren. Layouts sind die musikalischen Vorschläge des Komponisten für den jeweiligen Film.

Wie detailliert diese Layouts hergestellt werden, unterscheidet sich je nach Film und Komponist. Manchmal entspricht das Layout schon annähernd dem Endprodukt. Manchmal handelt es sich nur um eine klangliche Simulation der Komposition auf elektronischer Basis, die nach der Layoutabnahme noch einmal tontechnisch aufwendig produziert wird. Dann spricht man von MIDI-Layout oder MIDI-Mockup.

Die Layouts bilden die Grundlage jeder Besprechung oder jeder Abnahme durch die Regie oder die Auftraggeber. Daher sollte vorab geklärt werden, ob ein Layout bereits fertig produziert ist oder lediglich die Simulation des Endprodukts darstellt. Je mehr erwartet wird, dass die Layoutmusik dem fertigen Endprodukt entspricht, desto schneller stört man sich bei Abnahmen an einzelnen Elementen und beginnt, die vorhandene Musik zu verändern. Bevor man aber Änderungen an der Komposition vornimmt, sollte man sicher sein, was genau man verändern möchte.

Dazu hilft es, das Musiklayout ohne Geräusche und Dialog anzuhören. So kann man einzelne Elemente der Musik leichter identifizieren und herausfinden, ob es nur um bestimmte Klänge an einzelnen Stellen geht oder um die Komposition an sich. Erfahrene Komponisten wissen dann genau, wie sie das Problem beheben können.

Arbeitsweisen

Die Arbeitsweisen von Komponisten sind vielfältig und individuell sehr unterschiedlich. Man kann das Ziel, eine wirkungsvolle Filmmusik zu schreiben, auf vielen verschiedenen Wegen erreichen. Die folgende Aufzählung ist daher unvollständig und soll lediglich als Hilfestellung zum Verständnis wichtiger Arbeitsabläufe dienen.

Szenenweises Komponieren zum Bild

Eine mögliche Arbeitsweise ist, Musik Szene für Szene direkt zum Bild zu schreiben. Die Musik wird dabei während ihrer Entstehung immer wieder synchron zur jeweiligen Szene abgespielt und ihre Wirkung überprüft. Dies hat den Vorteil, dass man während des Komponierens auf die Erfordernisse der Szene reagieren kann. Stimmungsumschwünge in der Musik, Ein- und Ausstiegspunkte oder Synchronpunkte können direkt bildgenau platziert werden.

So komponierte Filmmusik wird meistens auch chronologisch strukturiert. Das bedeutet, anhand der Spotting-Liste wird jedes Stück in chronologischer Reihenfolge abgearbeitet. Die Herausforderung dabei ist, dass am Ende ein einheitliches musikalisches Konzept erkennbar ist und der große Bogen nicht verloren geht. Sonst wirken die Musiken in der Gesamtheit des Films eher wie ein emotionaler Flickenteppich.

Thematisches Komponieren

Im Gegensatz zum szenenbezogenen Komponieren steht das thematische Komponieren. Dabei werden die wichtigsten musikalischen Themen ohne das Bild konzipiert und anschließend an die jeweilige Szene angepasst. Der Vorgang des Anpassens kann hier sehr zeitaufwendig sein. Für jede Szene muss das jeweilige musikalische Thema ins richtige Tempo und in die richtige Instrumentierung gebracht werden. Spezielle

Anforderungen einer Szene wie Stimmungsumschwünge oder wichtige Synchronpunkte müssen dabei ebenso beachtet werden wie melodische und harmonische Vielfalt. Denn das Wiederholen eines Themas in der immer gleichen musikalischen Form kann im Verlauf eines Films zu Eintönigkeit und Langeweile führen.

Häufig wird so konzipierte Filmmusik nicht chronologisch komponiert. Stattdessen werden die einzelnen Themen nacheinander komponiert und an die vorgesehenen Stellen angelegt und angepasst. Zuerst werden dann zum Beispiel alle Szenen im Film bearbeitet, in denen das Hauptthema oder eine Variation davon eingesetzt werden soll. Als Nächstes diejenigen, in denen ein Liebesthema verwendet werden soll usw.

Die Musik erhält so einen dramaturgischen und einen musikalischen Zusammenhang. Gleichzeitig besteht aber die Gefahr, dass die Anpassungen an Szenen nicht sorgfältig und einfallsreich vorgenommen werden und die Musik dadurch eintönig wird.

Tempo als Ausgangspunkt

Unabhängig davon, ob bildbezogen komponiert wird, kann der Ausgangspunkt des Komponierens entweder das Tempo oder die Harmonik sein. Wählt ein Komponist das Tempo als Ausgangspunkt, versucht er zunächst das richtige Grundtempo für die wichtigsten Szenen zu finden. Er achtet dabei darauf, wie sich ein bestimmtes Tempo zum Dialog verhält, ob wichtige Synchronpunkte unterstützt werden und wie sich der emotionale Rhythmus der Szene entwickelt. Anschließend werden dann Harmonien oder Melodien gesucht. Dabei wird darauf geachtet, dass diese in dem gefundenen Grundtempo ihre Wirkung entfalten können.

Möchte der Komponist beispielsweise zu langsamen Bildern in einem Drama eine unruhige und hektische Grundatmosphäre erzeugen, wird er ein schnelles Grundtempo wählen. Er wird viele Harmoniewechsel verwenden und eine Melodie komponieren, die aus vielen schnellen Tönen besteht. Sollen zum Beispiel in einer Autoverfolgungsjagd bestimmte Synchronpunkte musikalisch reflektiert werden, gelingt das nur, wenn die Musik das optimale Tempo zum Bildschnitt hat. Es werden dann nicht ständig, sondern lediglich an dramaturgisch wichtigen Stellen Harmoniewechsel eingefügt. Häufig ist deshalb das Tempo bei Actionfilmen Ausgangspunkt aller kompositorischen Überlegungen.

Grundsätzlich steht die Wahl des richtigen Tempos vor allem dann im Vordergrund, wenn die Musik im Film strukturelle Funktionen erfüllen soll. Dazu gehört unter anderem das Betonen von Bildschnitten oder von bestimmten Aktionen der Schauspieler. Auch bei Musiken, die die Wahrnehmung des Zeitverlaufs beeinflussen sollen, spielt das Tempo eine zentrale Rolle.

Beispiel:
Flashbackszenen oder Traumsequenzen werden häufig mit langsamer, flächiger Musik begleitet, um die reale Zeitwahrnehmung aufzulösen.

Melodik und Harmonik als Ausgangspunkt
Statt das Tempo ins Zentrum der Überlegungen zu stellen, kann als Ausgangspunkt der Komposition auch die Melodik oder Harmonik gewählt werden. Besonders bei Filmen, die eine bestimmte musikalische Stilistik erfordern, ist dies der Fall. Spielt eine Geschichte beispielsweise im Mittelalter und soll dies musikalisch reflektiert werden, wird sich ein Komponist zuerst mit den stiltypischen harmonischen Wendungen oder der Instrumentation mittelalterlicher Musik auseinandersetzen. Das Tempo der Musik spielt dann erst in zweiter Linie eine Rolle und wird vielfach eher von musikalisch-stilistischen Notwendigkeiten bestimmt als vom Rhythmus des Bildschnitts. Auch in Filmen, in denen die Musik eine stark psychologisierende Funktion erfüllen soll, wird meist auf die Wahl der Harmonieverbindungen ein größeres Augenmerk gelegt als auf die Wahl des Tempos. Das Tempo der Musik ergibt sich hier oft aus dem Rhythmus des Dialogs.

Zeitplan

Der Zeitpunkt, zu dem ein Komponist mit der Arbeit beginnt, ist sehr individuell. Manche Komponisten komponieren schon zum Drehbuch Skizzen oder sogar längere Suiten. Andere wiederum warten damit bis zum Ende des Feinschnitts. Die Menge der komponierten Musik pro Tag variiert je nach Anforderung eines Projekts. Sie hängt außerdem von der jeweiligen Arbeitsphase ab. Während es am Anfang eines Projekts oft langsamer vorangehen kann, wächst gegen Ende der tägliche „Output" spürbar an. Dies hat vor allem damit zu tun, dass ein Komponist mit dem verwendeten musikalischen Material immer vertrauter wird. Je weiter die Arbeit fortgeschritten ist, desto schneller kann er deshalb musikalische oder dramaturgische Entscheidungen fällen.

Zudem stellt jedes Projekt andere Anforderungen hinsichtlich der Kommunikation und Administration. Während dem einen Regisseur eine ausführliche Musikbesprechung und eine abschließende Abnahme genügen, wünscht ein anderer mehrere Telefonate täglich und ein wöchentliches Update über die kompositorischen Fortschritte. Doch jedes Telefonat und jede Besprechung – besonders wenn sie nicht unbedingt nötig ist – kosten Zeit und stören die Konzentration. Grundsätzlich ist eine ausführliche Kommunikation absolut erstrebenswert. Ein ökonomischer Umgang mit der Zeit des Komponisten ist dennoch sinnvoll.

Sehr zeitaufwendig für den Komponisten ist das Reagieren auf Änderungen, die nach vollzogener Abnahme des Feinschnitts (Picture-Lock) am Bildschnitt oder am Timecode des Arbeitsbandes vorgenommen werden. Selbst wenn nur Nuancen geändert werden, müssen alle Musiken entweder neu angepasst oder zumindest an den neuen Timecode angelegt werden. Dieser Arbeitsprozess kann bei einem durchschnittlichen TV-Film mehrere Arbeitstage in Anspruch nehmen, bei einem Kinofilm durch die Aufteilung des Films in verschiedene Akte noch länger. Denn jeder Akt muss einzeln überprüft und korrigiert werden.

Wie in Kapitel D3 („Produktion“) erklärt, sollte dem Komponisten auf jeden Fall ausreichend Zeit für die Musikproduktion gegeben werden. Bei Mischproduktionen und Liveproduktionen sollte dabei die nötige Vorbereitungszeit mit bedacht werden.

D2 INTERVIEW MIT MARCEL BARSOTTI (KOMPONIST)

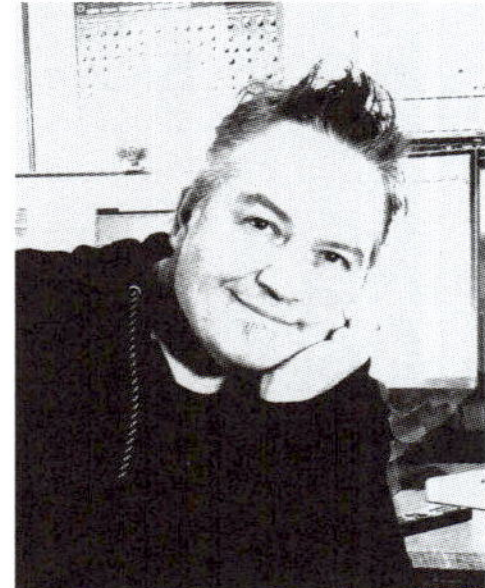

© Privat

Marcel Barsotti gehört zu den erfolgreichsten Filmkomponisten Deutschlands. Er komponierte für Kassenschlager wie *Die Päpstin* und *Das Wunder von Bern* genauso wie zuletzt für die italienische Arthouse-Produktion *La linea imaginaria* und *Vergebung, zehn Jahre ohne Frühling.*

Wann ist für dich der günstigste Zeitpunkt, um in dem Projekt einbezogen zu werden?

Der beste Zeitpunkt, bei einem Projekt einzusteigen, ist, wenn das Buch vorliegt. Entweder, wie bei mir im Fall von *Die Päpstin*, ein Roman oder eben ein Drehbuch. Bei *Die Päpstin* habe ich begonnen, schon mit dem Roman zu komponieren. Ich finde es riskant, wenn Leute einfach nur auf Bild schreiben. Denn du bist unglaublich beeinflusst vom Bild im positiven Sinne, aber im negativen Sinne ist es so, dass du nicht wirklich autark etwas schreibst, was eigenständig erst mal gut funktioniert. Ein früher Einstieg in ein Projekt ist natürlich rein zeitlich und finanziell mehr Aufwand für einen Komponisten, deswegen passiert das wahrscheinlich selten. Aber für mich ist der beste Einstieg, um sich wirklich mit der Materie zu beschäftigen, das Drehbuch, ganz klar. Das Risiko besteht halt darin, dass man sich von einem Bild und von den visuellen Effekten oft blenden lässt. Und vor allem in der jungen Generation und durch die vielen Synthesizer und Sound Libraries, die per Knopfdruck irgendeinen Ton entstehen lassen, ist für mich einfach die Gefahr wahnsinnig groß, dass man sehr schnell auf Bild etwas komponiert, was es schon hunderttausendmal gegeben hat.

Wie gehst du denn dann mit Temp-Musiken um?

Am liebsten gar nicht. Es ist jedes Mal die gleiche Diskussion. Ich habe bei meinen letzten fünf Filmen keine Temp-Musiken gehabt, und das war unfassbar schön und entspannend. Denn im Endeffekt hatte ich alle kreative Freiheit. Ich hatte vor fünf Jahren ein Dokumentarfilmprojekt, da hat sich die Regisseurin so drauf festgefahren, obwohl sie am Anfang gesagt hat, die Temp-Musiken sind nur zur Orientierung da. Am Ende des Tages sollte ich die Temp-Musik eins zu eins kopieren. Das ist das Risiko von Temp-Musik. Bei meinen großen Kinoprojekten gab es natürlich auch immer Temp-Musiken. Ich habe nichts dagegen, solange ich meinen eigenen Stil bewahren darf. Dann nähere ich mich über die Temps einem gewissen Konstrukt an, einem gewissen Gefühl, würde ich mal sagen.

Wie lange brauchst du für einen Kinofilm von Beginn der Konzeptionierung bis zur Abgabe des Masterbandes?

Bei meinen Kinofilmen waren es im Durchschnitt so fünf Monate. Manchmal auch länger, acht Monate, neun Monate gab's auch schon. Die Konzeptionsphase einer Musik hängt auch ein bisschen von den Anforderungen des Films ab. Sprechen wir hier vom großen Orchester plus Solisten oder von einem reinen Synthesizer-Score? Das macht natürlich einen Unterschied. Aber die Idee hinter einem Kinofilm ist doch, etwas Besonderes zu machen. Ich glaube, dafür bedarf es einfach mehr Ruhe und Konzentration, auch mal was zu verwerfen, auch mal zu sagen, okay, die ersten fünf, acht Themen sind gar nichts, ich fange in Ruhe nochmal an. Und dafür braucht man einfach einige Monate. Und dann gibt es ja noch spezielle Anforderungen bestimmter Filme, zum Beispiel bei Animationsfilmen. Man muss dort seine Musiken komplett mit Hitpoints eigentlich über die gesamte Länge des Films komponieren. Das ist richtig viel Arbeit, da sitzt man einfach ewig dran. Deswegen auch mein Appell an die Regisseure, Produzenten und die Herstellungsleiter, dass man mehr Zeit bekommt für die Entwicklung der Filmmusik.

Was benötigt bei deinen Projekten mehr Zeit: die Konzeptentwicklung oder die konkrete Umsetzung und Durchführung des Konzepts?

Das macht keinen Unterschied. Die Konzeptentwicklung ist schon wichtig. Mir ist es immer so gegangen: Je besser der Film ist, umso mehr Respekt hatte ich davor, und ich habe festgestellt, dass dann meine konzeptionelle Entwicklung für erste Themen Wochen gedauert hat. Gerade bei besonders guten Stoffen brauche ich lange. Die Umsetzung ist natürlich eine separate Geschichte. Orchesteraufnahme und so, das kann man schnell durchziehen, die Musikmischungen kann man schnell durchziehen, das finde ich jetzt nicht so schwierig. Aber man vergisst immer die Korrekturen. Besonders bei sehr teuren Projekten entsteht manchmal eine gewisse Nervosität, sodass man einfach mehr Zeit für Korrekturen braucht. Bei *Die Päpstin* waren es zum Beispiel 30 Seiten Anmerkungen. Allein die Korrekturen haben drei, vier Wochen beansprucht. Die Korrekturphasen muss man insofern noch zur Konzeption dazurechnen.

Fast alle deine Musiken bestehen aus echten Instrumenten, auch deine elektronischen Scores, bei denen du die Synthesizer live wie ein Instrument einspielst. Warum machst du das? Was geben dir echte Musiker oder echte Instrumente, was dir die reinen Maschinen nicht geben?

Mein Großvater war ausgebildeter Opernsänger und er hat immer unglaublich viel Zeit gebraucht, bis er eine Rolle wirklich beherrscht hat. Das hat mich geprägt. Sorgfalt und Originalität sind mir wichtig und die bekommt man durch Interpreten. Ich habe zum Beispiel gerade einen Independent-Kinofilm gemacht, ein sehr skurriler Film. Ich wollte eigentlich etwas mit Synthesizer-Klängen machen, habe dann aber schnell festgestellt, dass ich damit allein nicht auskomme, und habe dann begonnen, wieder Instrumente aufzunehmen. Ich habe eine Violine mit allem möglichen präpariert, ich habe ein Cello mit Papier aufgenommen, ich habe eine Klarinette mit einem verlängerten Rohr aufgenommen. Ich habe mit den Händen über Saiten, über Tasten, über Marimbas gewischt. Durch solche Liveaufnahmen kann man etwas nicht nur herkömmlich aufnehmen, sondern man kann eine eigene Struktur und einen eigenen Klang bilden, die sich im besten Fall von einer konventionellen Aufnahme abheben. Und das macht dann auch eine Musik besonders. Ein Regisseur oder Produzent hört ja zwischen den Zeilen, dass das anders klingt als einfach nur so ein kommerzielles Sample. Wenn man genau in die Musik hineinhört, dann hört man, dass das immer noch organisch ist. Genauso ist es beim Synthesizer-Klang, wenn man Klänge auf echten Synthesizern und nicht nur im Computer generiert. Der echte klingt einfach organischer. Deswegen habe ich auch zum Beispiel in meiner Anfangszeit nie gern mit Synthesizern gearbeitet. In jungen Jahren konnte ich mir die großen Kisten nie leisten und später, als die Softwaresynthesizer auf den Markt kamen, klang irgendwie alles gleich. Aber ich glaube eben, dass Regisseure und gute Produzenten schon raushören, wenn eine Musik etwas sorgfältiger hergestellt wird, im Sinne von Leben in die Spuren hineinbekommen. Ich bin ganz fest dieser Überzeugung.

Lass uns zum Abschluss noch über ein paar Ausblicke sprechen. Du bist ja schon sehr lange dabei und hast immense Erfahrung im Geschäft, auch in anderen Bereichen als der Filmmusik. Glaubst du, es wird in zehn Jahren den Beruf des Filmkomponisten noch so geben, wie es ihn jetzt gibt?

Ich glaube schon. Erst mal muss man feststellen, dass nahezu alle Musikproduktionen dieser Welt, sei es jetzt Popmusik, Jazz, Big Band, Filmmusik oder Konzertmusik von Auftragskomponist:innen abhängen. Wichtig ist aber vor allem die Entwicklung des Streamings. Momentan expandiert jede Firma dieser Welt und der benötigte Content ist unfassbar groß. Hinzukommt das Fernsehen. Das Auftragsvolumen in ganz Europa ist immer noch ungefähr genauso groß wie vor 20 Jahren, deswegen glaube ich nicht, dass der Beruf „Filmkomponist" in den nächsten Jahren in Gefahr ist außer durch Änderungen in den Urheberrechtssystemen oder gesetzlichen Rahmenbedingungen. Denn eines ist klar: Kein Komponist auf dieser Welt kann nur von den Honoraren leben. Aber solange die Urheberrechtssysteme und Verwertungsgesellschaften in Europa funktionieren, habe ich keine Befürchtungen. Das Einzige, was problematisch werden könnte, ist künstliche Intelligenz. Künstliche Intelligenz macht gerade nicht nur im Musikbereich, sondern in vielen Bereichen enorme Fortschritte. Die Frage und die Gefahr dahinter sind: Was kann sie irgendwann vielleicht sogar eigenständig übernehmen? Da sehe ich schon das Risiko negativer Auswirkungen auf die Gesellschaft. Aber grundsätzlich bin ich auch da eher positiv gestimmt.

D3 PRODUKTION

„The sound and music are 50 % of the entertainment in a movie.“

GEORGE LUCAS

Der Filmherstellungsprozess hat sich durch die rasante technische Entwicklung im letzten Jahrzehnt stark verändert. Dies macht sich vor allem in engen Zeitplänen und gekürzten Budgets bemerkbar. Auch im Bereich der Filmmusikproduktion sind diese Veränderungen angekommen. Die Möglichkeiten der elektronischen Klangerzeugung durch Synthesizer, Sampler oder Computersoftware sind in den letzten zehn Jahren so gewachsen, dass die totale Reproduzierbarkeit von Klängen fast die Norm geworden ist. Die traditionelle Form der Musikproduktion mit Livemusikern wurde durch die Möglichkeiten computergestützter Musikproduktion radikal infrage gestellt. Immer mehr organisatorische Arbeitsschritte können bei Bedarf automatisiert vollzogen werden. Dadurch entsteht bei Produzenten oder Auftraggebern häufig der Eindruck, die Filmmusik müsste schneller und billiger produziert werden als früher.

Die Grundprinzipien der Filmmusikproduktion sind allerdings seit drei Jahrzehnten weitgehend unverändert. Das folgende Kapitel stellt sie dar und folgt dabei dem chronologischen Ablauf einer Standardfilmmusikproduktion.

Zuerst werden die drei wesentlichen Produktionsarten erklärt, in denen Filmmusik produziert wird. Anschließend werden ausführlich alle Vorbereitungen erläutert, die zur Durchführung einer professionellen Filmmusikproduktion nötig sind. Der Ablauf und die Besonderheiten einer

Liveproduktion mit großem Ensemble oder Orchester werden in einem eigenen Unterkapitel dargestellt. Anschließend werden Hinweise für den Fall gegeben, dass Änderungen an der Musik während der Musikaufnahmen vorgenommen werden müssen, und die Notwendigkeit einer sorgfältigen Musikmischung erläutert. Abgerundet wird das Kapitel durch ein Schema, das den Ablauf einer Filmmusikproduktion grafisch darstellt und eine schnelle Orientierung über die einzelnen Arbeitsschritte erleichtert.

Produktionstypen

Im Wesentlichen lassen sich drei Arten von Produktionen unterscheiden: die rein elektronische Produktion, die Mischproduktion (auch Hybridproduktion genannt) und die reine Liveproduktion.

Elektronische Produktion/MIDI-Produktion

Eine rein elektronische Produktion wird auch MIDI-Produktion genannt. MIDI steht für „Musical Intelligent Digital Interface" und ist die Bezeichnung für das Kommunikationsprotokoll zwischen elektronischen Instrumenten. Hier werden alle verwendeten Klänge elektronisch entweder durch Synthesizer oder durch sogenannte „Sampler" generiert. Ein Sampler ist ein Gerät, das live aufgenommene Töne oder Klänge so aufbereitet, dass sie von einem MIDI-Keyboard in unterschiedlichen Tonhöhen abrufbar sind. Das können Töne von Musikinstrumenten sein, eine Stimme oder auch das Summen einer Biene. Letztlich alles, was man mit einem Mikrofon aufnehmen kann. Werden echte Instrumente, beispielsweise eine Geige, in einem Sampler simuliert, spricht man auch von virtuellen Instrumenten. Die Samplingtechnologie erlaubt neben der Herstellung virtueller Instrumente auch deren weitreichende Klangmanipulation. Die Möglichkeiten der Klangfindung für Komponisten werden dadurch unendlich groß, die traditionelle Trennung zwischen synthetischen und natürlichen Klängen wird aufgehoben.

Um die enorme Klangfülle, die sich durch diese Technik bietet, ohne zu großen Zeitaufwand zu nutzen und zu kontrollieren, greifen Komponisten gern auf sogenannte „Sound Libraries" zurück. In diesen Libraries sind Klänge bereits aufgenommen und vorkonfektioniert. So können sie direkt in den Sampler geladen werden und sind ohne zusätzliche Arbeitsschritte sofort vom Keyboard aus abrufbar. Gerade im Bereich des virtuellen

Orchesters ist dies eine wesentliche Erleichterung bei der Simulation symphonischer Kompositionen.

Bei einer rein elektronischen Produktion werden in der Regel mehrere Arbeitsschritte annähernd zeitgleich durchgeführt. Komponieren bedeutet in diesem Fall, Noten in den Computer zu schreiben, Klänge dazu auszusuchen und gleichzeitig wichtige Parameter wie Lautstärke oder Färbung der Klänge zu programmieren. Das führt automatisch zu einer provisorischen Musikmischung. Das „Layout" einer rein elektronischen Produktion ist also zumeist schon nahe am fertigen Endprodukt.

Aus Kostengründen wird heutzutage selbst für aufwendige Kino- und Fernsehproduktionen Filmmusik produziert, bei der alle echten Instrumente simuliert werden. Es kommt nicht selten vor, dass bei einem 2,5-Millionen-Euro-Projekt für die Musik gerade einmal 15.000 Euro mit der Begründung ausgegeben werden, eine rein elektronische Produktion sei ausreichend und man könne deshalb die Ausgaben für Liveaufnahmen sparen.

Dem liegt allerdings das fundamentale Missverständnis zugrunde, man bekomme über virtuelle Instrumente „the real thing". Das ist aber nicht der Fall. Man muss sich Folgendes klar machen: jede Sound Library klingt auf jedem Computer, auf dem sie benutzt wird, gleich. Benutzen viele Komponisten dieselbe Sound Library, klingt ihre Musik allein schon deswegen sehr ähnlich. Wenn sie nun noch ähnliche kompositorische Techniken benutzen, kann man die Musiken kaum noch unterscheiden. Am ganzen Bereich der sogenannten *epic film music* lässt sich das sehr gut studieren.

„The real thing" dagegen sind individuelle Liveaufnahmen von Musikern und ihren Instrumenten. Nur in ihnen spürt man die emotionale Kraft und die Persönlichkeit des Interpreten. Sie klingen nicht an jedem Tag in jedem Studio gleich. Kurz gesagt: Der Klang eines echten Instruments hat eine Individualität, die einem gesampelten Instrument naturgemäß völlig fehlt. Deshalb kann er das Publikum auch auf einer ganz anderen Ebene erreichen als eine softwarebasierte Simulation.

Folgt man der These, eine rein elektronische Produktion sei ausreichend, verzichtet man auf die Möglichkeit, Zwischentöne darzustellen und damit die Zuschauer tiefer zu emotionalisieren. Die Wirkung des Films auf die Zuschauer leidet darunter erheblich. Die Folge daraus ist für Komponisten wie Auftraggeber gleichermaßen unerfreulich. Das Qualitätsbewusstsein der Zuschauer und damit das Bedürfnis nach hochwertigen

Filmen schwindet. In diesem Punkt zeigt sich ein erstaunliches Phänomen: Auftraggeber betonen häufig ihre Vorliebe wie Jazz, Oper oder einzelne berühmte Bands, weil sie diese Musik besonders ansprechend finden. Gleichzeitig kürzen sie das Musikbudget bis an die Grenze des Akzeptablen. Darüber, dass die Lieblingsjazzplatte nicht halb so gut klänge, wären alle Instrumente elektronisch generiert und programmiert, haben sie offenbar noch nie nachgedacht …

Ein weiteres verbreitetes Missverständnis ist der Glaube, der Computer könne die Töne selbst schreiben, respektive die Zuweisung von Noten zu Klängen automatisch selbst übernehmen. Aus einem dreistimmigen Klavierakkord würde demnach bei Bedarf auf Knopfdruck eine ganze Orchesterpartitur. Auch das ist selbstverständlich nicht der Fall. Ebenso wenig wie ein digitales Schnittsystem selbstständig aus Einzelbildern einen Film produziert, erzeugt der Computer von allein komplette Musikstücke. Am Computer hergestellte Musikstücke klingen immer nur so gut, wie der Mensch sie komponiert und programmiert hat. Lediglich der Umgang mit der Materie „Musik" ist leichter und spielerischer ohne zu große Vorkenntnisse möglich. Ob dies eine für die Kunstform „Filmmusik" gute Entwicklung ist, kann man aus verschiedenen Perspektiven diskutieren. Zum einen befördert es eine gewisse Form des Dilettantismus, in der auch jede musikalisch ungebildete Person mit ein wenig technischer Begabung ein paar suggestive Klänge erzeugen kann. Zum anderen haben so auch Personen mit nicht-klassischem Hintergrund die Möglichkeit, bisher unbekannte musikalische Lösungen zu Filmen zu finden. Das kann beim Filmemachen helfen, den Blick zu weiten und im Idealfall ästhetisch aufregendes Neuland zu betreten.

Künstliche Intelligenz

Ein Aspekt, der zukünftig in der elektronischen Produktion wichtig sein wird, ist der Einsatz von künstlicher Intelligenz. Inzwischen gibt es einige Systeme, die Musik unter der Vorgabe einfacher Parameter relativ überzeugend „aus dem Nichts" kreieren können. Diese Systeme basieren allerdings auf Grundregeln, die ihnen vorgegeben werden müssen. Dies schließt einen sinnvollen Einsatz zur Filmmusikkomposition aus. Denn Filmmusik folgt auf allen möglichen Ebenen eben nicht bestimmten Regeln. Zudem ist sinnhafte Filmmusik immer kontextbasiert. Und mit Kontextualisierung haben künstliche Intelligenzen die größten Probleme. Ihr Einsatz in diversen Bereichen der professionellen Musikkreation mag nicht mehr so fern sein. Als Ersatz für einen erfahrenen Filmmusikkomponisten werden sie wohl in absehbarer Zeit nicht infrage kommen.

Mischproduktion/Hybridproduktion

Um das Problem der Sterilität und Austauschbarkeit elektronischer Produktionen zu entschärfen, nutzen Komponisten gern die Form der Mischproduktion. Das bedeutet, dass zu elektronisch generierter Musik, zum Beispiel einem virtuellen Orchester, einzelne echte Instrumente aufgenommen und hinzugefügt werden (man sagt auch „overdubbed"). Oder es werden bereits vorhandene elektronisch simulierte durch echte Instrumente ersetzt. Eine Mischproduktion findet man bei Filmen mit geringem Budget genauso wie bei Blockbustern.

Beispiel:

- Ein Streichorchester wird mit Sampling generiert und eine echte Flöte oder eine echte Gitarre anschließend dazu aufgenommen.
- Die Instrumente einer Jazzband sind programmiert und ein live gespieltes Saxophon ersetzt das virtuelle Saxophon.

Im Amerikanischen heißt dieses Verfahren interessanterweise *sweetening* – das elektronische Musikstück wird „versüßt". Es bietet dem Komponisten große Kontrolle über die einzelnen Instrumente bei der Musikmischung. Es kann aber je nach Anzahl der Overdubs auch sehr zeitaufwendig sein. Nimmt man beispielsweise alle Instrumente eines Streichquartetts getrennt als Overdubs auf, benötigt man die vierfache Zeit im Vergleich zu einer gemeinsamen Aufnahme. Bei einer Orchesterproduktion ist deshalb die getrennte Aufnahme jedes einzelnen Instruments im Overdub-Verfahren undenkbar. Abgesehen von klanglichen Nachteilen würde es um vieles mehr Zeit und Geld kosten als eine gemeinsame Aufnahme aller Instrumente. Tatsächlich gab es während der Pandemie große Blockbustermusiken, zum Beispiel zu *Tenet* (2021), bei denen notgedrungen so gearbeitet wurde. Es ist aber nicht die Regel.

Ein wesentlicher Vorteil gegenüber einer kompletten Liveproduktion ist die zeitliche und örtliche Flexibilität. Ein einziges Musikinstrument können die meisten Komponisten bei sich im Arbeitsstudio aufnehmen. Für die gleichzeitige Aufnahme von vier Musikern muss man zumeist schon ein externes Studio anmieten und dafür mögliche Termine finden. Zudem können einzelne Instrumente auch remote, also zu Hause bei dem jeweiligen Musiker aufgenommen werden.

Gern wird aber übersehen, dass auch bei einer Mischproduktion wichtige Arbeitsschritte anfallen, die bei einer rein elektronischen Produktion nicht nötig sind. So müssen zum Beispiel für die Musiker Noten geschrieben werden. Auch das Präparieren von Click-Tracks zur Synchronisation der Musik mit dem Bild ist oft nötig. Details dazu werden im nächsten Unterkapitel erklärt. Eingriffe in die Musik, besonders auf der Tempoebene, sind deshalb nur vor Beginn der Aufnahmen möglich. Tonstudiokosten, Digitaltransfer u. a. sind von der Anzahl der beteiligten Musiker unabhängig. Daher entstehen bei einer Mischproduktion abgesehen von den deutlich geringeren Musikerkosten fast immer ähnliche Zusatzkosten wie bei einer Liveproduktion. Einsparmöglichkeiten gibt es lediglich beim Notenmaterial. Dies allerdings nur, wenn mit wenigen Einzelmusikern gearbeitet wird und keine Partiturerstellung nötig ist.

Nutzt man alle Möglichkeiten der modernen Produktionstechnik, kann durch eine Mischproduktion mit überschaubarem finanziellen Einsatz eine spürbare Verbesserung der Produktionsqualität erzielt werden. Dennoch sollte allen Auftraggebern klar sein, dass auch in einer Mischproduktion Zusatzkosten für den Komponisten entstehen. Über deren Kompensation sollte vor Beginn der Produktion gesprochen werden. Außerdem benötigt diese Produktionsform einen ausreichenden zeitlichen Rahmen.

Liveproduktion

Der Unterschied zwischen Mischproduktion und Liveproduktion besteht hauptsächlich im Anteil an elektronisch generierten oder live aufgenommen Instrumenten. Während bei einer Mischproduktion nur ein Teil der Instrumente live aufgenommen wird, werden bei einer Liveproduktion fast alle Instrumente live eingespielt. Die reine Liveproduktion gilt daher unabhängig von der Größe des Orchesters oder Ensembles als die Königsdisziplin der Filmmusikproduktion.

Dass bei einer Liveproduktion tatsächlich alle Instrumente zur selben Zeit im Studio spielen, findet allerdings nur noch selten und dann bei kleineren Ensemblegrößen statt. Bei einer reinen Orchesterproduktion beispielsweise ist die Overdub-Aufnahme einzelner Orchestergruppen inzwischen üblich. Dabei werden alle Streichinstrumente live gespielt und gemeinsam aufgenommen, anschließend alle Holzblasinstrumente, dann Blechblasinstrumente und zuletzt Schlagwerk. Dieses Vorgehen ermöglicht eine große Kontrolle über einzelne klangliche Elemente während der Musikmischung.

Bei einer reinen Liveproduktion nimmt die richtige Vorbereitung mindestens genauso viel Zeit in Anspruch wie die Durchführung. Sie ist entscheidend für das Gelingen. Deshalb sind wesentliche Änderungswünsche an den Komponisten nur frühzeitig vor Beginn der Aufnahmen möglich. Details können zwar während der Aufnahme geklärt und geändert werden, aber grundsätzliche Dinge wie die Struktur der komponierten Melodien sollten vor Beginn der Notenerstellung geklärt sein. Als Faustregel kann man sagen, dass für 30 Minuten Musik allerspätestens eine Woche vor Beginn der Aufnahmen mit den Vorbereitungen wie Notenerstellung oder Click-Track-Erstellung begonnen werden muss. Spätestens dann also sollte die Musik endgültig von den Auftraggebern abgenommen sein. Jeder weitere Änderungswunsch bringt den Zeitplan durcheinander und verursacht Zusatzkosten.

Natürlich können theoretisch die Orchesternoten für 30 Minuten Musik in drei Tagen erstellt werden. Dazu müssten allerdings mehrere Orchestratoren angeheuert werden. Das ist abgesehen von der Frage der Verfügbarkeit eine ziemlich teure Angelegenheit. Komponisten und ihre Teammitglieder rechnen zwar nie in Werktagen, Feiertagen oder Achtstundentagen. Überstundenregelungen, die in anderen Berufsgruppen selbstverständlich sind, existieren aufgrund der Vertragsstruktur und Arbeitsweise von Komponisten nicht. Dennoch sind der Belastbarkeit eines einzelnen Mitarbeiters Grenzen gesetzt. Zu hohes Arbeitsaufkommen muss dann auf mehrere Schultern verteilt werden und kostet letztlich Geld.

Produktionsvorbereitung

Sobald sich der Komponist entschließt, mit Livemusikern zu arbeiten, müssen vor der Aufnahme der Instrumente einige wichtige Vorbereitungen getroffen werden. Diese sind bei einer Mischproduktion und einer Liveproduktion weitgehend identisch.

Noten

Zur technischen Vorbereitung gehört als Erstes die Erstellung sauberer Noten. Dieser Punkt kann nicht hoch genug bewertet werden, denn in der Aufnahmesituation kosten fehlerhafte Noten viel Konzentration, Zeit und damit Geld. Im Falle einer kleinen Mischproduktion genügt es meist, nur die Noten für die einzelnen Instrumente herzustellen. Sobald mehr als sechs oder sieben Musiker aufgenommen werden, empfiehlt es sich, zusätzlich eine Partitur zu erstellen. Diese nützt nicht nur der Orientierung bei der Aufnahme, sondern dient auch beim Musikmix als Anhaltspunkt für Musikschnitte oder Lautstärkeverläufe.

Meistens werden Noten heutzutage am Computer geschrieben und dann ausgedruckt. Trotzdem ist es sehr aufwendig, die Noten lesbar zu gestalten und mit den entsprechenden Angaben zu Dynamik oder Artikulation zu versehen. Dies erlaubt es den Musikern, die Musik vom Blatt zu spielen und schon beim ersten Spielen zu verstehen (vgl. Abb. 3).

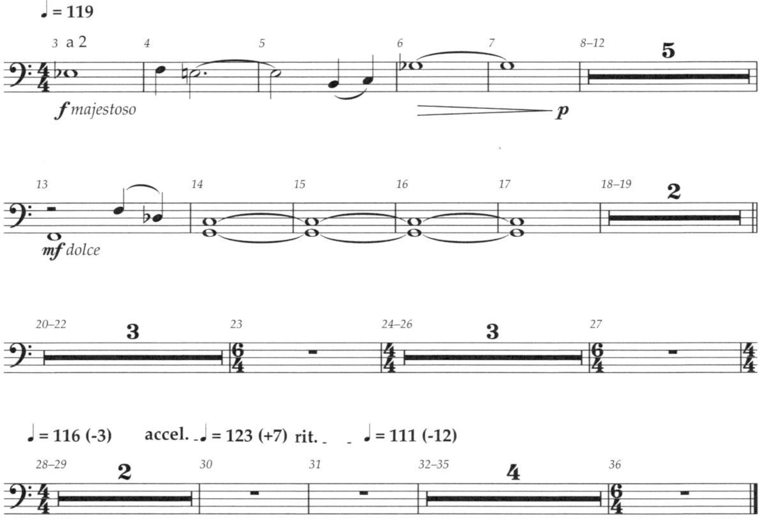

Abb. 3: Einzelstimme für Orchesterinstrument

Die Annahme, die Noten seien durch das Einspielen der MIDI-Layouts sowieso schon im Computer und müssten nur mit einem Knopfdruck ausgedruckt werden, ist leider falsch. Richtige Notenherstellung (*music preparation*) ist eine zeitintensive Angelegenheit und ein eigenes Handwerk. Sie beinhaltet das Schreiben der Noten ebenso wie das Korrekturlesen, das Kopieren für die einzelnen Musiker und das Sortieren der Noten in der Reihenfolge der Aufnahme. Als Anhaltspunkt kann man sagen: Für 30 Minuten Orchestermusik in mittelgroßer Besetzung (ca. 60 Musiker) dauert die Herstellung des Notenmaterials fünf bis sieben Tage.

Click-Tracks

Als Nächstes müssen die Click-Tracks hergestellt bzw. am Computer programmiert werden. Ein Click-Track (oft kurz Click genannt) ist ein vom Computer oder einem Metronom generiertes Ticken, das den Takt und den genauen Tempoverlauf eines Musikstücks angibt.

Den Click-Track hören die Musiker und – falls vorhanden – der Dirigent während der Aufnahme im Kopfhörer, um Temposchwankungen beim Spielen zu verhindern. So wird die Synchronität der Musik zum Bild sichergestellt. Auch bei Overdub-Produktionen sind Click-Tracks wichtig. Sie stellen sowohl die Synchronisation von Musik und Bild sicher als auch der einzelnen Instrumente untereinander, die nacheinander aufgenommen werden.

Jedes Musikstück, das aufgenommen werden soll, erhält einen solchen Click-Track. Hierbei muss besonders darauf geachtet werden, dass es nicht zu starke unvorhersehbare Temposchwankungen im Click-Track gibt. Das Tempo sollte aber dennoch beweglich bleiben und nicht nur das starre Metronomtempo abbilden. Minimale Temposchwankungen, die man mehr fühlt als hört, geben einem Musikstück mehr Leben und ermöglichen eine natürliche, nicht mechanisch klingende Interpretation.

Digital Transfer

Je nachdem, in welchem Studio und mit welcher Technik aufgenommen werden soll, muss die Computersoftware nach den jeweiligen Anforderungen konfiguriert werden. Benötigte digitale Soundfiles und die Click-Tracks müssen auf einen anderen Computer transferiert werden. In der Aufnahmesoftware müssen Einstellungen wie Spurenerstellung und -benennung vorgenommen und Vorbereitungen zur Verwaltung der aufgenommenen Klangdateien getroffen werden. Diese Einstellungen erst vorzunehmen, wenn die Musiker aufnahmebereit an ihrem Platz sitzen, ist reine Zeitverschwendung.

Bei großen Orchesterproduktionen nimmt dies meist der verantwortliche Tonmeister oder ein Assistent vor. Bei kleineren Produktionen macht das oft der Komponist selbst. Wenn die Musiker aufnahmebereit sind, sollte idealerweise nur noch der Aufnahmeknopf gedrückt und die ganze Konzentration auf die Interpretation der Musik gerichtet werden. Alles andere sollte geklärt sein. Die tontechnischen Vorbereitungen nehmen bei 30 Minuten aufzunehmender Musik einen halben bis ganzen Tag in Anspruch.

Administrative Vorbereitungen

Zur Administration gehören in erster Linie das Zeitmanagement und die Buchung der Musiker. Schon vor Ende der Layoutphase sollten die Termine für die Musikproduktion so vereinbart werden, dass nach der Endabnahme der Musik noch ausreichend Zeit bis zur Recording-Session bleibt. Ebenso sollte der Termin für die Endmischung des Films rechtzeitig kommuniziert werden. So kann die Musikproduktion verbindlich geplant werden. Gerade bei Projekten mit Zeitdruck ist es enorm wichtig, dass der Komponist die knapp bemessene Zeit voll ausnutzen kann und nicht durch organisatorische Änderungen zusätzlich Zeit verliert. Als Faustregel kann man von einem Zeitraum von zwei Wochen zwischen Endabnahme der Musiklayouts und fertiger Musikproduktion ausgehen.

Die Buchung der Musiker muss meist schon deutlich früher erfolgen. Orchester sollten mindestens vier Wochen, besser sechs Wochen im Voraus gebucht werden. Je größer das Ensemble, desto früher sollte es gebucht werden. Bei einzelnen Musikern genügt ein Anruf ein bis zwei Wochen vor dem Aufnahmetermin. Aber auch hier muss umso mehr Zeit für die Buchung eingeplant werden, je spezieller die Anforderung an den Musiker hinsichtlich Qualität oder Instrumentenwahl sind.

Es gibt zwei Organisationsformen von Orchestern: die festen Ensembles (zum Beispiel das Deutsche Filmorchester Babelsberg), die immer mit denselben fest angestellten Musikern arbeiten, und die freien Orchester, oft auch „Telefonorchester" genannt. Diese werden jeweils für Aufnahmen in wechselnder Besetzung speziell zusammengestellt. Feste Orchester verlangen einen Pauschalbetrag, in dem sämtliche Organisationskosten und oft auch Studiomiete etc. enthalten sind. Die Musiker eines Telefonorchesters werden einzeln nach Stunden oder sogenannten „Sessions" bezahlt und meist über einen sogenannten „Contractor" gebucht. Dieser stellt das Orchester zusammen und übernimmt weitere anfallende Arbeiten wie das Ausfertigen von Rechnungen und GVL-Belegen für die Musiker. Mehr zur GVL in Kapitel F5 („Die GEMA"). Bei der Arbeit mit einem Telefonorchester müssen auf jeden Fall zusätzliche Kosten für Contracting, Studiomiete und Tonmeister eingeplant werden. Bei Buchung eines bestehenden Orchesters sind diese Kosten manchmal in der Orchestergage inkludiert. Das sollte allerdings vorab geklärt werden. Zu beachten ist hier außerdem die Besonderheit, dass der direkte Vertragspartner der Musiker (in den meisten Fällen der Komponist oder der Contractor) für das Abführen der Abgaben zur Künstlersozialkasse (KSK) verantwortlich ist. Diese Abgabepflicht entfällt, wenn ein festes Ensemble mit festangestellten Musikern verpflichtet wird. Hier ist der Arbeitgeber der Musiker für die Sozialabgaben zuständig.

Ab einer Ensemblegröße von ca. zehn Musikern ist es äußerst ratsam, die Organisation einem Contractor zu übergeben. Denn die Organisation und buchhalterische Verwaltung mehrerer Musiker dauert zwischen einem Tag und einer Woche – Zeit, die der Komponist besser zum Komponieren verwendet.

Praxistipp

Sowohl die Buchung professioneller Musiker als auch die dazugehörige Organisation verursachen Kosten. Diese zu minimieren, indem man zum Beispiel mit im Stundensatz günstigeren Semiprofis arbeitet oder das Geld für den Contractor spart, endet meist in einem völlig unbefriedigenden Ergebnis.

Es ist überdies sinnvoll, einige Tage vor Durchführung der Produktion zu klären, ob benötigte Hilfsmittel am Aufnahmeort vorhanden sind oder extra organisiert werden müssen. Dazu gehört auf jeden Fall ein Kopiergerät, um bei Bedarf Noten vervielfältigen zu können. Ebenso nötig ist ein Videosystem, um in der Aufnahmeregie und im Aufnahmesaal den Film zur Musik verfolgen zu können.

Im Folgenden wird der traditionelle Ablauf einer Filmmusikproduktion mit Orchester in einem Mietstudio erklärt. Die meisten der angesprochenen Arbeitsschritte werden im Übrigen sowohl bei nicht-orchestralen Liveproduktionen als auch in Mischproduktionen genau so oder ähnlich durchgeführt.

Grundlagen der Liveproduktion

Ein durchschnittlicher Fernsehfilm enthält zwischen 40 und 60 Minuten komponierter Musik. Dafür werden in der Regel zwei Aufnahmetage benötigt. Erfahrungsgemäß werden mit vollem Orchester in einer Stunde ca. fünf Minuten Musik aufgenommen. In dieser Stunde wird also geprobt, aufgenommen, das Aufgenommene kontrolliert, geändert, Noten korrigiert und wieder aufgenommen. Je nach Größe des Orchesters oder der Schwierigkeit des Materials geht es etwas schneller oder etwas langsamer.

Die Musiker sehen die Noten am Tag der Aufnahme zum ersten Mal. Sie spielen die Musik, wie man sagt, „vom Blatt". Deshalb ist gezieltes Proben und Korrigieren enorm wichtig, um das bestmögliche Ergebnis mit minimalem Zeitaufwand zu erzielen. Einwandfreies Notenmaterial ist dafür die Grundvoraussetzung.

Der Tag ist in Sessions eingeteilt. Eine Session beträgt je nach Orchester oder Aufnahmestudio drei oder vier Stunden inklusive Pause. Der Komponist kalkuliert also vorher, wie viel Musik er in einer Session aufnehmen kann bzw. muss. Dies gilt allerdings nur für europäische Orchester. Eine Produktion in Amerika unterscheidet sich hier in vielen Punkten wesentlich, weil alle Abläufe und Zeitfenster durch die Gewerkschaften klar festgelegt sind und strengstens überprüft werden. Hier gibt es maximale Aufnahmezeiten, festgelegte Pausenzeiten und Ähnliches. Eine Vormittagssession in Europa beginnt in der Regel um 10 Uhr, eine Nachmittagssession um 14 Uhr. Je kleiner die Besetzung, desto flexibler lassen sich die Anfangs- und Pausenzeiten gestalten. Das komplette Team im Regieraum besteht aus Tonmeister, Music Editor, Orchestrator und Assistenten. Es ist meist weit vor Beginn der Session anwesend, um letzte Vorbereitungen zu treffen und eine perfekte technische Abwicklung zu gewährleisten.

Die Musikstücke (Cues) werden normalerweise nicht in chronologischer Reihenfolge, sondern nach produktionstechnischen oder ökonomischen Gesichtspunkten aufgenommen. Verwendet man zum Beispiel unterschiedlich große Orchesterbesetzungen, wird man die Cues mit der größten Besetzung am Anfang aufnehmen. Danach kann man nicht mehr benötigte Musiker nach Hause schicken und so Kosten sparen. Es kann durchaus sinnvoll sein, gleichartige Musikstücke oder Variationen von einem Thema direkt hintereinander aufzunehmen, um dem Orchester die Lesearbeit und das Verständnis der Musik zu erleichtern. Das verbessert die Qualität und beschleunigt insgesamt den Aufnahmeprozess.

Am Anfang jedes Aufnahmetages braucht der Tonmeister zwischen zehn und 30 Minuten Zeit, um die Lautstärke der Mikrofone zu balancieren. Falls erforderlich wird er noch Korrekturen an den Mikrofonpositionen vornehmen. Da die wenigsten Beteiligten vorher die Musiklayouts gehört haben, läuft die Filmmusikproduktion erfahrungsgemäß sehr langsam an. Die Arbeitsgeschwindigkeit erhöht sich jedoch binnen kurzer Zeit spürbar, sobald Tonmeister und Orchester den Stil der Musik und die speziellen Anforderungen des jeweiligen Projekts verstanden haben und beherrschen.

Die Musik wird in der Regel im Mehrspurverfahren aufgenommen. Das bedeutet, dass die Musiker zwar gleichzeitig spielen, die jeweiligen Instrumente aber im Computer auf einzelne Spuren verteilt aufgenommen werden. Eine Orchesterproduktion wird normalerweise auf mindestens 64 Spuren aufgenommen. Dieses Vorgehen ermöglicht es, bei der Musikmischung noch in gewissem Rahmen Eingriffe in die Lautstärkeverhältnisse der Instrumente vorzunehmen.

Die meisten Komponisten benutzen zur Synchronisation von Bild und Musik Click-Tracks. Dies ermöglicht sowohl ausführliche Overdub-Aufnahmen als auch Aufnahmen im Drop-in-Verfahren. Drop-in bedeutet, dass die Aufnahme exakt an der Stelle, an der im Orchester zum Beispiel ein Spielfehler passiert ist, wieder aufgenommen werden kann und nicht jedes Mal das komplette Musikstück von vorn gespielt werden muss. Besonders bei langen Stücken kann das sehr zeitsparend sein. Es erlaubt zudem ein präziseres späteres Eingreifen ins aufgenommene Material durch Tonmeister oder Music Editor. So kann zum Beispiel taktgenau zwischen verschiedenen Aufnahmeversionen eines Musikstückes hin- und hergeschnitten werden.

Die alte Kunst aus Zeiten des Stummfilms, ohne Click frei zum Bild zu dirigieren (*free-time* oder *wild*) und dennoch immer bildsynchron zu bleiben, beherrschen in Deutschland nur wenige Dirigenten. Dieses Verfahren kann zu musikalisch interessanten Ergebnissen führen, weil das Orchester stärker auf den Ausdruck als auf Präzision achten kann. Man kann damit allerdings nur schwierig Overdubs aufnehmen. Außerdem müssen statt des Click-Tracks sogenannte Punches und Streamer im Bild als Orientierungspunkte für den Dirigenten vorbereitet werden – ein aufwendiges Verfahren.

Die Anwesenheit eines Notenassistenten (englisch *score reader*) oder noch besser eines Orchestrators während der Aufnahme ist sehr empfehlenswert, damit im Notfall Änderungen an den Noten schnell und zuverlässig vorgenommen werden können. Jede unnötige Wartezeit kostet Konzentration und vor allem Geld – das ist besonders ärgerlich, wenn der Komponist einen Package-Deal vereinbart hat (vgl. Kap. F1 „Der Vertrag").

Bei Liveproduktionen mit großem Orchester ist die Anwesenheit eines versierten Music Editors sehr wertvoll. Seine Aufgabe ist im Wesentlichen, die verschiedenen Versionen des aufgenommenen Materials daraufhin abzuhören, ob einzelne Noten oder ganze Takte einer Musik vom Orchester fehlerhaft oder nicht optimal gespielt wurden. Fehler können über Musikschnitte korrigiert und die optimale Version eines Stückes kann aus verschiedenen Versionen zusammengeschnitten werden. Dies ist eine wichtige Voraussetzung, um eine hochwertige Musikmischung in angemessener Zeit durchführen zu können.

Änderungen während des Produktionsprozesses

Auch wenn es inzwischen völlig üblich ist, vor den Liveaufnahmen ein möglichst detailliertes MIDI-Layout der Musik zu erstellen, so ändern sich durch eine Liveproduktion doch Details in der Musik. Nicht zuletzt ist der Gesamtklang weit weniger statisch und steril als beim computergenerierten Layout. Die dynamische Bandbreite ist wesentlich höher.

Immer wieder äußern sich manche Regisseure enttäuscht, die fertige Liveproduktion klinge ja unerwartet anders als die MIDI-Layouts (an die man sich in der Zwischenzeit schon gewöhnt hatte). Es ist aus diesem Grund für jeden Regisseur ratsam, bei den Aufnahmen der Musiker anwesend zu sein, zumindest bei einer Orchesterproduktion. Während der Aufnahmen besteht nämlich die letzte Möglichkeit, strukturell Einfluss auf die Musik zu nehmen bzw. Änderungen vorzuschlagen. Sobald sich die Musikproduktion in der Phase der Mischung befindet, ist es definitiv zu spät.

Der alte Spruch „Let's fix it in the mix." (sinngemäß „Das biegen wir in der Filmmischung schon gerade.") wird meist benutzt, wenn man mit irgendeinem musikalischen Detail nicht ganz glücklich ist. Damit ist die Hoffnung verbunden, im Zusammenklang mit Soundeffekten und Dialog würde das Detail nicht mehr auffallen oder könne „weggemischt" werden. Diese Einstellung führt in den meisten Fällen zu Problemen in der Filmmischung und hinterlässt immer eine gewisse Unzufriedenheit. Je früher man also solche Themen bespricht, desto besser.

War die Kommunikation im Vorfeld gut, sind während der Aufnahmen keine Anpassungen nötig. Andernfalls ist es enorm wichtig, dass die Kommunikation klar und konstruktiv verläuft – jede vergeudete Minute kostet Geld. Für einen versierten Filmkomponisten sind kleine Ad-hoc-Änderungen kein Problem. Für einen in Filmmusik unerfahrenen Komponisten können sie bereits ein Grund zum Scheitern der Produktion sein (vgl. auch Kap. B1 „Auswahl").

Musikmischung

Ein Punkt, der in Zeit- und Budgetplanungen oft vernachlässigt wird, ist die Musikmischung. Selbst bei reinen MIDI-Produktionen, bei denen die Musik praktisch schon während der Komposition und Programmierung vorgemischt wird, sollte für diesen Vorgang genug Zeit eingeplant werden. Je mehr echte Instrumente aufgenommen wurden, desto wichtiger ist es, für die Musikmischung ausreichend Zeit einzuplanen. Hierbei spielt die Wahl des richtigen Tonstudios eine große Rolle.

Stereo

Fernsehprojekte, bei denen die Musik im Stereoformat in die Filmmischung geliefert werden soll, können gut im eigenen Studio des Komponisten fertiggestellt werden. Die abgeschlossene Musikmischung besteht dann aus einer Stereomasterspur oder sogenannten „Stereostems". Ein Stem beinhaltet Instrumente einer bestimmten Instrumentengruppe, mehrere Stems gemeinsam ergeben die Masterspur. So könnten zum Beispiel auf einem Stem nur die Orchesterstreicher, Holzbläser und Blechbläser enthalten sein, auf einem weiteren Stem das Schlagwerk und auf einem weiteren Stem alle Synthesizer-Klänge. Wenn man alle Stems gleichzeitig zusammen hört, hört man die Musik, wie sie final klingen soll. Dieses Vorgehen erlaubt in der Filmmischung relativ detaillierte Eingriffe in die Frequenz- und Lautstärkeverläufe einzelner Instrumentengruppen bis hin zum Stummschalten einzelner Gruppen. Es erfordert aber eine sehr sorgfältige vorherige Planung und softwareseitig eine aufwendige Konfiguration.

Mehrkanal-Surround

Sobald eine Mehrkanalproduktion (Surroundproduktion) nötig ist, muss in den meisten Fällen auf ein externes Studio ausgewichen werden, das darauf spezialisiert ist. Bei Kinofilmen ist die Abgabe der Musik als Stems im Format 5.1 (sechs Spuren), häufig sogar 7.2 (neun Spuren) Standard. Je nach Anzahl der Stems kann die Gesamtzahl der benötigten Spuren allein für die Filmmusik daher fast dreistellig werden. Eine optimale Organisation und die Zusammenarbeit mit ausgewiesenen Fachleuten als Tonmeister und Music Editoren sind hier zwingend nötig.

Je größer oder spezieller also der Produktionsaufwand ist, desto eher bietet sich die Buchung eines auf Musikmischung spezialisierten externen Studios an. Dies gilt sowohl für die Musikproduktion von Kino- als auch von Fernsehfilmen.

Im Durchschnitt kann man für eine sorgfältige Musikmischung von 15 bis 20 Minuten Musik pro Tag als sinnvollem Pensum ausgehen. Natürlich ist es auch möglich, wesentlich mehr Musik zu mischen, doch erfahrungsgemäß leidet darunter die Qualität. Dies ist nicht zuletzt deshalb der Fall, weil das Ohr nach einer gewissen Zeit ermüdet und die Hörfähigkeit in bestimmten Frequenzbereichen signifikant abnimmt.

Kurz gesagt

Für Filmmusik ist der Produktionsprozess genauso wichtig wie der Kompositionsprozess. Die Musikproduktion beeinflusst die Wirkung der Musik entscheidend und benötigt deshalb ausreichend zeitliche und finanzielle Ressourcen.

Mit Abgabe der gemischten Musik in die Filmmischung ist für den Komponisten die Arbeit im Wesentlichen beendet. Lediglich ein paar administrative Details müssen anschließend noch erledigt werden. Alle weiteren Arbeitsschritte liegen in der Hand des Mischtonmeisters, der für die Filmmischung verantwortlich ist. Damit die Musik im Film die vom Komponisten intendierte Wirkung nicht verliert, ist der Komponist auf eine sorgfältige und hochwertige Filmmischung angewiesen. Selbst auf höchstem Niveau komponierte und produzierte Musik kann nach einer schlechten Filmmischung ihre Emotionalität im Film nicht mehr entfalten.

Die Frage, ob ein Komponist an der Filmmischung teilnehmen sollte, kann man aber nicht pauschal beantworten. Grundsätzlich kann man sagen: Je besser das persönliche Verhältnis und die Kommunikation aller Beteiligten, desto sinnvoller kann die Anwesenheit des Komponisten bei der Filmmischung sein. So kann noch einmal gemeinsam darauf geachtet werden, dass das musikdramaturgische Konzept wie geplant umgesetzt wird. Mehr dazu in Kapitel D7 („Die Filmmischung").

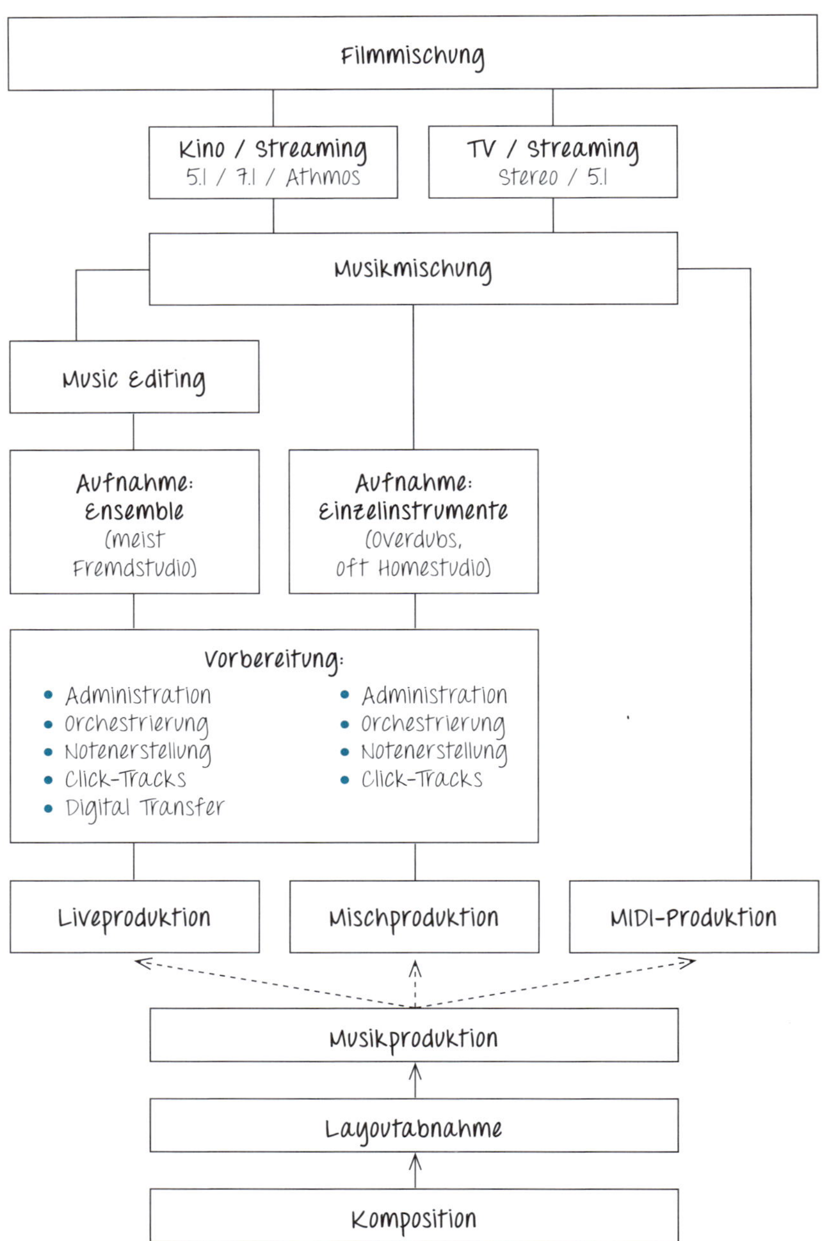

Abb. 4: Arbeitsschritte in den unterschiedlichen Produktionsformen

D4 INTERVIEW MIT JEFF RONA (KOMPONIST)

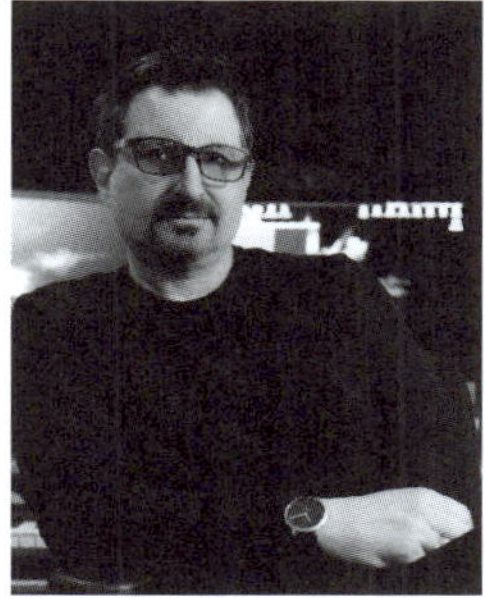

© Privat

Jeff Ronas Karriere als Film- und Spielekomponist erstreckt sich über drei Jahrzehnte und umfasst sowohl Hollywood-Blockbuster als auch unabhängige Arthouse-Filme und zeitgenössische Videospiele. Er war Gründer und ehemaliger Präsident der MMA, der MIDI Manufacturers Association, und ist der Autor des bekannten Buches *The Reel World* (Rowman & Littlefield Publishers, 2022).

Jeff, du bist einer der Pioniere der MIDI-Technologie. Wie hat sich die Filmmusikproduktion durch die MIDI-Technologie verändert?

Eine ganze Generation von Komponisten hätte ohne MIDI nie eine Karriere als Film- oder Fernsehkomponist gehabt. Als ich mit dem Komponieren anfing, gab es noch Komponisten, die mit Papier und Bleistift arbeiteten. Aber nach MIDI gab es das bald nicht mehr, denn die Wirtschaftlichkeit der elektronischen Musikproduktion besteht darin, dass man schneller und billiger arbeiten kann. Papier und Stift sind noch nicht einmal mehr eine Option. Ich kenne vielleicht zwei Komponisten in der

Branche, die noch mit Papier und Bleistift arbeiten, und die anderen 99,9 Prozent arbeiten mit einem Sequenzer [Computerprogramm, das MIDI-Informationen verarbeitet]. Letztlich geht es darum, die Sequenzer-Technologie zu haben. Es gibt Menschen, mich eingeschlossen, die nur deshalb Karriere machen können, weil sie mit dem Sequenzer ihre musikalischen Ideen verwirklichen können. Erst MIDI hat die Sequenzer-Technologie ermöglicht. Wie viele Autoren schreiben ohne ein Textverarbeitungsprogramm? Keiner. Niemand schreibt sein Buch mit einem Bleistift auf Papier. Für uns Komponisten ist es das Gleiche. Wir benutzen ein Sequenzer-Programm und diese Technologie hat viele Karrieren erst möglich gemacht.

Inwieweit hat sich das Komponieren und die Ästhetik der Filmmusik durch das, was du gerade beschrieben hast, verändert?

Ich glaube, was einen großen Einfluss auf die Art des Komponierens hatte, ist das Sampling. Man hört heute viele Partituren, denen man anmerkt, dass sie mit Orchester-Samples geschrieben wurden, selbst wenn sie von einem Liveorchester gespielt werden. Es gibt zum Beispiel ganze Abschnitte von Stücken, der nur aus Stakkati [sehr kurzen Noten] bestehen, wie zum Bespiel das Hauptthema von *Fluch der Karibik*, die man früher so nicht geschrieben hätte.

Ich drücke es mal aus der kreativen Perspektive aus: Wenn man für bestehende Orchesterinstrumente schreibt, für ein Streichquartett, ein Klavier oder ein Schlagzeug, dann weiß man, wie diese Instrumente in echt klingen und schreibt für sie. Man schreibt für eine Holzbläsergruppe, für eine Blechbläsergruppe, für Celli, für Pauken. Man kennt den Klang dieser Instrumente. Und man schreibt für sie, um das Beste aus ihnen herauszuholen. Bei elektronischer Musik, auch durch Samples, kann man die Palette der Farben erfinden. Man kann Instrumente erschaffen, denn ein Teil des Komponierens ist es, sich von den Klängen, die man verwendet, inspirieren zu lassen. Mit der Kreativität, die uns elektronisch zur Verfügung steht, verändert sich die Art und Weise, wie wir schreiben. Wie ich für eine Cellosektion schreibe, wie ich für einen Patch schreibe, den ich in einem granularen Softwareinstrument erstelle, das ist völlig unterschiedlich. Der Prozess ist anders. Das Ergebnis ist anders. Das Gefühl ist nicht unbedingt anders, aber alles andere ist anders. Und ich denke, es ist sehr wichtig für einen Komponisten, sehr offen für die kreativen Möglichkeiten elektronischer Sounds zu sein, egal ob es sich um einen Synthesizer oder eine interessante Sample Library handelt. Der Schlüssel liegt darin, sich die Technologie und die kreativen Möglichkeiten wirklich zu eigen zu machen, sich von ihnen inspirieren zu lassen und dann genau zu überlegen, ob man noch Livemusiker einbezieht.

Du hast viel Erfahrung mit virtuellen Klangerzeugern und nimmst trotzdem regelmäßig Livemusiker auf, manchmal in großem Umfang. Was bekommst du von ihnen, was dir ein Sampler nicht bietet?

Die Aufnahme eines Live-Ensembles ist etwas ganz anderes. Denn obwohl man bei Samples Dynamik und Espressivo-Möglichkeiten hat, bringen die Livemusiker mehr Gefühl hinein, als es ein Sampler je könnte. Auf dem Sampler ist alles mühelos. Aber wenn man für Livespieler schreibt und diese das Stück spielen, hört man, was in ihrem Kopf vorgeht. Du hörst ihre Musikalität. Man hört die Mühe, die sie aufwenden müssen, diese kleinen Fehler, die eigentlich keine sind. Man hört, wie man auf dem Griffbrett der Geigen von A nach B kommt. Es passiert so viel. Die Antwort ist: Eine Million kleiner Dinge machen den Unterschied aus.

Außerdem kann man mit einem Live-Ensemble stärker die klanglichen Grenzen ausloten als mit einem Sample. Nehmen wir zum Beispiel eine Phrase, die sehr leise beginnt und sehr laut endet. Mit der Sequenzersoftware hast du zwar die Kontrolle über laute und leise Samples. Wenn du aber wirklich einen unglaublichen und herzzerreißenden Klang möchtest, bei dem die Geiger ihre Bögen so stark über die Saiten ziehen, dass es richtig kratzt … bei diesen langen Noten … es ist fast wie eine Art Verzerrung … das kannst du nur mit einem Live-Ensemble machen.

Das Orchester hat einen größeren Klang- und Dynamikbereich, als ich es je bei einer Sample Library gehört habe. Auch in leisen Musikpassagen ist es viel schöner. Wenn man 40 oder 50 Streicher hat, kann man all die kleinen Unterschiede zwischen ihnen hören. Es wirkt einfach größer. Das klangliche Endergebnis mit einer Sample Library kann sehr musikalisch und wirklich präzise und schön sein. Aber bei einem Live-Ensemble gibt es so viel mehr Herz, Nuancen und Leben. Das ist nach wie vor so, selbst in dieser Generation der Technologie. Bei einem Live-Ensemble kann man wirklich das Leben hören, das die Musiker:innen mitbringen.

Wohin geht deiner Meinung nach die technische Entwicklung in der Filmmusikproduktion? Was ist die nächste große Veränderung?

Ab nächstem Jahr wird es einen Übergang geben von der momentanen MIDI 1-Technologie auf MIDI 2. MIDI 2 hat eine Reihe von Vorteilen für Komponisten. Jede Note einer Sequenz kann die Information enthalten, wie diese Note zu spielen ist. Der neue MIDI-Standard enthält ein ganzes Vokabular von Definitionen orchestraler Aufführungsmethoden und Aufführungstechniken. Es gibt mehr Nuancen in der Programmierung von Samples.

Und dann gibt es noch einen riesigen Sprung in der Prozessortechnologie der Computer, der gerade stattfindet. Seit den Anfängen der digitalen Musikproduktion gab es immer die Sorge „oh, ich verbrauche zu viele Computerressourcen, also muss ich vielleicht die Klangqualität reduzieren". Die neue Generation von Prozessoren, die wir jetzt zu sehen bekommen, wird den Entwicklern von computerbasierten virtuellen Instrumenten und Effekten viel mehr Freiheit geben, die höchstmögliche Qualität zu liefern, ohne dass sie sich Sorgen machen müssen, dass sie die Prozessoren überlasten.

Der letzte Punkt, über den ständig diskutiert wird, ist natürlich das Potenzial der KI. Nicht im Sinne eines Ersatzes für einen Komponisten, das ist eine andere Diskussion. Aber in Bezug auf die erweiterten Möglichkeiten für Komponisten, das Endprodukt zu verbessern. Wir haben bereits intelligente Software-Plug-ins und intelligente Instrumente, und es gibt bereits Equalizer, die einen Sound analysieren und an andere gleichartige Sounds anpassen. Wir stehen ganz am Anfang einer neuen Generation von intelligenten Instrumenten und intelligenten Werkzeugen. Wenn man heute Equalizer, Kompressoren und Limiter benutzen will, muss man wissen, was man tut. Man muss ein Toningenieur sein. Man muss ein Produzent sein. Schon seit ein paar Jahren sehen wir, wie viel besser manche Tools einsetzbar sind, ohne dass die Benutzer wirklich viel über sie wissen müssen. Sie können einfach Musik schreiben und kreativ sein und großartige Musik produzieren, die so gut klingt wie die Ideen in ihrem Kopf, ohne dass sie Tontechniker werden müssen.

Dennoch muss man, wenn man ein Kunstwerk erschafft wie ein Gemälde oder ein Musikstück, Entscheidungen treffen. Man kann doch nicht zu-

lassen, dass ein System ab einem bestimmten Punkt Entscheidungen für einen trifft, oder? Auf der Grundlage welcher Parameter würde eine KI entscheiden? Wenn wir beide, du und ich, eine Phrase einer Solovioline und nur einen Equalizer mit einer einzigen einstellbaren Frequenz bekommen hätten, ich garantiere dir, dass jeder von uns in diesem Equalizer eine andere Einstellung hätte. Wenn es eine KI entscheidet, hätten wir vermutlich dieselbe.

Sicher. Die Werkzeuge, die wir benutzen, sind da, um die gewünschten Ergebnisse zu erzielen, aber nicht unbedingt, weil wir wissen, wie wir die Ergebnisse erreichen können. Ein Beispiel: Meine elektronischen Drums klingen großartig, aber wenn ich das live aufgenommene Schlagzeug einsetze, klingt es matschig. Wie werde ich den Matsch wieder los? Ich weiß es nicht. Ich muss mir ein Gerät besorgen, das das kann. Ich glaube, um so etwas geht es. Es geht darum, die gewünschten Ergebnisse zu erzielen. Ich weiß vielleicht nicht, wie ich zu diesem Ergebnis komme, aber ich weiß, was ich will. Sollte es meine Aufgabe als Komponist sein, zu wissen, wie man Sidechain-Kompression auf mehreren Mixbussen in einem Dolby-Athmos-Setup macht? Nein. Meine Aufgabe ist es, zu denken: „Diese Szene mit den Robotern muss wirklich düster und unheimlich sein, aber ich bekomme nicht das Ergebnis, das ich will. Welche Werkzeuge kann ich verwenden, um diese Ergebnisse zu erzielen?" Ich glaube also nicht, dass es darum geht, dass KI die Entscheidungen trifft. Nochmals: Das ist eine andere Diskussion. Wir haben außerdem bereits eine Generation solcher intelligenter Tools gesehen und sie sind immer besser geworden. Es gibt Software-Plug-ins, die das Audiomaterial analysieren und einen Signalweg empfehlen. Ich verwende diese Plug-ins ständig. Die Welt spricht viel über künstliche Intelligenz, aber wir verwenden diese Algorithmen schon seit vielen Jahren, um Audio zu analysieren und Lösungen für Probleme empfohlen zu bekommen.

Eine interessante Perspektive. Lass uns nochmal auf die Frage der Ästhetik zurückkommen. Wie würdest du die Entwicklung der Ästhetik der Filmmusik in Hollywood-Blockbustern in den letzten 20 Jahren beschreiben?

Nun, wir hören nicht mehr so viele Gitarrensoli, außer in *Top Gun* ... (lacht) ... Ich würde sagen, dass das konservativste Genre der Filmmusik die Blockbuster sind. Die Marvel-Filme, die Comicfilme, die großen Thriller. Es ist sehr, sehr selten, dass man etwas wirklich Einzigartiges hört. Wenn ich dich frage, „Kannst du mir ein Thema aus einem Marvel-Film der letzten 20 Jahre singen?", lautet die Antwort: „Nein". Nein, das kann man nicht, weil die Musiken nicht mehr auf Themen setzen und mit der Zeit immer weniger thematisch geworden sind. In der Geschichte der Filmmusik drehte sich bisher alles um ein musikalisches Thema und ein Thema ist normalerweise melodisch, wenn auch nicht immer. Aber seit den letzten zehn bis 20 Jahren geht es wirklich nur noch darum, die Stimmung, die Emotionen, die epische Größe und die knallharte Energie jeder Szene zu erzeugen. Das ist insofern sehr konservativ geworden. Es gibt große Orchester, große Trommeln, massive Synthesizer, einfach alles, was dazugehört. Ein Marvel-Film ist wie eine Achterbahn, und die Musik trägt natürlich dazu bei, das zu erzeugen. Dabei haben sich in den letzten zehn oder 20 Jahren in der Filmmusik so viele interessante Dinge getan. Es gibt inzwischen so viele interessante Filmkomponisten. Es gibt so viel mehr einzigartige Ideen. Aber ich denke, in der Welt der Blockbuster wissen die Filmemacher, was sie wollen. Das ist erprobt und das hat man schon immer so gemacht. Ich habe noch keinen Fall erlebt, in dem jemand etwas wirklich Einzigartiges und Neues ausprobieren wollte. Mir fallen zum Beispiel keine rein elektronischen Blockbuster ein. Sie basieren in der Regel auf einer Art erweitertem Orchester, bei dem das Orchester in der Mitte sitzt und die Elektronik dazu da ist, den Punch, die Energie und das Tempo hinzuzufügen. Ich habe das Gefühl, dass sich die Filmmusik in Blockbustern heute am wenigsten weiterentwickelt.

Nur um sicherzugehen, dass ich dich gerade richtig verstanden habe: Filmmusik kann potenziell ein Medium sein, um etwas künstlerisch auszudrücken. Aber je mehr Geld im Spiel ist, desto mehr wird sie zu einer Art reiner Dienstleistungsmusik?

Das würde ich so nicht sagen. Ich würde sagen, dass es viele Möglichkeiten gibt, ein Gefühl in der Musik auszudrücken. Man kann Angst auf viele verschiedene Arten ausdrücken. Man kann Erregung auf viele verschiedene Arten ausdrücken. Es gibt viele Möglichkeiten, Glück, Traurigkeit,

Spannung auszudrücken. Aber in der Welt der Blockbuster scheint es immer weniger Interesse daran zu geben, diese verschiedenen Möglichkeiten auszuloten. Das äußert sich eben im Festhalten an einer Formel oder, besser gesagt, dem Festhalten an einem konzeptionellen Ansatz. Bei den großen Blockbustern halten sich die meisten an einen Ansatz, der erprobt ist und funktioniert und der sich teuer, episch und eben nach Blockbuster anhört. Es gibt sicher Ausnahmen und manchmal bekommt man in bestimmten Actionfilmen coole, verrückte, neue Sounds und Ideen zu hören. Aber mit dem Wort „Blockbuster" meinst du wohl hauptsächlich die Comicverfilmungen. Und die sind bei Weitem am konservativsten. Wenn man es aus dem Blickwinkel des Geldes betrachtet – du meintest ja, je teurer die Produktion eines Films ist, desto konservativer ist die Musik –, würde ich sagen: Je teurer die Produktion eines Films, desto konservativer ist die Wahl des Komponisten. Man sieht selten, wenn überhaupt, einen 200-Millionen-Dollar-Film, der von einem neuen Komponisten vertont wird. Und tatsächlich habe ich in den letzten Jahren zwei oder drei Mal erlebt, dass dieser Versuch nach hinten losging. Am Ende mussten sie einen erfahreneren Komponisten engagieren. Die Qualität der Musik bei großen Blockbustern ist sehr konstant. Sie ist durchweg ausgezeichnet. Die wirkliche Innovation findet aber derzeit meiner Ansicht nach bei kleineren Filmen statt.

Arbeitest du deshalb auch als Solokünstler und veröffentlichst Soloalben? Hast du das Gefühl, dass du dich auf diese Weise als Künstler wirklich frei ausdrücken kannst?

Eine Reihe erfolgreicher Filmkomponisten kam aus der Welt der Popmusik. Danny Elfman ist ein gutes Beispiel. Stewart Copeland, Hans Zimmer bis zu einem gewissen Grad, Ludwig Göransson … Es gibt viele Komponisten, die beim Film sehr erfolgreich sind, die mit anderen Dingen angefangen haben, mit persönlicheren Dingen. Ich gehe sozusagen ein bisschen in die entgegengesetzte Richtung. Meine ersten Alben waren Filmmusiken und TV-Musiken und jetzt Videospielkompositionen. Ich hatte nie wirklich darüber nachgedacht, Musik zu veröffentlichen, die nichts mit einem Film zu tun hat. Denn es löst dich von der Idee der Zusammenarbeit und ich liebe die Zusammenarbeit. Ich liebe aber auch das Erzählen von Geschichten. Und ich denke, der Aspekt des Geschichtenerzählens in meinen Filmmusiken spiegelt sich in meiner Solomusik wider. Das ist meine Chance, Musik zu schreiben, bei der ich keine Anmerkungen von einem Regisseur bekomme, der sagt: „Es muss gruseliger sein, es muss weniger gruselig sein, es muss spannender sein, es muss weniger spannungsgeladen sein." Ich genieße einfach ein bisschen wohlverdiente Freiheit des künstlerischen Ausdrucks, um ein paar Alben herauszubringen. Und ich will ehrlich sein: Ich kenne einige Filmkomponisten, deren gesamte Karriere beim Film liegt. Und wenn man mit ihnen darüber spricht, ein Soloalbum zu schreiben, denken sie sich und haben es auch zu mir gesagt: „Ich weiß nicht, was ich schreiben würde. Solange mir niemand sagt, was ich tun soll, habe ich nichts zu sagen." Aber das war bei mir nicht der Fall. Ich wollte diese Seite meiner kreativen Seele erforschen.

D5 KOMPONISTEN UND IHR TEAM

Ein Filmkomponist arbeitet den größten Teil der Zeit allein, meistens in seinem Studio. Lediglich bei Besprechungen oder Präsentationen bekommen ihn die Auftraggeber zu Gesicht oder ans Telefon. Seine Mitarbeiter treten noch weniger in Erscheinung und doch sind sie gerade in der Phase der Musikproduktion an wichtigen Arbeitsschritten beteiligt und unverzichtbarer Bestandteil. Ohne professionelle Mitarbeiter wären zumindest mittlere und große Filmmusikproduktionen zeitlich entweder nicht durchführbar oder würden spürbar an Qualität verlieren. Dies sollte man bei der Budgetierung von Projekten immer bedenken.

Budgetiert man zu niedrig, ist der Komponist gezwungen, einen Großteil der Aufgaben, die zusätzlich zum Komponieren anfallen, selbst zu übernehmen. Dies setzt ihn entweder unter Zeitdruck oder verlängert die Zeitspanne zwischen Feinschnittende und Beginn der Filmmischung um mindestens ein bis zwei Wochen.

Im Folgenden werden die wichtigsten Mitarbeiter eines Komponisten vorgestellt und ihre Tätigkeiten erklärt.

Orchestrator/Arrangeur/Music Preparator

Ein Orchestrator im klassischen Sinne hat die Aufgabe, die Noten, die ein Komponist handschriftlich oder am Computer geschrieben hat, in eine von einem Orchester lesbare Form zu bringen. Er erstellt die Partitur für den Dirigenten und sorgt dafür, dass darin alle notwendigen Spielanweisungen und Symbole enthalten sind. So können die Musiker die Idee des Komponisten bei der Musikaufnahme so gut wie möglich klanglich umsetzen (siehe Abb. 5 und 6). Dieser Vorgang ist vielleicht am ehesten vergleichbar mit der Formatierung eines unformatierten Fließtextes in einem Textverarbeitungsprogramm. In seltenen Fällen ändert der Orchestrator dabei die Zuweisung bestimmter Noten zu bestimmten

Instrumenten des Orchesters. Auf keinen Fall jedoch fügt er selbstständig Noten hinzu. Da ein Orchester ein sehr komplexes Gebilde ist, erfordert diese Tätigkeit große Erfahrung und eine umfassende Kenntnis des Orchesterapparates. Meist haben Orchestratoren deshalb eine umfassende Ausbildung in klassischer Musik. Versierte Orchestratoren finden sich allerdings in jedem Musikstil zurecht. Sie können für klassisches Orchester, genauso gut aber auch für Jazzensembles oder eine Rockband orchestrieren.

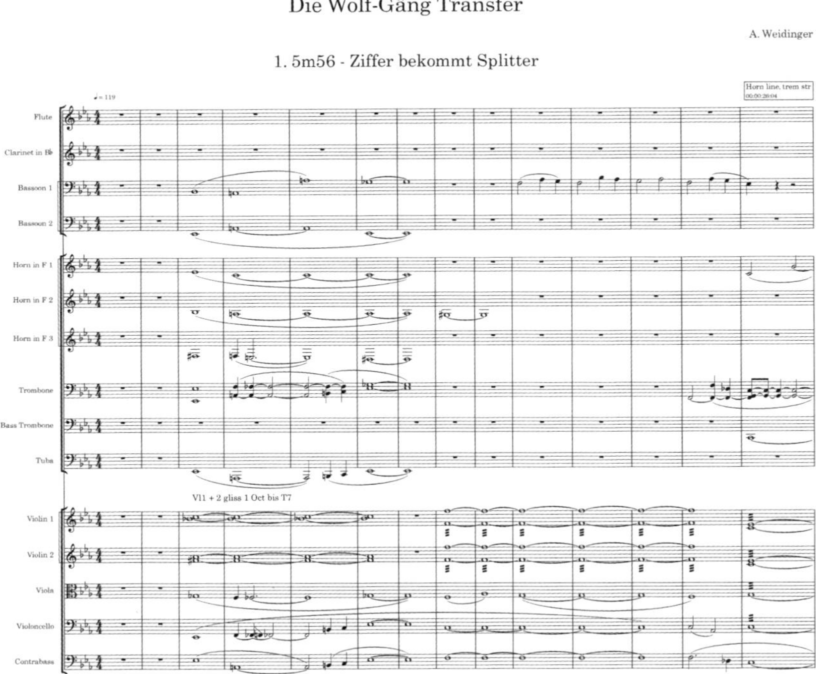

Abb. 5: Unbearbeitetes Manuskript

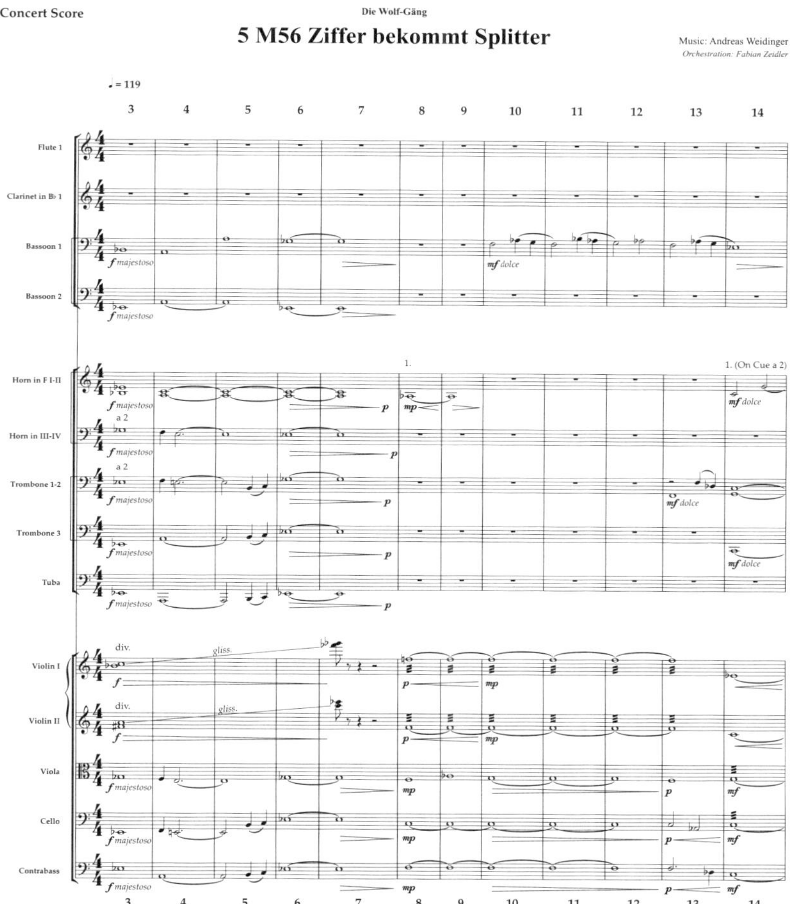

Abb. 6: Fertige Partitur

Arrangieren und Orchestrieren sind zwei unterschiedliche Dinge. Arrangieren bedeutet, dass eine Komposition, die nur als Grundgerüst skizziert ist, klanglich gestaltet und für das Zusammenspiel mehrerer Instrumente aufbereitet wird. Beim Arrangieren spielt das Instrumentieren eine wichtige Rolle. Hier wird entschieden, welche Noten von welchen Instrumenten gespielt werden. Üblicherweise werden auch zusätzliche Noten notiert oder Änderungen an den geschriebenen Noten vorgenommen. Das Arrangieren ist sozusagen eine Zwischenstufe zwischen Komponieren und Orchestrieren. Im Gegensatz zum klassischen Orchestrator, der de facto alle Noten, die gespielt werden sollen, bereits vorgegeben bekommt, muss der Arrangeur also vielfältige kreative Entscheidungen treffen.

Die Gestalt und die Wirkung eines Musikstücks werden durch das Arrangement wesentlich beeinflusst. Um ein bekanntes Beispiel zu geben: Der Song *Somewhere Over the Rainbow* existiert in vielen unterschiedlichen Arrangements. Mal wurde er mit einem großen Orchester eingespielt, mal mit einer Big Band. Es gibt eine Rock 'n' Roll-Version genauso wie eine Version für Ukulele und einen DJ-Remix. Es bleibt immer der gleiche Song, der auch sofort erkennbar ist. Dennoch ist seine Wirkung in jeder Fassung, das heißt in jedem Arrangement, völlig anders.

Speziell bei Filmmusik, die ja auf eine bestimmte Wirkung angelegt ist, muss ein Komponist sehr genau über das Arrangement nachdenken. Schon kleine Änderungen in der Instrumentierung können die Wirkung der Musik stark beeinflussen. Idealerweise hat ein Filmkomponist, der für Orchester schreibt, damit Erfahrung und legt sein Arrangement schon während des Komponierens fest. In diesem Fall muss der Orchestrator lediglich alle vorhandenen und bereits auf die Instrumente aufgeteilten Noten in die richtige lesbare Form bringen. Es gibt jedoch auch Komponisten, die diese Fähigkeiten nicht haben. Sie sind darauf angewiesen, dass der Orchestrator die Rolle des Arrangeurs mit übernimmt.

Der Vorgang des Herstellens von Notenmaterial für die Musiker, also das Schreiben, Ausdrucken und Vervielfältigen der Noten, wird mit dem amerikanischen Begriff „Music Preparation" bezeichnet. Während der Orchestrator für die Partitur zuständig ist, extrahiert der Music Preparator die Noten für die jeweiligen Instrumente aus der Partitur und stellt eine Einzelstimme für jedes Instrument her. Dabei kümmert er sich sowohl um instrumentenspezifische Notationsanforderungen als auch um das nochmalige Korrekturlesen der Stimmen.

Gerade bei Overdub-Produktionen mit einzelnen Musikern halten es viele Komponisten für ausreichend, nur Skizzen zu notieren und die wichtigen Dinge mündlich während der Aufnahme zu besprechen. Leider führt das oft dazu, dass ein Musiker viel Energie darauf verwenden muss, die Noten zu entziffern und die musikalische Intention des Komponisten zu verstehen. Darunter leiden dann Konzentration und Interpretation und letztlich die Qualität der Aufnahme. Außerdem kostet es in aller Regel viel Zeit und damit auch Geld.

In Amerika sind die Bereiche „Orchestration", „Arrangement" und „Music Preparation" klar getrennt und auf verschiedene Personen oder Firmen aufgeteilt. Dort ist der Beruf des Orchestrators völlig etabliert. Kaum eine Filmmusikproduktion, nicht einmal für einen kleinen Fernsehfilm, kommt ohne einen Orchestrator oder Arrangeur aus. In Deutschland gibt es derzeit eine Handvoll Personen, die sowohl Orchestration und Arranging als auch Music Preparation professionell auf internationalem Niveau anbieten.

Ob es sich um eine Orchesterproduktion oder eine kleine Overdub-Produktion handelt – die Verpflichtung eines professionellen Orchestrators ist in jedem Fall empfehlenswert. Sie bietet dem Komponisten vor allem zeitlich Entlastung. Denn die Erstellung einer von allen lesbaren Partitur ist zeitaufwendig und korrekturintensiv, selbst wenn lediglich die handschriftlich verfasste Partitur eines Komponisten notengetreu abgeschrieben wird. Kleine Fehler in der Partitur können während einer Orchesteraufnahme zu großen Verzögerungen und Mehrkosten führen. Insofern sichert die Mitarbeit eines professionellen Orchestrators auch den reibungslosen Ablauf der Musikproduktion. Der Komponist kann sich darauf verlassen, dass das Notenmaterial in Ordnung ist. Er verliert keine Zeit damit, den Musikern Fragen zur Notation zu beantworten.

Assistenten

Der Begriff „Assistent" ist schwer zu definieren, er umschreibt ein großes Betätigungsfeld, das von allen Komponisten anders definiert wird. Manche Komponisten benötigen einfach Entlastung im organisatorischen Bereich. Andere wiederum lassen ihren Assistenten orchestrieren oder arrangieren. Wieder andere benutzen Assistenten als Ghostwriter, die unerkannt in einem Nebenstudio die Musik komponieren, unter die dann der Komponist seinen Namen setzt. Jeder Komponist hat eine andere Vorstellung davon, was ein Assistent leisten muss oder leisten darf. Und jeder Komponist hat eine eigene Art, mit Assistenten umzugehen. Wichtig ist aber zu verstehen, dass ein Assistent den Komponisten immer in der einen oder anderen Weise entlastet. Dadurch bleiben mehr Zeit und Energie für die Komposition und die Kommunikation mit den Filmemachern. Insofern entspringt die Budgetierung eines Assistenten gerade bei mittleren oder großen Projekten nicht der Hybris des Komponisten, sondern ist eine notwendige und hilfreiche Maßnahme zur Qualitätssicherung. Der Beruf des Assistenten ist in anderen Bereichen der Filmherstellung aus guten Gründen völlig üblich – denkt man zum Beispiel an Kameraassistenten, Schnittassistenten oder Regieassistenten.

Die umstrittenste Art der Zusammenarbeit mit Assistenten ist das eben erwähnte Ghostwriting. Ghostwriting bedeutet, dass ein meistens unbekannter Komponist (der „Geist") Musik schreibt, die dann unter dem Namen eines anderen Komponisten veröffentlicht und bei der GEMA angemeldet wird. Die GEMA-Tantiemen fließen dann natürlich auf das Konto des offiziellen Komponisten. Wie hoch der Ghostwriter für seine Arbeit bezahlt wird, hängt vom Ermessen des offiziellen Komponisten ab. Zum einen ist dieses Vorgehen fragwürdig, weil der Existenzdruck und damit die schwächere Position eines unbekannten Komponisten wissentlich ausgenutzt werden, um eigene wirtschaftliche Vorteile zu erlangen. Zum anderen verstößt die Praxis des Ghostwritings gegen das in Deutschland gültige Urheberrechtsgesetz. Aus Sicht von Filmproduktionsfirmen und Sendern empfiehlt es sich daher schon aus Gründen der Rechtssicherheit genau zu prüfen, ob Komponisten mit Ghostwritern arbeiten.

Ein nicht unwichtiger Nebenaspekt dabei ist, dass Komponisten, die solche Praktiken anwenden, in der Regel mehr am Geschäft als am Inhalt interessiert sind. Sie verwenden keine Mühe und Energie darauf, die beste und alle überzeugende Lösung zu finden, sondern wollen lediglich Musik „verkaufen".

Allerdings sollte nicht jedem Komponisten, der Musik von anderen Komponisten schreiben lässt, Unlauterkeit unterstellt werden. Es kann bei manchen Produktionen durchaus Sinn machen oder so gewollt sein, mit einem Co-Autor zusammenzuarbeiten. Die Beachtung des Urheberrechts und die Transparenz gegenüber den Auftraggebern sollten hier jedoch oberstes Gebot sein. Zudem sind bei einer geplanten Co-Autorenschaft schriftliche Vereinbarungen nötig, um für alle Seiten Rechtssicherheit zu gewährleisten.

Musiker

Zum Kapital eines Filmmusikkomponisten gehören ganz wesentlich auch die Kontakte zu professionellen Spitzenmusikern. Die Möglichkeiten,

Musiker für Aufnahmen zu verpflichten, sind vielfältig. Sie reichen vom Studenten bis zu international etablierten Studiomusikern oder -orchestern. Die Preise variieren dementsprechend von Aufwandsentschädigungen auf dem Niveau eines Hilfsarbeiters bis hin zu Stundenhonoraren auf dem Niveau von Topanwälten. Die Kunst des Komponisten ist es, für die jeweiligen Projekte diejenigen Musiker zu kennen und auszusuchen, die innerhalb des Budgetrahmens am besten zum Projekt passen und das beste Ergebnis ermöglichen.

Grundsätzlich ist es auch bei kleineren Produktionen nicht empfehlenswert, das Budget so gering zu halten, dass der Komponist gezwungen ist, an der Qualität der Musiker zu sparen oder mit Amateuren zu arbeiten. Das Overdub-Verfahren bietet zudem die Möglichkeit, mit wenigen, aber versierten professionellen Musikern sehr gute Ergebnisse zu erzielen.

Speziell bei Orchesterproduktionen zeigt sich seit vielen Jahren ein Trend, die Musikproduktion ins osteuropäische Ausland zu verlagern. Dabei wird hauptsächlich mit dem Kostenfaktor argumentiert. Manchmal werden auch Qualitätsargumente angeführt. Die Behauptung, ein günstiges osteuropäisches Orchester klänge besser als ein günstiges deutsches Orchester, entbehrt allerdings jeder objektiven Grundlage. Ein hörbarer Qualitätsunterschied macht sich erst bemerkbar, wenn Spitzenorchester egal welcher Nationalität gebucht werden. Die Kosten steigen dann allerdings mindestens um das Vierfache. Zudem hängt der Klang eines Orchesters immer auch von der Mikrofonierung, dem Aufnahmeraum und der Musikmischung ab. Dass es durchaus klangästhetische Gründe geben kann, mit ausländischen Orchestern zu arbeiten, soll in diesem Zusammenhang nicht unerwähnt bleiben.

Allerdings gibt es einige Gesichtspunkte, die bei Musikproduktionen im Ausland gern übersehen werden: Zum einen steigen die Nebenkosten für Reise, Übernachtungen oder Equipmentmiete (um nur einige zu nennen) spürbar an. Je größer das benötigte Team, desto signifikanter wird der Preissprung. Überdies unterliegen ausländische Anbieter keinerlei Gewährleistungspflicht. Die Möglichkeiten, sie im Zweifelsfall durch Schadenersatzklagen gerichtlich zur Verantwortung zu ziehen, sind sehr beschränkt. Wenn während der Aufnahmen die Tonstudiotechnik ausfällt, muss zwar theoretisch der Studiobetreiber für entstehende finanzielle Schäden haften, praktisch jedoch dürfte sich das äußerst schwierig gestalten.

Zum anderen hält sich das Einsparpotenzial – wenn es nach Abzug aller Zusatzkosten überhaupt noch vorhanden ist – in bescheidenen Grenzen. Es beträgt höchstens ein paar wenige Prozent der Musikproduktionssumme. Es gibt in Deutschland inzwischen eine Reihe von Orchestern, die ihre Dienste zu Preisen anbieten, die mit denen osteuropäischer Anbieter vergleichbar sind oder darunter liegen. Eines davon, das Deutsche Filmorchester Babelsberg, ist sogar seit mehr als 40 Jahren auf Filmmusik spezialisiert und wird regelmäßig auch von internationalen Filmproduktionen gebucht.

Oft vergessen wird zudem der Aspekt, dass auch Produktionen mit Künstlern oder Orchestern im Ausland der Abgabepflicht zur Künstlersozialkasse (KSK) unterliegen, sofern es sich bei ihnen nicht um Unternehmen oder unternehmensähnliche Organisationsstrukturen handelt. Dies kann bis zu fünf Jahre nach der Produktion noch zu erheblichen Kosten führen.

Auftraggeber, die ihren Komponisten eine Orchesterproduktion im osteuropäischen Ausland in der Annahme empfehlen, um damit Geld sparen zu können, riskieren im Übrigen nicht nur eine letztliche Erhöhung der Kosten. Sie tragen auch aktiv zur Schwächung des Filmstandorts Deutschland bei, obwohl es dafür keine Notwendigkeit gibt.

Tonmeister

Die besonderen Anforderungen einer Filmmusikproduktion wurden bereits mehrfach angesprochen. Tontechniker oder Tonmeister übernehmen dabei vielfältige Aufgaben. Neben der technischen Vorbereitung einer Produktion wie Datentransfer, Erstellung von Playbacks für die Musiker und vieles mehr werden sie vor allem für Aufnahme und Mischung der Musik benötigt.

Die Kosten für die Tonmeister werden in Kalkulationen leider oft vergessen oder stoßen auf Unverständnis bei Produktionsfirmen. Vielfach werden deshalb die tontechnischen Aufgaben einer Filmmusikproduktion vom Komponisten selbst übernommen, vor allem bei Fernsehproduktionen mit kleinem oder mittlerem Budget. Man muss jedoch klar sagen, dass ein versierter Tonmeister wesentlich zur Verbesserung des Gesamtklangs beitragen kann und das Risiko zusätzlicher Kosten in der Filmmischung minimiert. Denn speziell bei Mehrkanalproduktionen können technische

Schwierigkeiten auftreten, die für zusätzliche Kosten sorgen und durch das Engagement eines erfahrenen Tonmeisters vermeidbar wären. Überdies bleiben dem Komponisten aufgrund der immer engeren Endfertigungspläne nach dem Recording oft nur wenige Tage Zeit, um die Filmmusik zu mischen und technisch für die Filmmischung vorzubereiten. In diesen Fällen ist das Hinzuziehen eines Tonmeisters die einzige Möglichkeit, die Filmmusik fristgerecht auf höchstem technischen Standard fertigzustellen.

Music Editor

Der Music Editor ist der organisatorische Dreh- und Angelpunkt einer Filmmusikproduktion. Er kümmert sich ebenso um alles, was mit Timing und Einsatz von Filmmusik zu tun hat wie um Budgetierung von Aufnahmen und die Übergabe der fertigen Musik in die Filmmischung.

Dreh und Rohschnitt

Er bereitet, wenn nötig, Musiken für den Drehort vor, sucht die richtigen Stellen aus Playbacks heraus und schneidet diese zurecht. Er unterstützt den Cutter während des Rohschnitts, indem er sich um Skizzen oder Layouts des Komponisten oder andere Temp-Musiken kümmert. Er konfektioniert diese Musiken, passt sie an Schnittversionen an und liefert sie im richtigen Format an den Schneideraum.

Spotting-Session und Komposition

Eine Schlüsselrolle nimmt er bei der Spotting-Session und während des Kompositionsprozesses ein. Er ist dabei sowohl für die Organisation der Musikstücke im Cue-Sheet verantwortlich als auch für die Dokumentation der Besprechungsergebnisse. Diese Dokumentation dient dem Komponisten und seinem Team im weiteren Verlauf als Arbeitsgrundlage. Zugleich bildet sie die Kommunikationsbasis für Besprechungen mit der Regie und den Auftraggebern.

Der Music Editor sorgt dafür, dass die Dokumentation von Kompositionsbeginn bis nach der Filmmischung laufend aktualisiert wird. Dazu gehört beispielsweise die Korrektur aller Timecode-Angaben und die Überwachung der Synchronisation der Musik zum Bild. In Kinoproduktionen sind Korrekturen der Timecodes an der Tagesordnung, weil bis zum fertigen Schnitt viele verschiedene Schnittversionen ausprobiert und dem

Komponisten als Arbeitsbänder ausgespielt werden. In seriellen Produktionen ist vor allem zentral, dass der Überblick über die diversen musikalischen Themen und ihre Zuordnung zu den Serienepisoden behalten wird.

Von der Erstellung eines Musikkonzepts bis zur Aufnahme und Endmischung der Filmmusik ist der Music Editor der Ansprechpartner für alles, was mit dem Anlegen von Musik zum Bild zu tun hat. Alle im Verlauf einer Produktion verwendeten Musiken, seien es Temp-Tracks, Source-Musiken oder vom Komponisten produzierte Layouts, werden vom Music Editor technisch entsprechend aufbereitet und zum Film angelegt. Dass er dafür in der Lage sein muss, musikalisch und dramaturgisch sinnvolle Musikschnitte zu machen, um Verkürzungen oder Verlängerungen vorzunehmen, ist selbstverständlich. Auch die fertig aufgenommenen und gemischten Musiken werden vom Music Editor an den Film angelegt und auf technische Korrektheit und Synchronität überprüft.

In Amerika ist dieser Beruf hoch bezahlt und voll etabliert. Gute Music Editors sind dort so gefragt wie gute Komponisten. Analog zum Editor (bei uns Cutter genannt), der für das Bild zuständig ist, ist dort der Music Editor für die Musik zuständig. Leider hat sich in Deutschland noch nicht die Erkenntnis durchgesetzt, dass ein guter Music Editor wesentlich zu einer Qualitätssteigerung beiträgt. Durch seine vielseitigen Fähigkeiten sowohl im musikalischen als auch im technischen Bereich kann er viele Probleme vorausschauend verhindern. Bedenkt man zudem, dass ein Music Editor dadurch auch Kosten spart, ist der finanzielle Mehraufwand für eine Verpflichtung im Vergleich zum Nutzen gering. Eine Tatsache übrigens, die in anderen Bereichen, zum Beispiel bei Special-Effects-Supervisors, längst akzeptiert ist.

Ein möglicher Weg zur Etablierung des Music Editors im deutschen Filmmusikproduktionsalltag wäre, in den Fernsehsendern Musikredaktionen oder Filmmusikredaktionen einzurichten. Dort könnte man Mitarbeiter zur Verfügung zu stellen, die teilweise die Aufgaben eines Music Editors übernehmen können. Dabei wäre es wichtig, dass in diesen Redaktionen eingehende Kenntnisse der Produktionsabläufe und eine solide technische Grundausstattung vorhanden sind. Leider leistet sich bisher nur eine einzige öffentlich-rechtliche Sendeanstalt eine für solche Aufgaben kompetente und zuständige Filmmusikredaktion. Und selbst diese wird personell immer mehr ausgedünnt.

Post-Production-Koordinator

Der Post-Production-Koordinator ist kein direktes Mitglied im Team des Komponisten. Er ist ihm gegenüber auch nicht weisungsgebunden. Er stellt aber das Bindeglied zwischen dem Music Department und der restlichen Produktion dar. Deshalb ist er für den Komponisten von zentraler Bedeutung.

Bei ausländischen Kinoproduktionen ist die Position des Post-Production-Koordinators eine Selbstverständlichkeit. Im deutschen Filmproduktionsalltag hat sie sich bisher leider nicht durchgesetzt. Die Hauptaufgabe dieser Position liegt darin, alle erforderlichen Schritte der Bild- und Tonnachbearbeitung terminlich und technisch zu koordinieren und die Kommunikation zwischen den einzelnen Bereichen („Departments") sicherzustellen.

Filmton kann eine komplexe Angelegenheit sein. Vom Geräuschemacher über den Dialogschnitt und die Dialogsynchronisation bis hin zu Sounddesign, Musik und Endmischung müssen Absprachen getroffen und Arbeitsschritte abgestimmt werden. Einfache Fehler wie ein nicht identischer Timecode auf allen Arbeitsbändern oder nicht identisches Bildmaterial als Arbeitsgrundlage der Departments können in der Endmischung zu kleinen Katastrophen führen. Deshalb müssen sie richtig abgesprochen und überprüft werden.

Pannen können während einer Filmproduktion bekanntlich sehr teuer werden. Daher wäre es für die meisten Produktionsfirmen sinnvoll, entweder einen externen Mitarbeiter auf freier Basis als Koordinator zu beschäftigen oder einen bereits angestellten und technisch kundigen Mitarbeiter zeitlich befristet mit diesem Verantwortungsbereich zu betrauen. Das gilt umso mehr, je komplexer die Prozesse der Bildnachbearbeitung werden. Kaum ein Film kommt inzwischen ohne künstliche Bildbearbeitung oder computergenerierte Bildelemente aus und sei es nur für die Animation der Titelsequenz. Mit der Komplexität der Bild- und Tonnachbearbeitung wachsen natürlich auch die organisatorischen und koordinatorischen Aufgaben und damit die Notwendigkeit zur Beschäftigung eines Post-Production-Koordinators.

D6 INTERVIEW MIT STEFAN RAISER (PRODUZENT)

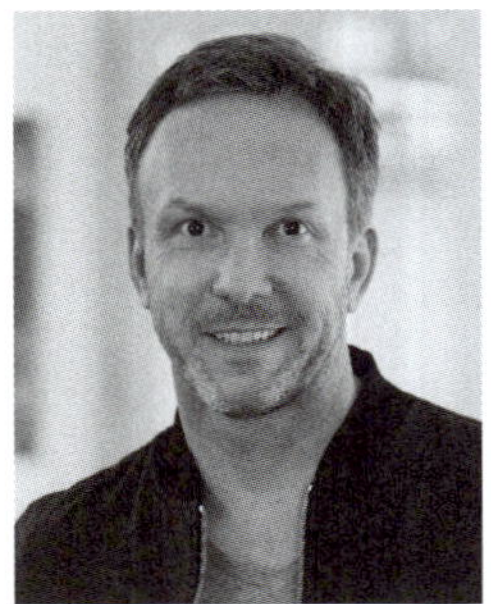

© Dreamtool

Stefan Raiser ist Gründer und Geschäftsführer der Produktionsfirma Dreamtool Entertainment, einer der führenden deutschen Produktionsfirmen für TV-Formate. Ihre Filme erreichen sowohl national als auch international ein außergewöhnlich großes Publikum und hohe mediale Aufmerksamkeit.

Beim letzten Interview für die vorherige Auflage hatten wir über eure Erfahrungen in der Arbeit mit Hollywood-Komponisten gesprochen. Jetzt habt ihr viele Jahre nicht mehr mit amerikanischen Komponisten gearbeitet. Hat sich die deutsche Filmmusikszene im Vergleich zu vor zehn Jahren verändert, hin zu einer Professionalisierung?

Ich glaube, dass die Komponisten hierzulande immer professioneller werden und immer mehr willens sind, der großen Emotion zu folgen. Das war damals noch nicht so, deswegen wollte ich unbedingt nach Amerika. Man hat ja immer gesagt, unser Land hat wahnsinnig tolle Kameramänner. Inzwischen würde ich sagen, wir haben auch wahnsinnig tolle Komponisten. Und ich finde auch, dass das Arbeiten immer professioneller geworden ist, sodass man sich nicht bei jeder Lieferung über irgendwelche Dinge ärgern muss, dass irgendwelche Cue-Sheets nicht up to date sind oder der Upload und Download nicht funktioniert. So Geschichten wie vor zehn oder 15 Jahren begegnen mir jetzt nicht mehr.

Hat sich denn über die Zeit auch ein anderer Umgang mit der Menge der Musik eingestellt? Ich spreche jetzt weniger über deinen persönlichen Geschmack als über dich als Seismograf für die Bedürfnisse der TV-Sender.

Das finde ich schon. Auffällig ist, dass man mittlerweile mehr Musik wünscht. Also das, an dem ich vor zehn Jahren vielleicht noch verzweifelt wäre, weil ich immer selbst mehr Musik haben wollte, ist mittlerweile gang und gäbe. Und es ist auch in den Redaktionen nicht mehr so eine Angst davor da, zu viel Musik einzusetzen.

Hast du eine Idee, woran das liegen könnte?

Ich glaube, an der Internationalisierung. Wir schauen alle viel mehr Serien in den letzten zehn Jahren. Die Welt ist, was den Content angeht, deutlich zusammengerückt. Ich glaube, so ein bisschen hat das schon die Angst genommen oder die Köpfe dafür geöffnet, was alles möglich ist. Es wurden der Branche insgesamt so ein bisschen die Scheuklappen genommen. Und das macht sich, finde ich, schon auch beim Umgang mit Musik, auch mit Sounddesign bemerkbar. Da ist man, glaube ich, schon mutiger geworden.

Würdest du sagen, das macht sich auch in den Budgets bemerkbar? Und ich spreche explizit nicht von Budgets, die ihr als Produzenten selbst bestimmen könnt, sondern von Auftragsproduktionen.

Nein, da macht sich das überhaupt nicht bemerkbar. Das Thema wird weiterhin aus meiner Sicht sehr stiefmütterlich behandelt. Und nach wie vor fehlt die Wertschätzung oder das Verständnis, was Postproduktion, also Sounddesign, Mischung und Musik noch aus einem Film machen können. Da hat sich gar nichts getan. Das ist weiter das bittere Ende der

Postproduktion. Und auch vom Verständnis her hat sich da nichts getan, glaube ich.

Du hast beim letzten Interview gesagt, das größte Problem aus Produzentensicht im Umgang mit dem Thema „Musik" sei, eine klare Handschrift in die Tonebene insgesamt zu bekommen, weil eben sehr oft doch subjektiv geschmäcklerisch und weniger objektiv, projektbezogen argumentiert wird. Und weil sehr konsensorientiert nach dem kleinsten gemeinsamen Nenner entschieden wird. Hat sich deiner Beobachtung nach daran etwas geändert? Anders formuliert: Viele Köche verderben den Brei. Sind es inzwischen weniger Köche?

Nein, ich glaube, da hat sich nichts getan. Ich glaube, dass es immer noch sehr viele Köche gibt, was ja gar kein Problem wäre, wenn wirklich 100 Prozent Disziplin drin wäre. Wir ringen hier ja um eine Vision – und zwar möglichst im Vorfeld und nicht, wenn man in einer Mischungsabnahme sitzt –, wie sozusagen das Hörspiel des Films klingt. Es ist schon so, dass es weiterhin einfach sehr geschmäcklerisch ist. Es fallen z. B. ständig Sätze wie: „Der kläffende Hund gefällt mir nicht." Es wird nicht argumentiert: „Diesen Sound finde ich nicht richtig, denn er erzählt mir nichts über die Geschichte", sondern es wird einfach gesagt: „Der kläffende Hund gefällt mir nicht." Es mag sein, dass der richtige Gedanke dahintersteckt, aber im Wording merkst du schon, dass das Rüstzeug, überhaupt über solche Dinge zu sprechen, nicht zu 100 Prozent vorhanden ist. Das fängt schon bei Musik- und Sounddesignbesprechungen an. Da gelingt es oft nicht richtig, zielführend darüber zu sprechen, sondern man vermischt Argumente immer wieder mit geschmäcklerischen Dingen. Oder sie sind nicht geschmäcklerisch, sondern falsch ausgedrückt. Und da hat sich aus meiner Sicht auch nichts getan.

Ein inzwischen ganz wichtiges Thema, über das wir einfach sprechen müssen, ist die Gleichberechtigung. Ich habe es auch im Buch jetzt in einem eigenen Kapitel adressiert. Ich meine das gar nicht explizit in Richtung Mann-Frau, sondern insgesamt mit Blick auf Diversität. Nach meiner Beobachtung ist dieses Thema durchaus in der Filmmusik angekommen, auch bei Produzenten. In der restlichen Postproduktion aber praktisch noch überhaupt nicht. Ich kenne zum Beispiel keine einzige

Filmmischmeisterin. Wie nimmst du dieses Thema wahr? Hast du das Gefühl, da steckt noch viel ungenutztes kreatives Potenzial? Oder hast du das Gefühl, im Moment ist es eher eine gesellschaftspolitische Frage und insbesondere Auftraggeber wollen da keine Fehler machen, verbinden damit aber keine weitergehenden inhaltlichen Erwartungen.

Also anders als vielleicht bei Drehbuch oder bei Schauspiel oder von mir aus auch bei Regie verbindet, glaube ich, damit keiner irgendwelche inhaltlichen Erwartungen. Bei mir ist es auch noch nicht angekommen. So weit ging es jetzt noch nicht, dass irgendjemand gesagt hat: „Wer ist denn der Mischtonmeister? Gibt es da vielleicht auch eine Frau, die das machen könnte oder so?" Auf die Idee kam bis jetzt noch niemand. Es ist klar, dass es eine gesellschaftspolitische Frage und auch zurecht ein Thema ist. Aber die Frage ist wie immer mit solchen Dingen: Wie weit lässt man das in sein eigenes Arbeiten hineinwirken? Wo ist es einfach nicht mehr sinnvoll? Ich glaube, da sind wir bei Schauspiel, Autor:innen und Regie mehr als genug beschäftigt, das in sinnvolle Bahnen zu lenken. In Sachen Musik oder Sounddesign ist es bei mir jetzt noch nicht angekommen. Ich hätte ehrlich gesagt auch Schwierigkeiten, wenn mir jemand versuchen würde zu erklären, dass eine dunkelhäutige 25-jährige Spanierin das Sounddesign eines Films, der an der Ostsee spielt, anders fühlt und hört als ein 50-jähriger weißer Bayer mit dickem Bauch oder eine 70-jährige Polin mit kurzen Haaren. Ich überspitze es jetzt ein bisschen, aber da wäre in meiner Wahrnehmung wirklich die Grenze erreicht.

Das ist, glaube ich, ein guter Punkt. Weil in dieser ganzen Debatte natürlich insbesondere bei der Musik, wo es um nicht so einfach zu verbalisierende Emotionen geht, viele Vorurteile unterwegs sind. Zum Beispiel diese Klassiker wie „Frauen können keine Action" oder „Männer tun sich schwerer mit Emotionen. Da nehmen wir lieber eine Frau fürs Drama". Diese Vorurteile begegnen einem als Komponist schon erstaunlich oft und nicht nur zwischen den Zeilen.

Klar.

Und da ist meine Wahrnehmung, aber die teilst du ja, dass schon noch ein bisschen Arbeit vor uns liegt. Weniger in dem Sinne, einzelne Gruppen besonders hervorzuheben, als mehr darin, insgesamt Vorurteile abzubauen und an der Urteilsfähigkeit und an Kriterien zu arbeiten.

Zu den Klischees, die du gerade angesprochen hast: Es mag ja sein, dass sich Männer mit dem einen leichter tun und Frauen mit dem anderen, das ist bei vielen Themen im Leben so und vielleicht auch bei Filmmusik. Die Sache ist nur: Mir sind 60-jährige Autoren begegnet, die großartig 22-jährige Frauenfiguren schreiben können. Und mir sind 22-jährige Autorinnen begegnet, die keine 22-jährigen Frauenfiguren schreiben können. Man muss sich halt die richtigen Leute suchen. Bei Filmmusik ist es ganz genauso. Ich habe mit großartigen Komponisten gearbeitet, die Liebesgeschichten musikalisch herzzerreißend begleiten können und noch mal ganz was anderes daraus machen und Emotionen herausholen, dass du mit den Ohren schlackerst. Und ich habe mit Komponistinnen gearbeitet, die da mit der singenden Säge kommen und das nicht hinkriegen. Also da muss man sich, glaube ich, locker machen. Es ist ja schön, dass es diese Schubladen gibt, in denen wir alle irgendwie stecken. Da sortiert sich das Leben auf den ersten Blick erst mal leichter. Aber der erste Blick kann halt nicht entscheidend sein.

Das, finde ich, ist jetzt ein geniales Schlusswort: Wenn wir über Filmmusik sprechen, sprechen wir oft auch über den zweiten Blick. Kann man das so sagen?

Ja, na klar.

D7 DIE FILMMISCHUNG

„By manipulating what you hear and how you hear it – and what other things you don't hear – you can not only help tell the story, you can help the audience get into the mind of the character."

WALTER MURCH

In der Filmmischung werden alle Tonebenen des Films zusammengeführt. Die Aufgabe des Filmmischtonmeisters ist es, die buchstäblich Hunderte von Einzelelementen im Zusammenspiel mit dem Bild zu einer möglichst überzeugenden Einheit zu verbinden. Die Filmmusik ist davon ein wichtiger Teil. Zu den verschiedenen Aspekten einer Filmmischung bedürfte es eigentlich eines eigenen Buches. Dennoch sollen im Folgenden ein paar wesentliche Aspekte, die direkt die Filmmusik betreffen, angesprochen werden.

Dabei sein ist alles?

Eine Filmmischung teilt sich in der Regel in zwei Phasen: die Vormischung und die Hauptmischung. In der Vormischung werden im Wesentlichen

Dialoge und Geräusche zusammengeführt. Die Lautstärke von Dialogen wird harmonisiert, Soundeffekte werden gemischt, Foleys an den Originalton angepasst und viele Dinge mehr. Im Grunde werden alle Elemente außer der Musik schon einmal in eine gut hörbare Form gebracht. Vormischungen dauern bei Fernsehproduktionen ein paar Tage, bei großen Kinoproduktionen schon mal mehrere Wochen. Vergleichbar sind sie mit der Rohschnittphase beim Bildschnitt. Die zweite Phase ist die Hauptmischung, sie ist mit dem Feinschnitt beim Bildschnitt vergleichbar. Dort wird als letztes Element die Musik hinzugefügt und alle Elemente der Tonebene noch einmal endgültig zueinander ausbalanciert.

Zur Frage, ob der Komponist in der Hauptmischung anwesend sein sollte und was genau er beitragen kann, gibt es sehr unterschiedliche Meinungen. Nicht zuletzt hängt die Antwort davon ab, ob Mischtonmeister, Regisseur und Komponist ein ausreichend großes Vertrauensverhältnis verbindet und ob es noch weitere Teilnehmer an der Mischung gibt, zum Beispiel Music Editor oder einen zweiten Mischtonmeister nur für die Musik.

Die Rollen in einer Filmmischung sind zunächst einmal klar verteilt. Der Mischtonmeister ist der Chef im Ring und trifft in Absprache mit dem Regisseur die Entscheidungen. Dennoch kennt sich der Komponist im musikalischen Material am besten aus und kann am effektivsten Fragen zur Musik beantworten oder Lösungen anbieten. Deshalb sollte er oder sein Music Editor auch der erste Ansprechpartner sein.

Besonders effektiv ist das, wenn die Musik in Stems existiert. Dieses Verfahren wurde bereits in Kapitel D3 („Musikmischung", S. 153 erklärt. Die Gesamtmischung der Musik wird hier auf mehrere Spuren (*Stems*) nach Instrumentengruppen aufgeteilt. Da der Komponist genau weiß, welche Instrumente sich in welchen Stems befinden, kann er dem Filmmischtonmeister wertvolle Hinweise geben. Dieser wiederum spart sich die Zeit, die Stems einzeln anzuhören, um spezifische musikalische Elemente zu lokalisieren. Er kann sich darauf konzentrieren, die vorhandenen Stems bestmöglich in die Tonebene zu integrieren.

Erstaunlicherweise verstehen viele Produzenten und Auftraggeber nicht, wie wichtig ausreichend Zeit für eine Filmmischung ist. Man hat oft den Eindruck, dass sich Produktionen – bildlich gesprochen – für teures Geld schöne Kleiderstoffe gekauft haben, dem Schneider aber keine Zeit geben wollen, alles zu einem Maßanzug zusammenzuführen. Allein die

Aufgabe, sich einen Überblick über die riesige Menge einzelner Elemente zu verschaffen, ist für Filmmischtonmeister eine Mammutaufgabe. Hinzu kommt noch die Komplexität der technischen Umsetzung, insbesondere in neuen Formaten wie Dolby Athmos. Dennoch werden Standardproduktionen inzwischen nur noch mit zwei Tagen für die Hauptmischung kalkuliert. Jede Hilfestellung, die dem Tonmeister die Orientierung erleichtert und Zeit spart, kann deshalb sehr wertvoll sein.

Bewertungsmaßstäbe

Wenn Komponisten an der Filmmischung teilnehmen, sollten Sie sich vorher bewusst machen, dass die Musik nur Teil des großen Ganzen ist. Bewertungsmaßstab für eine gute Filmmischung kann daher nicht sein, ob man die Filmmusik laut genug hört. Jede Entscheidung in der Filmmischung muss von der Frage geleitet sein, wie der Film als Gesamtwerk am wirkungsvollsten dem Publikum nahegebracht wird – auch wenn das am Ende bedeutet, dass die Musik an bestimmten Stellen zugunsten der Geräusche stumm geschaltet wird.

Drei der vier Grundfragen des Spottings können abgewandelt auch bei der Filmmischung hilfreich sein:

- Was sollen einzelne Elemente der Tonebene an einer bestimmten Stelle des Films bewirken?
- Welche Informationen braucht das Publikum auf der Tonebene, um eine Szene zu verstehen?
- Welche Perspektive soll das Publikum einnehmen?

Kurz gesagt

Die wichtigste Frage bei der Filmmischung lautet: Welche Entscheidungen führen in der Filmmischung zur besten Gesamtwirkung des Films? Was also soll das Publikum hören und was nicht?

Komponisten, die bereit sind, eine Filmmischung aus ganzheitlicher Perspektive zu betrachten, werden dort erfahrungsgemäß ernst genommen. Nicht zuletzt signalisieren sie dadurch, dass sie den kollaborativen Prozess wertschätzen. Sie stärken damit nicht nur ihre persönliche Rolle im Filmherstellungsprozess, sondern auch die Akzeptanz für ihre Arbeit.

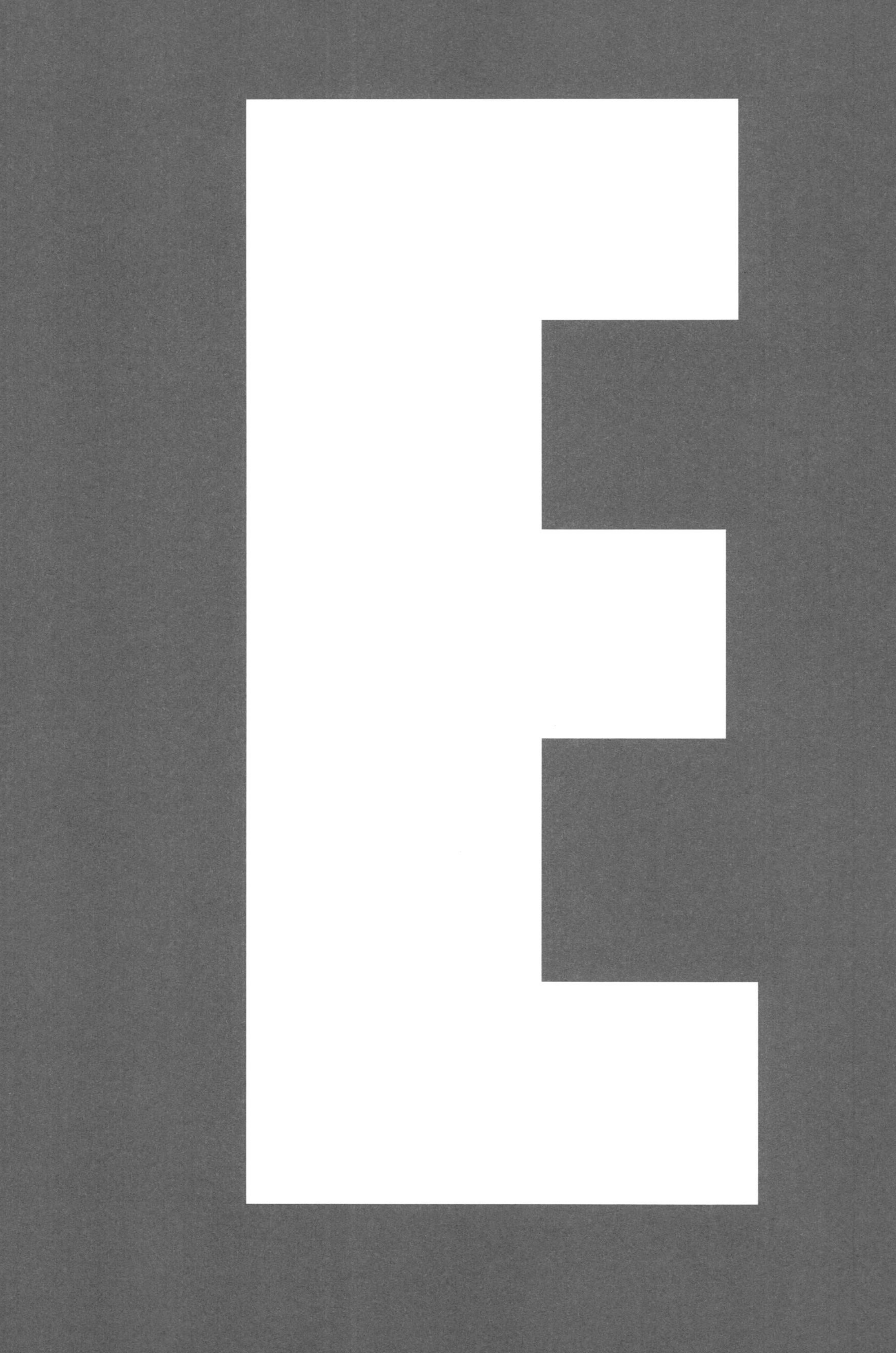

SONGS IM FILM

E1 ALLES NUR LIZENZEN

„The music business is a weird business. Sometimes licensing doesn't happen because some business component that you never knew about stops it.“

BEN FOLDS

Die Musik in einem Film besteht häufig nicht nur aus der vom Komponisten komponierten Filmmusik, des sogenannten „Scores" (oder „Underscores"). Auch Songs werden regelmäßig in Filmen eingesetzt. Songs in einem Film können bekannte Popsongs oder Chansons sein, aber auch vom Chor gesungene Volkslieder oder die instrumentalen Stücke eines Jazzensembles. Im Grunde also jedes Musikstück, das eine Liedstruktur oder ein Eigenleben als eigenständiges Musikstück jenseits des Scores hat. Sie können als sogenannte „Source-Musik" oder als dramaturgische Musik eingesetzt werden. Details dazu werden im Anschluss erklärt. Zum einen können Songs speziell für den Film geschrieben und produziert werden, zum anderen können bereits bestehende Songs verwendet werden.

Der Komponist des Films ist immer für den Score verantwortlich, in der Regel aber nicht für die im Film verwendeten Songs. Diese werden weder von ihm ausgesucht noch von ihm komponiert. Es gibt wie immer

Ausnahmen von der Regel. Die bekanntesten sind die *Monster AG* (2001) und *Meine Frau, ihr Vater und ich* (2000). Hier hat Randy Newman sowohl den Score als auch die Songs geschrieben. Bei der überwiegenden Anzahl von Filmen aber ist der Scorekomponist nicht gleichzeitig der Songkomponist. Daraus ergeben sich drei wesentliche Konsequenzen:

- Die vertraglichen bzw. rechtlichen Rahmenbedingungen unterscheiden sich erheblich zwischen Score und Songs. Beim Score wird ein sehr umfassender Vertrag mit dem Filmkomponisten geschlossen. Darin überträgt er ein vollumfängliches Rechtepaket an der Gesamtheit des Scores an seinen Vertragspartner. Bei Songs werden die Verträge mit den jeweiligen Rechteinhabern, meist Verlagen und Plattenfirmen, geschlossen. Pro Song werden spezifische, engumrissene Vereinbarungen über die Nutzung und Auswertung des Songs getroffen.
- Die finanziellen Rahmenbedingungen unterscheiden sich erheblich zwischen Score und Songs. Im Budget des Filmmusikvertrags sind sowohl die Komposition und Produktion des Scores als auch die Nutzungsrechte dafür enthalten. Bei Songs wird an die Rechteinhaber lediglich eine Lizenzgebühr für das Recht bezahlt, die Songs zu benutzen. Diese allerdings ist für einen Song oft so hoch wie für den gesamten Score.
- Der Komponist hat auf die Auswahl der Songs und auf die Stellen, an denen sie verwendet werden, nur selten Einfluss. Je mehr Songs verwendet werden, desto weniger kann er also das Gesamtkonzept der Musik beeinflussen.

Beauftragen Produktionsfirmen die Neukomposition von Songs für ihren Film, haben sie die Gestaltung der Rechtesituation selbst in der Hand. Auch das harmonische Zusammenspiel mit dem Score des Komponisten ist dann leichter umsetzbar. Wollen sie jedoch auf bereits bestehende Songs zugreifen, ergeben sich unterschiedliche Fragen inhaltlicher und wirtschaftlicher Art. Diese werden im Folgenden dargestellt.

Nutzungsrechte bereits bestehender Songs

Die Musikindustrie ist ein sehr komplexes System, dessen Wert im Wesentlichen aus den unterschiedlichen Rechten besteht, die die jeweiligen Rechteinhaber halten. Die Aufteilung dieser Rechte kann durchaus kompliziert sein. Es ist nicht ungewöhnlich, dass an einem einzigen Song neben mehreren Komponisten und Textdichtern auch mehrere Musikverlage Rechte besitzen. Viele Filmproduzenten sind über diese Komplexität überrascht, wenn sie gegen Ende der Postproduktion beginnen, die Rechte für einzelne Songs zu klären bzw. Songs für ihren Film „einkaufen" wollen. Denn oft müssen sie sich nicht nur mit einer unklaren Rechtelage, sondern auch hohen Lizenzforderungen auseinandersetzen. Nachträgliche Rechteklärungen sind meist teuer und riskant.

Praxistipp

Die Rechte für die Nutzung von Songs sollten so früh wie möglich geklärt werden.

Es gibt beim Lizenzieren von Songs zwei unterschiedliche Rechte, die je nach Art und Umfang der Nutzung oder Verwertung verhandelbar sind: Die Urheberrechte und die Leistungsschutzrechte. Erstere betreffen die Nutzung der Komposition und liegen bei den Komponisten oder häufig bei einem Musikverlag. Zweitere betreffen die Nutzung einer konkreten Tonaufnahme und liegen in der Regel bei einer Plattenfirma. Beide Rechte können auch unabhängig voneinander einzeln erworben werden. Der Lizenzierungsvorgang kann daher zum einen rechtlich komplex sein, zum anderen wirtschaftlich je nach Rechteumfang unterschiedliche Auswirkungen haben. Daher ist die rechtliche Beratung durch einen erfahrenen Anwalt oder die Hilfe eines Music Supervisors unbedingt empfehlenswert.

Eine Ausnahme bilden Fernsehauftragsproduktionen. Gemeint sind damit Filme, deren Produktion von einem deutschen Fernsehsender, der einen Pauschalvertrag mit der GEMA abgeschlossen hat, in Auftrag gegeben wird. Hier werden die Rechte über die GEMA zentral lizenziert. Näheres dazu wird am Ende des Kapitels erklärt. Ist die Nutzung bereits bestehender Songs in einer Fernsehauftragsproduktion geplant, sollte man dennoch zur Sicherheit die Rechtslage vor der Endmischung vom auftraggebenden Sender klären und die Musiken freigeben lassen. Dies nicht zuletzt, weil die Online-Nutzung von Filmen immer stärker zunimmt und hier ggf. eine zusätzliche Rechteklärung nötig ist. Für Fernsehproduktionen, die weltweit vermarktet werden sollen, müssen die Rechte an bestehenden Songs in jedem Fall erworben werden.

Wirtschaftliche Aspekte

Neben inhaltlichen Gesichtspunkten gibt es auch wirtschaftliche Aspekte, die mit der Nutzung von Songs im Film zusammenhängen. Der wichtigste ist sicherlich, den Film als Medium zur Vermarktung von Musik zu nutzen. Unbestreitbar eröffnen sich für Songs durch die Verknüpfung mit Bildern und Geschichten bisher verborgene emotionale Dimensionen und sie bleiben so den Zuschauern nachhaltig im Gedächtnis. Außerdem kann man über einen Film eine neue Hörerschaft erschließen.

Die Bedeutung des Mediums „Film" als Werbeträger wird allerdings oft überschätzt. Wie bereits erwähnt, ist die Platzierung eines Titels in den Popcharts eine sehr spekulative Angelegenheit. Die Erwartung, den Erfolg eines Songs durch einen Einsatz im Film zu vergrößern, zum Beispiel indem man ihn als Titelsong einsetzt, erfüllt sich meist nur im Kontext etablierter globaler Marken wie zum Beispiel dem *James Bond*-Franchise.

Ob umgekehrt Filme von der Lizenzierung von Songs und der Bekanntheit bestimmter Künstler profitieren können, scheint ähnlich fraglich. Ein Indikator dafür kann das Interesse an Soundtracks sein. Nach wie vor bleibt festzustellen, dass Soundtrack-Veröffentlichungen, die ausschließlich die komponierte Filmmusik beinhalten, nur in absoluten Ausnahmefällen die Absatzzahlen von Popmusik erreichen und auch die Veröffentlichung einzelner Poptitel auf einem Soundtrack kaum Einfluss auf die Absatzzahlen bzw. Streamingzahlen der komponierten Filmmusik hat. Es ist insofern anzunehmen, dass sich auch die Zuschauerzahl von Filmen durch die Lizenzierung bestimmter Songs nicht erhöht.

Die Verknüpfung von Film und Musik ist zudem längst Standard in allen Marketingstrategien von Plattenfirmen. Keine Neuerscheinung wird ohne eigenes Musikvideo veröffentlicht. Die Produktionsqualität von Musikvideos ist in den letzten Jahren enorm gestiegen und ist bei Topkünstlern denen von Blockbusterfilmen ebenbürtig. Die Bedeutung von Film als Werbeträger sinkt dadurch zunehmend.

Kurz gesagt

Die emotionale Verknüpfung von Song und Bild funktioniert nur, wenn die Songs auch inhaltliche Kriterien erfüllen.

E2 EINSATZARTEN

„I think the reason that my music works so well is I don't just blanket it in there. When it's in there, it's there for a real purpose.“

QUENTIN TARANTINO

Man kann Songs sowohl als Source-Musik als auch als dramaturgische Musik einsetzen. In beiden Fällen haben sie großen Einfluss auf die Dramaturgie.

Songs als Source-Musik

Der Begriff „Source-Musik" besagt zuerst einmal, dass einer Musik im Film ihre Klangquelle klar zuzuordnen ist. Wenn wir also ein Radio im Bild sehen, aus dem ein Song ertönt, wenn ein Schauspieler ein Lied singt, wenn in einem Café im Hintergrund Musik spielt – auch ohne, dass wir die Klangquelle sehen –, spricht man von Source-Musik.

Gute Source-Musiken sind besonders hinsichtlich ihrer Stilistik bewusst ausgewählt, um einen Ort oder bestimmte Figuren in einem Film zu charakterisieren. Ein Paradebeispiel hierfür ist eine Schlüsselszene im Film *Das Schweigen der Lämmer* (1991). Hier hört der Serienmörder Hannibal Lecter nach einem bestialischen Mord an zwei Polizeibeamten Klaviermusik von Bach. Damit vermittelt sich dem Publikum ein offensichtlich anderes psychisches Profil der Hauptfigur, als wenn sie psychedelische Elektronikmusik oder deutsche Schlagermusik hören würde.

Für die Tauglichkeit von Songs als Source-Musiken gibt es neben der psychischen Dimensionierung von Charakteren noch weitere wichtige Kriterien. Dazu gehören die Dichte, der Text, das Tempo und die Aktualität eines Songs.

Dichte

Popsongs, die sehr dünn instrumentiert sind, sind im Mix später fast nicht hörbar, wenn nicht gleichzeitig die Elemente auf der Geräuschebene stark ausgedünnt werden. Dichte Popsongs füllen einen Großteil des Frequenzbandes aus und sind deshalb auch gut hörbar, wenn sie stark in den Hintergrund gemischt werden. Da Source-Musiken meistens ausgesucht werden, bevor klar ist, welche Geräusche in der Nachvertonung angelegt werden, kann beides in der Endmischung zu Schwierigkeiten führen. Durch rechtzeitige Rücksprache mit dem Sounddesigner oder dem Mischtonmeister können hier Probleme vermieden werden. Für die Auswahl einer Source-Musik sind deshalb die folgenden Fragen wichtig:

- Wie hoch ist die Frequenzdichte des Songs?
- Ist der Song zusammen mit allen Hintergrundgeräuschen, Sounddesign und Dialog gut mischbar?
- Spielen viele Instrumente auf einmal oder ist die Produktion transparent?

Text/Lyrics

Wenn Source-Musiken im Hintergrund unter Dialog ablaufen, ist der Text meist zweitrangig. Das gilt insbesondere für fremdsprachige Texte, soweit sie nicht extrem bekannt sind. Dennoch muss man sich klar machen: Das Unterbewusstsein des Publikums „hört" einfach immer mit. Für die Dialogverständlichkeit sind auf jeden Fall sehr textreiche Musikstile wie Rap oder Hip-Hop riskant. Zum Bild nimmt die schiere Textmenge einen zu großen Teil der Aufmerksamkeit des Publikums in Anspruch. Dieses versucht dann unterbewusst zu sortieren, was zum gesprochenen Dialog gehört und was zur Hintergrundmusik, und wird von der Handlung abgelenkt.

Bei Source-Musiken, die ohne Dialog im Hintergrund oder sogar im Vordergrund laufen – denkt man an eine Diskothek oder eine Konzertszene –, sollte der Textkomponente bei der Auswahl der Musik mindestens ebenso viel Aufmerksamkeit geschenkt werden wie allgemeinen stilistischen Fragen. Man sollte also vor Einsatz einer Source-Musik auf jeden Fall prüfen:

- Wie verständlich ist der Text eines Songs?
- In welcher Beziehung steht der Text inhaltlich zum Film?
- Soll der Zuschauer ihn verstehen und als wichtige psychologische Komponente wahrnehmen?

Tempo

Das Tempo einer Source-Musik ist nicht nur in Zusammenhang mit der jeweiligen Szene zu betrachten, sondern auch mit dem emotionalen Verlauf des ganzen Films. Eine Source-Musik kann in bestimmten Phasen eines Films die Handlung subtil beruhigen oder beschleunigen. Sie kann Nervosität erzeugen oder den Zuschauer fast einschläfern. Das Tempo der Musik ist dafür neben der Instrumentierung ein wichtiges Kriterium.

Aktualität

Häufig dreht sich die Diskussion um die Aktualität von Songs. Wie aktuell soll ein Song sein? Muss er in den Charts vertreten sein? Erfahrungsgemäß ist das Hauptkriterium in solchen Diskussionen der persönliche Geschmack und die persönliche Einschätzung der Marktlage. Hinsichtlich der Charts-Tauglichkeit eines Songs ist es wichtig zu wissen, dass selbst hochbezahlte Profis aus der Musikindustrie mit Prognosen in diesem Bereich regelmäßig falsch liegen. Die Entwicklung eines Songs in den Charts ist praktisch nicht vorhersehbar. Der Begriff „Aktualität" sollte in Diskussionen deshalb nie mit den Popcharts in Verbindung gebracht werden, sondern immer nur als grober Hinweis auf aktuelle Stilistiken oder damit verbundene Künstler verstanden werden.

Zudem ist der Begriff „Aktualität" sehr subjektiv. Was für die einen noch nach zwei Jahren als aktuell gilt, ist für die anderen bereits kalter Kaffee, weil es länger als einen Monat aus den Charts verschwunden ist. Allerdings wirken Filme, deren Songs ausschließlich den Zeitgeist des Produktionszeitraums widerspiegeln, bereits nach einigen Jahren altmodisch und überhaupt nicht mehr zeitgemäß.

Kurz gesagt

Die Entscheidung, welche Source-Musiken eingesetzt werden, sollte erst aus inhaltlichen, dann aus rechtlichen Gesichtspunkten getroffen werden. Dabei hilft es, inhaltlich relevante und subjektiv-geschmackliche Argumente genau zu unterscheiden.

Songs als dramaturgische Filmmusik

Sowohl im Fernsehen als auch im Kino ist es üblich, Songs ähnlich einzusetzen wie die komponierte Filmmusik. Besonders unter Montagen ist das ein sehr beliebtes Stilmittel. Sie sind dann nicht im Hintergrund zu hören, sondern sind auf der Tonebene sehr präsent. Die oben genannten Kriterien zur Auswahl von Songs gelten auch hier. Doch es gibt noch einige zusätzliche Aspekte, die dabei beachtet werden sollten.

Zeitgeist

Je häufiger Songs, speziell aus der Popmusik, als dramaturgische Musik eingesetzt werden, desto stärker stellt sich die Frage nach dem Zeitgeist. Nur in ganz seltenen Fällen haben solche Musiken noch nach Jahren oder Jahrzehnten die gleiche Ausstrahlung und dramaturgische Kraft wie zum Zeitpunkt der Filmproduktion. Ein gelungenes Beispiel ist in diesem Zusammenhang der Song *Mrs. Robinson* aus dem Film *Die Reifeprüfung* (1967). Popmusik ist fast immer an einen Zeitgeist oder bestimmte Moden gekoppelt, sie reflektiert gesellschaftliche und kulturelle Strömungen in kurzen Zeitabständen. Der große Vorteil von komponierter Filmmusik liegt in ihrer potenziellen Zeitlosigkeit. Sie ermöglicht es, dass komponierte Filmmusik abgekoppelt von modischen Strömungen auch noch nach Jahrzehnten als emotionales Element im Film wahrgenommen werden kann.

Zusammenspiel mit dem Bild

Im Gegensatz zu Songs bietet komponierte Filmmusik die Chance, auf die Notwendigkeiten des Films zu reagieren. Am besten lässt sich das am Phänomen „Tempo" erklären. Ein Song hat meist ein durchgehendes Tempo und eine zyklische Struktur. Er endet durchschnittlich nach dreieinhalb Minuten, unabhängig davon, ob eine Filmszene bereits nach einer Minute zu Ende ist. Man findet also entweder keinen musikalisch-organischen Einstieg oder keinen organischen Ausstieg aus einer Szene. Die einzige Lösung ist eine Ein- oder Ausblende – das sicherste Zeichen für den Zuschauer, dass ein Kompromiss gemacht werden musste. Das Songtempo folgt der inneren Notwendigkeit des Songs. Es reagiert weder auf die Aktion der Schauspieler noch auf den Schnitt oder auf den Grundrhythmus des Films. Die absolut nahtlose Anpassung des Musikflusses an die Szene, eine der leichtesten Aufgaben für komponierte Musik, kann von Songs nicht geleistet werden.

Songmenge

Zu häufig werden in Filmen Songs benutzt, weil den Machern und Auftraggebern die Möglichkeiten komponierter dramaturgischer Musik nicht bewusst sind. In solchen Fällen werden viele Songs unbedacht bereits als Temp-Musiken angelegt, obwohl häufig komponierte Musik oder zumindest Temps aus anderen Score-Musiken die bessere Lösung wären. Die leider immer noch angewandte Regel „Im Zweifelsfall suchen wir eben einen Song." entsteht genau aus diesem fehlenden Bewusstsein und führt regelmäßig zu inhaltlichen und rechtlichen Problemen. Denn statt eines 90-minütigen dramaturgischen Statements sieht das Endergebnis dann eher nach dem Zusammenschnitt verschiedener Musikvideos aus, die mit kleinen Geschichten durchsetzt sind. Zudem muss das Problem des nachträglichen Rechteerwerbs für eine internationale Auswertung gelöst werden.

E3 FERNSEH-AUFTRAGS-PRODUKTIONEN

Einen Sonderfall hinsichtlich der Nutzung von Songs stellen, wie bereits erwähnt, die sogenannten „Fernsehauftragsproduktionen" dar. Solange diese ausschließlich in Deutschland, Österreich oder der Schweiz gesendet oder in den jeweiligen sendereigenen Mediatheken bereitgestellt werden, ist jedes Musikstück, das sich im GEMA-Repertoire befindet, auf Basis des GEMA-Pauschalvertrags frei nutzbar. Die Lizenzen für die Nutzung von Songs müssen nicht extra bei den Rechteinhabern erworben werden.

Viele Fernsehauftragsproduktionen werden allerdings auch ins nicht-deutschsprachige Ausland verkauft oder nach wie vor über DVDs oder Streamingportale weiterverwertet. Dafür werden internationale Versionen (IT-Versionen) hergestellt. Für diese müssen die Lizenzen von Songs erworben werden. Produktionsfirmen stehen also vor der Entscheidung, für die IT-Version eines Films entweder die in der deutschen Version benutzten Songs zu lizenzieren oder, falls das zu teuer ist, sie gegen Songs auszutauschen, die sie günstiger lizenzieren können.

Häufig wird deshalb versucht, den Komponisten im Rahmen des Filmmusikvertrages dazu zu verpflichten, für die IT-Version Austauschversionen für Songs oder instrumentale Source-Musiken zu produzieren. Bei der deutschen Ausstrahlung werden dann die Songs bekannter Stars genutzt, in der IT-Version die des Filmkomponisten.

Solche Konstrukte sind für Komponisten nur dann attraktiv, wenn die Herstellung der Musiken für die IT-Fassung zusätzlich vergütet wird. Denn dem Mehraufwand und den Mehrausgaben für die Musikproduktion stehen nur die Einkünfte durch Auslandstantiemen gegenüber. Für Musik, die im Ausland gesendet wird, bekommt ein Komponist allerdings nur äußerst geringe Tantiemen. De facto also verliert ein Komponist in einer solchen Konstellation Geld.

Praxistipp

Die Verantwortlichkeit und die Finanzierung für Songs in IT-Versionen sollte unbedingt vor Projektbeginn geklärt werden.

DEALS UND PAPERWORK

F1 DER VERTRAG

Grundsätzlich kann man aus Sicht des Filmkomponisten zwei Formen der Vertragsgestaltung unterscheiden: den Package-Deal und den Split-Deal.

Bei einem Package-Deal handelt der Komponist mit dem Auftraggeber ein pauschales Budget aus. In diesem sind sowohl sein Honorar als Komponist und Musikproduzent als auch das Musikproduktionsbudget für Musiker enthalten. Auch sämtliche weitere im Zusammenhang mit der Herstellung der Filmmusik anfallenden Kosten trägt der Komponist.

Beim Split-Deal werden das Honorar für die Tätigkeit als Komponist und Musikproduzent getrennt von externen Musikproduktionskosten verhandelt und getrennt verwaltet. Der Komponist erhält sein Honorar als Komponist und Musikproduzent, die Kosten für die Musikproduktion werden direkt von der Filmproduktionsfirma übernommen und bezahlt.

Beide Vertragsformen werden im Folgenden näher erläutert. Einzelne Vertragsbestandteile und die Rolle von Musikverlagen bei der Vergabe von Aufträgen an Filmkomponisten werden im Anschluss daran erklärt.

Vertragsformen

Package-Deal

Der Package-Deal ist in Deutschland inzwischen bei fast allen Produktionen üblich, auch bei Kinofilmen. Er bedeutet zuallererst: Wie genau der Komponist das Geld verwendet, ist seine Sache. Er allein entscheidet, wie viel er vom Budget für sich behält. Je mehr Geld ein Komponist für Mitarbeiter oder Musiker ausgibt, desto weniger hat er am Ende in der eigenen Tasche.

Ein Package-Deal kann entweder innerhalb eines einzigen Vertrags formuliert werden, dieser wird in der Regel „Filmmusikvertrag" genannt und umfasst sowohl die Komposition als auch die Produktion der Filmmusik. Oder das verhandelte Budget wird auf zwei Verträge aufgeteilt, einen für Komposition und einen für Musikproduktion. In beiden Fällen sind mit dem vereinbarten Budget sämtliche Kosten in Verbindung mit der Herstellung der Filmmusik abgegolten.

Vorteile von Package-Deals

Package-Deals sind für Produzenten praktisch. Sie verringern deren administrativen Aufwand und verlagern die Verantwortung für den gesamten Bereich des Scores auf den Komponisten. Außerdem sind sie die beste Möglichkeit, die Kosten frühzeitig und verlässlich zu kalkulieren. Mit der Pauschale sind sämtliche durch die Musikproduktion entstehenden Kosten bezahlt, zum Beispiel Sozialabgaben.

Für Komponisten bedeuten Package-Deals eine gewisse Flexibilität bei der Auswahl ihrer Mitarbeiter und beim Umschichten finanzieller Mittel. Komponisten, die selbst Musikinstrumente spielen oder gute Tonmeister sind, können so zum Beispiel Ausgaben sparen.

Package-Deals bergen aber für beide Seiten auch Risiken.

Risiken von Package-Deals für die Produktion

Der Nachteil eines Package-Deals für Produzenten ist die aus ihrer Perspektive fehlende Kontrolle oder Mitsprache über Produktionsdetails. Das macht sich zum Beispiel bemerkbar, wenn Komponisten keinen Cent in Livemusiker investieren und die Musik ausschließlich elektronisch auf Samplingbasis produzieren, obwohl eine Overdub- oder Liveproduktion nötig wäre und budgetiert ist. Da die komplette Verantwortung und Budgethoheit beim Komponisten liegen, können Produzenten in so einem Fall nicht korrigierend eingreifen.

Ein weiterer Nachteil ist die potenzielle rechtliche Unsicherheit hinsichtlich der angemessenen Vergütung. Dies gilt insbesondere für Package-Deals mit geringen Grundbudgets. Da ein Package-Deal sämtliche Tätigkeiten des Komponisten in Bezug auf die Herstellung der Musik abdeckt, stellt sich die Frage, wie niedrig das vereinbarte Budget sein darf, um noch den gesetzlichen Anforderungen an eine angemessene Vergütung zu genügen.

Risiken von Package-Deals für den Komponisten

Ein Filmkomponist ist immer zugleich Komponist der Musik und Musikproduzent. Er komponiert und ist verantwortlich für die Herstellung des fertigen Masterbandes der Tonaufnahme. Das bedeutet, er trägt sämtliche Risiken, die mit der Musikproduktion verbunden sind. Solange ein Großteil der Komposition und Produktion vom Komponisten selbst im eigenen Studio hergestellt werden kann, hält sich dieses Risiko in Grenzen. Sobald aber externe Studios oder externe Leistungen wie Toningenieure oder Musiker in Anspruch genommen werden müssen, trägt der Komponist in einem Package-Deal auch das volle Risiko für unerwartete, unkontrollierbare Ereignisse. Das können zum Beispiel Studiostillstand, Verspätung von Musikern, Krankheit, Unfall oder ähnliche Zwischenfälle sein.

Eine Produktion mit Livemusikern bedeutet für den Komponisten grundsätzlich einen erhöhten Zeitaufwand durch zusätzliche administrative Pflichten. Ändern sich während des Projekts unerwartet Parameter, zum Beispiel weil eine höhere Anzahl von Musikern benötigt wird, kommen zu den höheren Produktionskosten auch noch gestiegene Organisationskosten hinzu. Je größer das Budget und das Projekt, desto größer wird für den Komponisten auch das Risiko anderweitiger, vorab nicht kalkulierbarer Zusatzkosten. Ein klassisches Beispiel hierfür ist die Vorverlegung des Veröffentlichungsdatums. Dies führt häufig zu so großem Endfertigungsdruck, dass die Musikproduktion nur durch die Hinzuziehung zusätzlicher, vorher nicht budgetierter Mitarbeiter rechtzeitig beendet werden kann. So ergeben sich zum Beispiel Zusatzkosten für einen Music Editor oder für zusätzliche Assistenten oder Orchestratoren. Auch Regiewünsche, die sich erst im Laufe der Zusammenarbeit ergeben, beispielsweise nach der Verwendung spezieller, vorher nicht budgetierter Musiker, können Kosten verursachen.

Prüft ein Komponist vor Vertragsunterzeichnung die Anforderungen des Projekts nicht genau, kann das am Ende für ihn sehr teuer werden. Denn ist ein Package-Deal erst einmal verhandelt, sind die wenigsten Produktionsfirmen bereit, im Nachhinein das Budget zu erhöhen, selbst wenn sich die Anforderungen an die Filmmusik offensichtlich verändert haben und wesentlich höhere Kosten verursachen als angenommen.

Praxistipp

Bei einem Package-Deal sollten grundsätzliche Parameter wie die ungefähre Menge der Musik, die Produktionsart und der Zeitplan vor der Budgetverhandlung verbindlich geklärt werden. Außerdem sollten Vereinbarungen für mögliche Zusatzkosten getroffen werden. So kann das Risiko für den Komponisten etwas reduziert werden.

Split-Deal

Trennt man das Kompositionshonorar von den Produktionskosten, bleiben die grundsätzlichen Risiken des Komponisten in seiner Rolle als Musikproduzent zwar bestehen, zumindest aber reduzieren sich die Risiken im Zusammenhang mit externen Musikproduktionskosten, denn der Vertragspartner zum Beispiel des Orchesters ist die Produktionsfirma. Sinnvoll ist, dass der Komponist vor Projektbeginn einen detaillierten Kostenvoranschlag für die externen Produktionskosten erstellt. Notwendige Voraussetzung hierfür sind Erfahrungen des Komponisten mit dem Produktionsprozess.

Ein wesentlicher Vorteil dieser Konstellation ist, dass der Auftraggeber volle Kostenkontrolle bei gleichzeitiger Transparenz hat. Im Übrigen steigt das Bewusstsein dafür, was die einzelnen Bestandteile einer Musikproduktion tatsächlich kosten. Wenn das Geld direkt aus der Kasse des Auftraggebers fließt, steigt auch die Wertschätzung der Leistung des Komponisten erheblich. Der seriöse Umgang mit den Ressourcen der Produktionsfirma kann auch ein wichtiges Kriterium zur Verpflichtung eines Komponisten sein, besonders bei großen Fernseh- oder Kinoprojekten (vgl. Kapitel B1 „Auswahl").

Grundsätzliche Probleme der Budgetierung

Wenn am Anfang eines Filmproduktionsprozesses Musikbudgets erstellt werden, sind meistens Menschen am Werk, die keinen Überblick über die Komplexität einer Musikproduktion haben und lediglich Zahlen verwalten. Daher sind Budgets häufig schon von vornherein völlig unrealistisch für die Anforderungen, die letztlich gestellt werden. Überdies steht der Musikproduktionsprozess fast immer am Ende einer Filmproduktion und bekanntlich werden dann die finanziellen Mittel knapp. Beides sollten Produzenten schon bei der Kalkulation eines Filmprojekts mit bedenken und sich ausreichend Expertise einholen, um zu vermeiden, dass für die Filmmusik am Ende kein ausreichendes Budget mehr zur Verfügung steht. Dies gilt unabhängig davon, ob mit dem Komponisten ein Package-Deal oder ein Split-Deal vereinbart wird.

Kurz gesagt

Package-Deals sind bei rein elektronischen Produktionen oder kleinen Overdub-Produktionen sinnvoll. Bei aufwendigeren Produktionen sollten Kompositionshonorar und Produktionsbudget getrennt werden. Zumindest aber sollten Regelungen gefunden werden, um die Risiken des Komponisten zu reduzieren. Transparenz durch detaillierte Kostenvoranschläge gibt allen Beteiligten Sicherheit.

Vertragsbestandteile

In einem Filmmusikvertrag werden viele unterschiedliche Sachverhalte geregelt. Grundsätzlich ist jeder Bestandteil eines Filmmusikvertrags frei verhandelbar. Man kann also nicht nur Rechteabtretungen und die entsprechenden Vergütungen verhandeln, sondern auch Sondervereinbarungen treffen wie spezielle Abgabedaten, Fristen für die Abnahme der Musik durch den Sender, Zahlungsmodalitäten oder Begrenzung der zu komponierenden Musikmenge. Gewisse Bestandteile und Formulierungen sind allerdings in jedem Vertrag enthalten.

Rechteabtretung

Ein Standardbaustein jedes Vertrags sind die Klauseln zur Rechteabtretung. Filmproduktionen benötigen meist ein sehr umfassendes Rechtepaket, damit eine weitgehende Auswertung des Films möglich ist und nicht an Musikrechten scheitert. Der Komponist überträgt dem Vertragspartner praktisch sämtliche Rechte zur Nutzung und Auswertung seiner Musik zum Film. Ob die Rechte auch für Nutzungen ohne Film gelten, zum Beispiel für Soundtrack-Veröffentlichungen, ist normalerweise verhandelbar. Übliche Verhandlungspunkte im Rechtekatalog sind:

- Rechte, die nicht unbedingt für eine filmische Auswertung nötig sind
- In Verträgen in englischer Sprache oder mit englischsprachigen Produktionspartnern: Formulierungen, die nicht mit dem europäischen Rechtssystem konform sind
- Rechte, die nach einer gewissen Zeit vom Produzenten nicht in Anspruch genommen wurden
- Exklusivität der Rechteübertragung
- Rechte in bestimmten Territorien

Budget

Ein weiterer Standardbaustein sind Regelungen zum Budget. Das Budget – in manchen Verträgen auch „Honorar" genannt – ist die Kompensation für die Leistungen als Komponist und die Leistungen als Musikproduzent. Bei einem Package-Deal umfasst es auch noch sämtliche im Rahmen der Musikproduktion anfallende Fremdkosten. Übliche Verhandlungspunkte beim Budget sind:

- Höhe des Budgets (Honorars)
- Zahlungsmodalitäten: Üblich sind 50 Prozent bei Vertragsunterzeichnung, 50 Prozent nach Abnahme der fertigen Musik.
- bei Package-Deals Aufteilungsschlüssel des Budgets in Kompositions- und Musikproduktionsanteil
- bei Split-Deals Garantieregelungen zur Höhe der von der Produktionsfirma zu übernehmenden Produktionskosten

Weitere Bestandteile

Zusätzlich zur Rechteabtretung und Vergütung gibt es eine Reihe weiterer Punkte, die regelmäßig Gegenstand von Verhandlungen sind. Dazu gehören:

- Erlösbeteiligung für die weitere Verwertung bestimmter Rechte, zum Beispiel der Tonträgerrechte bei einem Soundtrack-Release
- Fristen für die Komposition und Produktion der Musik. Sinnvoll ist es, diese in Mindestzeiträumen festzusetzen und an das Vorliegen definitiven Arbeitsmaterials zu knüpfen (zum Beispiel eine bestimmte Wochenanzahl nach Erhalt des *locked picture*).
- Fristen und Daten zur Abnahme der Musik durch den Sender/Produzenten
- Vereinbarung der zu komponierenden Minutenzahl (besonders bei kleineren Budgets sinnvoll)
- Regelung über anfallende Zusatzkosten (Kurierdienste, Highspeed-Datentransfer, Reisekosten …)
- Regelungen für den Fall, dass der Komponist durch einen anderen Komponisten ausgetauscht werden soll
- Klare Definition der zu erbringenden Leistung (zum Beispiel Komposition der szenischen Filmmusik)
- Klare Definition der vereinbarten Produktionsweise (zum Beispiel elektronische Produktion)

- Regelung, ob und unter welchen Bedingungen der Komponist Musiken für die IT-Version erstellen muss (dazu auch Kapitel F5 „Die GEMA")

Praxistipp

Die neben der Vergütung und den abgetretenen Rechten wichtigsten Fragen sollten geklärt und vertraglich fixiert sein, bevor der Komponist seine Tätigkeit aufnimmt.

Musterverträge

Während in Amerika die meisten Komponisten auch als Newcomer ihre Verträge von einem Anwalt oder zumindest von ihrer Agentur verhandeln oder prüfen lassen, verhandeln in Deutschland viele Komponisten immer noch direkt mit dem Auftraggeber. Man kann sich darüber streiten, ob und für wen das eher Vorteile oder Nachteile bringt. Klar ist jedoch, dass viele Komponisten juristisch nicht ausreichend informiert oder interessiert sind, um die Details in ihren Verträgen zu verstehen und potenzielle Fallstricke zu erkennen. Es lohnt sich daher für jeden Filmkomponisten, sich mit dieser Materie auseinanderzusetzen. Nur so kann man ein Bewusstsein für vertragliche Details und deren Auswirkungen entwickeln. Dabei hilft im konkreten Fall die Konsultation eines erfahrenen Anwalts, ganz allgemein auch die Mitgliedschaft in Berufsverbänden. Dort erhält man Informationen und Musterverträge und profitiert vom Gespräch mit erfahrenen Kollegen.

Wichtig zu wissen: Diese Musterverträge entsprechen europäischem Recht. Die enthaltenen Rechteübertragungen sind zwar weitreichend, umfassen aber kein Work-for-hire, wie es bei angloamerikanischen Verträgen aufgrund des dortigen Rechtssystems möglich und üblich ist. Bei Work-for-hire werden sämtliche Urheber- und Nutzungsrechte an den Produzenten übertragen. Der Produzent ist damit auch formal Urheber der Musik. Im europäischen Rechtsraum ist eine solche Veräußerung oder Übertragung der Urheberrechte nicht möglich. Hier können lediglich die Nutzungsrechte an einem Werk eingeräumt werden.

Dennoch bleibt zu bedenken: Ein Standardvertrag bietet nur Standardlösungen für die wichtigsten Fragen an. Die speziellen Gegebenheiten eines jeden Projekts sollten sich in zusätzlichen, über einen Standardvertrag hinausreichenden Vereinbarungen niederschlagen.

Musikverlage

Im Gegensatz zu vielen anderen Rechten im Filmmusikvertrag werden die Musikverlagsrechte von Produktionsfirmen für den Filmvertrieb nicht benötigt. Trotzdem wird neben dem Filmmusikvertrag bei vielen Produktionen noch ein Musikverlagsvertrag geschlossen. Wie die Arbeit von Musikverlagen im Bereich „Filmmusik" bewertet wird und ob sie für einen Komponisten überhaupt sinnvoll ist, ist eine in Deutschland schon lange kontrovers diskutierte Frage.

Ganz allgemein kann man sagen: Musikverlage haben ihre ursprüngliche Funktion, Musikstücke in Notenform zu veröffentlichen und zu verbreiten, längst verloren. Lediglich in einigen wenigen Bereichen wie Volksmusik oder zeitgenössische Musik spielt die Veröffentlichung von Noten heutzutage noch eine Rolle. Doch selbst hier übernehmen häufig die Komponisten selbst die Herstellung der Noten. Auch in weiteren klassischen Betätigungsfeldern wie dem Sicherstellen korrekter Tantiemen- und Lizenzzahlungen, dem sogenannten „Controlling", ist die Zusammenarbeit mit Verlagen nicht mehr nötig. Eine Neudefinition des Berufsbildes ist insofern überfällig.

Wie auch immer man den Aufgabenbereich eines Musikverlags heutzutage definiert: Die „verlegerische Tätigkeit" basiert auf dem Prinzip, dass ein Musikverlag eine Leistung für einen Komponisten erbringt und dafür an den Tantiemen eines Komponisten partizipiert, in der Regel mit einem Anteil von 40 oder 50 Prozent.

Diese Feststellung ist besonders im Bereich „Filmmusik" von großer Bedeutung. Denn es zeichnet sich in den letzten Jahren eine Tendenz ab, die für Filmmusikkomponisten spürbare Konsequenzen hat: Selbst kleinste Produktionsfirmen gründen Musikverlage. Dies passiert ausschließlich mit dem Ziel, an den Tantiemen des Komponisten zu partizipieren. Produktionsfirmen optimieren so ihre Gewinne auf dem Rücken von Komponisten.

Ob Musikverlage überhaupt Leistungen für Filmmusikkomponisten erbringen, ist sehr umstritten. Der Verlag kann, selbst wenn er wollte, nicht für die Vervielfältigung und Verbreitung der Musik sorgen, denn die Musik ist fest mit dem Film verbunden und auf den Vertrieb und die Verbreitung des Films hat der Musikverlag keinen Einfluss. In Druckform erscheinen Filmmusiken heute praktisch nicht mehr. Das Controlling von Filmmusiktantiemen sowie die diversen Anmeldevorgänge bei der GEMA bedürfen spezieller Detailkenntnisse. Diese haben nur die allerwenigsten Musikverlage. Manchmal wird mangels Sachkenntnis nicht einmal die GEMA-Registrierung der Musik korrekt vom Musikverlag vorgenommen.

Zur Erinnerung: Ein Musikverlag erhält in aller Regel 40 bis 50 Prozent der eingespielten GEMA-Tantiemen. Der Musikverlag verdient also an jeder Ausstrahlung des Films 40 bis 50 Prozent an den GEMA-Tantiemen mit. Und das in der Regel bis 70 Jahre nach dem Tod des Komponisten.

Verschärft wird die Situation für Komponisten dadurch, dass immer öfter eine Auftragsvergabe an die Verpflichtung geknüpft wird, die Filmmusik bei einem bestimmten Musikverlag zu verlegen. Der Begriff „Zwangsinverlagnahme", der in diesem Zusammenhang besonders von Komponisten, aber auch von unabhängigen Musikverlegern verwendet wird, ist zwar umstritten. Letztlich beschreibt er aber das Spannungsfeld zwischen Inverlagnahme und adäquater Gegenleistung: Die Auftragsvergabe an einen Komponisten ist zwingend an die Verpflichtung gebunden, einen Musikverlagsvertrag für die Filmmusik zu schließen. Der Komponist verliert dadurch 40 bis 50 Prozent der ihm zustehenden Tantiemen und bekommt dafür in der Regel keine Gegenleistung.

Es soll nicht unerwähnt bleiben, dass in Einzelfällen Musikverlage für die Übertragung der Musikverlagsrechte Geld bezahlen und ein Controlling durchführen. Hierbei kann unter Umständen von einer Gegenleistung des Musikverlags gesprochen werden. Ob dies eine so hohe Beteiligungsquote rechtfertigt, steht auf einem anderen Blatt. Zudem geht eine Zahlung für die Verlagsrechte meist mit einer Senkung des Kompositionshonorars einher.

Bedenkt man, dass im Fernsehen größtenteils Package-Deals verhandelt werden (vgl. Kapitel F1 „Der Vertrag"), bei denen unter Umständen ein substanzieller Teil des Budgets in Produktionskosten investiert wird oder werden muss, wird klar, dass diese Praxis von den allermeisten Komponisten sehr kritisch gesehen wird.

Der Komponist als Music Supervisor

Während bei Kinoproduktionen für das Suchen von Songs (oder anderen bereits veröffentlichten Musikstücken) und die Rechteklärung normalerweise Music Supervisor engagiert werden, hat sich dies in der Fernsehlandschaft noch nicht durchgesetzt. Wie in Kapitel E („Songs im Film") erklärt, kann in Fernsehauftragsproduktionen für Ausstrahlungen in Deutschland aufgrund spezieller Lizenzvereinbarungen zwischen Sendern und GEMA fast jeder veröffentlichte Song ohne extra Rechteklärung genutzt werden. Dies lässt das Engagement eines Music Supervisors obsolet erscheinen.

Das Ergebnis ist meist, dass der Komponist die Rolle des Music Supervisors – zumindest was die Auswahl von Fremdmusiken betrifft – mit übernimmt oder vom Auftraggeber darum gebeten wird, dies zu tun. Beim sparsamen Einsatz solcher Songs in der Größenordnung von ein oder zwei Stücken stellt dies kein Problem dar. Es ist im Gegenteil sogar sinnvoll, den Komponisten bei der Auswahl mit einzubeziehen, um ein einheitliches Konzept zu gewährleisten. Werden Songs jedoch in großem Umfang und konzeptionell bedeutend verwendet, ist der Zeitaufwand für den Komponisten immens. Allein der Prozess des Aussuchens ist aufwendig. Je nach Anforderung des Films oder Geschmack des Regisseurs kann es nötig sein, mehrere Alternativversionen anzubieten. Diese müssen dann an der richtigen Stelle im Film angelegt und im Rahmen des rechtlich Zulässigen in der Länge an den Film angepasst werden.

Daher sollten alle Seiten darauf achten, dass der Komponist durch die Rolle als Music Supervisor nicht zu stark zeitlich belastet wird und schon bei Vertragsgesprächen diesbezüglich eine klare Regelung treffen.

Bei Fernsehproduktionen bietet hier die Zusammenarbeit mit Musikredaktionen auf jeden Fall Vorteile für alle Seiten und erlaubt es dem Komponisten, sich auf das Wesentliche zu konzentrieren – seine Musik.

Praxistipp

Falls die beratende Tätigkeit des Komponisten bei der Auswahl von Songs für TV-Produktionen sinnvoll und gewünscht ist, sollte sowohl der Umfang der Tätigkeit möglichst konkret vereinbart als auch die Tätigkeit bei der Vergütung berücksichtigt werden.

F2 INTERVIEW MIT CHRISTIAN DIETRICH (RECHTSANWALT)

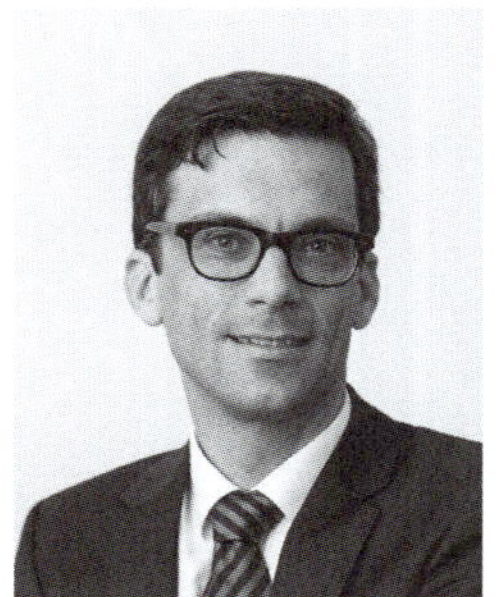

© Herbert Stolz

Dr. Christian Dietrich ist Fachanwalt für Urheber- und Medienrecht in München und Autor zahlreicher Fachartikel zum Thema.

Ihr beratet mit eurer Kanzlei seit Langem sowohl im Print- als auch im Musikbereich Autor:innen, Verlage und Lizenznehmer:innen in urheberrechtlichen Fragen. Geht es dabei immer nur um wirtschaftliche Fragestellungen?

Nein, zunehmend breiteren Raum nehmen nicht erst seit dem *Esra*-Urteil die Rechte Dritter ein. Im Zentrum des autobiografischen Romans *Esra* von Maxim Biller steht die Liebesbeziehung zwischen den Protagonisten Adam und Esra, die bis ins Intime beschrieben wird. Aus diversen Details der Geschichte ließ sich allerdings schließen, dass mit der fiktiven Figur „Esra" die Ex-Freundin des Autors gemeint war. Diese klagte daher wegen Verletzung von Persönlichkeitsrechten und gewann die Klage letztlich vor dem Bundesverfassungsgericht.

Die Rechte Dritter sind neben den Persönlichkeitsrechten (wie eben im Fall *Esra*) auch schlichte Nutzungsrechte Dritter, zum Beispiel das Recht zur Herstellung von Tonträgern. Unter den Begriff fallen aber auch sonstige Rechte, wie etwa die des Grundeigentümers, von dessen Grund aus Fotografien angefertigt wurden.

Ferner nehmen wir bei einem Teil der Autor:innen ein verstärktes Verständnis für die einzelnen Verwertungsrechte wahr. Hier wird zum Beispiel diskutiert, ob wirklich sämtliche Rechte zeitlich und inhaltlich unbegrenzt eingeräumt werden müssen. Auch die Frage des Rückrufs von exklusiv eingeräumten, vom Vertragspartner aber nicht wahrgenommenen Rechten ist nach unserer Beobachtung bei den Autor:innen präsenter als noch vor zehn Jahren.

Seht ihr bereits Auswirkungen der globalisierten Märkte auf konkrete Vertragsgestaltung und wenn ja welche?

Insbesondere Verwerter aus dem US-amerikanischen Raum haben oft nur ein geringes Verständnis für die doch deutlich unterschiedlichen Rechtsordnungen in den USA und in Deutschland. Es kann so zu mühsamen und aufwendigen Verhandlungen kommen, da Grundprinzipien des deutschen Urheberrechtes wie Priorität der Rechteeinräumung (etwa an Verwertungsgesellschaften) oder Unübertragbarkeit des Kerns der Urheberpersönlichkeitsrechte diskutiert werden müssen.

Was sind eurer Einschätzung nach die zentralen urheberrechtlichen Fragestellungen der kommenden Jahre weltweit?

Ich denke, dass nach wie vor die Frage der angemessenen Beteiligung der Autor:innen an den mit ihren Werken generierten Erträgnissen auch in Zukunft eine entscheidende Rolle spielt. Ohne eine faire Verteilung des Erlöses zwischen Autor:innen und Verwertern leidet letztendlich die gesamte Wertschöpfungskette.

Wie schätzt ihr die Entwicklung der Verwertungsgesellschaften ein? Werden sie auch zukünftig eine wesentliche Säule der Vergütung für Rechteinhaber sein?

Ich hoffe, dass sie auch zukünftig eine wesentliche Rolle spielen. Ich sehe nur mit den Verwertungsgesellschaften die Chance, eine angemessene Beteiligung etwa im gesamten Bereich der Social Media herzustellen.

Was sind eurer Erfahrung nach außer dem Budget die wichtigsten Punkte, die bei einem Filmmusikvertrag besprochen oder verhandelt werden sollten?

Das kommt auf das konkrete Projekt an. Es kann bereits ein wichtiger Verhandlungspunkt sein, dem Komponisten ausreichend Zeit zwischen Final Cut und Abgabe der Filmmusik einzuräumen, wenn etwa befürchtet werden muss, dass es auch nach Übergabe des Materials an den Komponisten noch zu ständigen Schnittänderungen kommt.

Die Frage des Umfangs des Rechtekatalogs spielt natürlich eine Rolle. Klassisch ist die Diskussion um die Verlagsrechte. Manchmal geht es auch „nur" darum, dem Komponisten selbst die Möglichkeit der Veröffentlichung des Soundtracks zu eröffnen, wenn selbiges vom Verwerter nicht geschieht. Hierfür benötigt der Komponist dann wiederum häufig Material vom Verwerter (Titel, Fotos etc.). Auch die Frage der Laufzeiten von Verträgen und der Exklusivität sollte genau überlegt werden.

F3 BUDGETS

Über Filmmusikbudgets zu schreiben ist schwierig, zu viele Faktoren spielen bei der Budgetierung von Filmmusik eine Rolle. Pauschale, allgemeingültige Aussagen kann man kaum treffen. Die Rahmenbedingungen, der Zeitplan, die Gesamtmenge der zu komponierenden Musik, die Stilistik, die Art der Produktion, der Umfang der übertragenen Rechte und nicht zuletzt der Marktwert des Komponisten – alle diese Faktoren haben Einfluss auf das Budget und bestimmen den Verhandlungsspielraum.

Grundsätzlich kann man feststellen, dass sich die Budgets für Filmmusik in den letzten 30 Jahren kaum verändert haben. Rechnet man die hohe Inflation der 1990er- und 2020er-Jahre mit ein, kann man von einem deutlichen Rückgang sprechen. Auch der zunehmende Zwang zur Zusammenarbeit mit Musikverlagen und der allgemeine Rückgang der GEMA-Tantiemen werden nicht durch höhere Budgets kompensiert. Gleichzeitig ist die Zahl der Komponisten, die sich am Markt anbieten, in Relation zu den vorhandenen Projekten im letzten Jahrzehnt signifikant gestiegen und steigt immer weiter. Die Globalisierung des Marktes (siehe Kapitel B5 „Globalisierung und internationaler Wettbewerb") verschärft diese Entwicklungen noch.

Die Folgen sind ein spürbar geringerer Spielraum bei Verhandlungen und vor allem ein enormer Preisdruck. Diese Entwicklung wird durch das Fehlen verbindlicher Honorarsätze oder einer gewerkschaftlich organisierten Vertretung noch begünstigt. Dazu kommen die gestiegenen Musikproduktionskosten. Der Anstieg der Kosten für Musiker, ein externes Studio und weitere Mitarbeiter macht sich bereits bei kleinen Overdub-Produktionen bemerkbar. Eine Orchesterproduktion für einen großen Kinofilm kostet heute ungefähr doppelt so viel wie noch vor 20 Jahren. In den inzwischen üblichen Package-Deals wird dies aber selbst bei großen Projekten kaum berücksichtigt, sodass die Preissteigerungen de facto zulasten der Komponisten gehen.

Bevor die Budgets der wichtigsten Formate „Kurzfilm", „Serie", „Fernsehfilm" und „Kinofilm" näher betrachtet werden, sollen noch einige Hinweise zu den Rahmenbedingungen gegeben werden, unter denen Filmmusik in Deutschland komponiert und produziert wird. Dies soll helfen, die Diskussion über angemessene Budgets transparenter und zielführender zu gestalten, auch wenn hier natürlich nicht alle Aspekte zur Sprache kommen können.

Rahmenbedingungen

Bei der Diskussion um angemessene Budgets wird fast immer nur über die Anforderungen konkreter Projekte gesprochen. Dabei wird übersehen, welche zusätzlichen Leistungen Filmkomponisten weit über das Komponieren hinaus erbringen und wie volatil die Rahmenbedingungen sind, unter denen sie arbeiten. Die wichtigsten Aspekte dazu werden im Folgenden dargestellt.

Erstvergütung und Zweitvergütung

Das Einkommen eines Filmkomponisten besteht im Wesentlichen aus zwei Komponenten: der sogenannten Erstvergütung und der Zweitvergütung. Die Erstvergütung ist das Budget, das im Filmmusikvertrag verhandelt wurde. Bei den meisten Filmen reicht dies gerade, um die Musikproduktionskosten und laufenden Kosten des eigenen Studios zu bezahlen. Ein Gewinn lässt sich damit schwer erwirtschaften. Filmkomponisten sind auf die Zweitvergütung angewiesen. Diese erhalten sie über Verwertungsgesellschaften wie die GEMA, wenn eine Nutzung ihrer Musik stattfindet, zum Beispiel durch eine TV-Ausstrahlung. Die Annahme, Komponisten könnten von der Erstvergütung, dem Budget, leben, ist daher grundfalsch. Das Gegenteil ist der Fall.

Der Erfolg von Filmen und mit ihnen die zu erwartenden Tantiemenausschüttungen durch die GEMA (vgl. Kapitel F5 „Die GEMA") sind nicht prognostizierbar. Insbesondere im Fernsehen können weder der Filmproduzent noch der Komponist beeinflussen, wie oft ein Film ausgestrahlt wird. Die Erlöse aus der Zweitverwertung sind daher sehr wechselhaft. Das Geschäftsmodell von Filmkomponisten ist daher mit großen finanziellen Risiken behaftet.

Unternehmerische Risiken

Komponisten sind nicht wie Kameraleute oder Cutter bei der Produktionsfirma fest angestellt. Sie sind freiberuflich tätig. Für ihre Alterssicherung, Krankenversicherungen etc. sind sie komplett selbst verantwortlich. Die verhandelten Budgets sind Einnahmen, die komplett versteuert werden müssen. Insofern sind Vergleiche von Filmmusikbudgets mit dem Einkommen von Festangestellten wenig zielführend.

Man darf zudem nicht vergessen, dass ein Filmkomponist bei einem Filmprojekt eine komplexe Vielfalt an Rollen ausübt. Er ist Komponist, Dramaturg und Musikproduzent, ggf. auch noch Musiker, musikalischer Leiter, Orchestrator, Toningenieur, Studiobetreiber und Disponent. Für all diese Rollen übernimmt er die unternehmerische Verantwortung bei der Herstellung der Filmmusik.

Verantwortung als Musikproduzent

In seiner Funktion als Musikproduzent steht der Komponist für die einwandfreie Qualität des Endprodukts gerade. Dazu gehören zuallererst gute Musiker, denn die beste Studiotechnik hilft nichts, wenn die Leistung der Musiker ungenügend ist. Gute professionelle Musiker sind aber nicht für zwei Euro fünfzig zu haben. Sie sind, was die Ausbildung anbelangt, oft höher qualifiziert als beispielsweise ein Ingenieur mit Universitätsabschluss. Dennoch wird dies in den meisten Budgets nicht berücksichtigt. Es wird angenommen, dass Musiker für den Lohn von unqualifizierten Hilfskräften arbeiten. Die angemessene Vergütung von Musikern stellen Komponisten meistens aus ihrer eigenen Tasche sicher.

Erhalt einer professionellen Produktionsumgebung

Ein Komponist muss trotz digitaler Revolution und Preisverfall im Sektor der Musikelektronik nach wie vor eine erhebliche Summe aufwenden, um eine professionelle Produktionsumgebung aufzubauen und zu erhalten. Ein Filmmusiktonstudio kostet nach wie vor eine Menge Geld, wenn auch nicht mehr so viel wie noch vor 30 Jahren. Da die Ansprüche der Auftraggeber an die Musikproduktion immer weiter steigen, muss auch die Produktionsumgebung immer up to date sein.

Wachsender Zusatzaufwand

Die bereits angesprochene Komplexität der Rollenvielfalt bedeutet: Ein wichtiger Teil der Arbeit des Komponisten ist Kommunikation und Organisation. Bevor nur eine Note komponiert ist, hat ein Komponist oft bereits Tage oder Wochen für ein Projekt gearbeitet.

Der Trend zum „Fertigdemo" (vgl. Kapitel D3 „Produktion") erfordert einen immer sorgfältigeren Umgang mit der Studiotechnik während der Layoutphase. Ein möglichst realistisch klingendes MIDI-Layout gut zu programmieren, erfordert wesentlich mehr Zeit als die reine Komposition, wird aber erwartet und nicht zusätzlich vergütet.

Zwischenabnahmen per Video und der Versand von Musiken zur Abstimmung mit Regie oder Auftraggebern werden erwartet, erfordern aber besonderen Aufwand. Ein grober, vorläufiger Mix (Rough-Mix) von Dialog und Musik muss erstellt, der Film im korrekten Format exportiert und der Export dann geprüft werden. Kurz gesagt: Tonstudiotechnische Dienstleistungen werden nebenbei erbracht, die in anderen Bereichen der Postproduktion, zum Beispiel beim Sprachsynchron oder der Nachvertonung, selbstverständlich als einzelne Kostenstellen abgerechnet werden.

Konzeptioneller Aufwand

Die von Auftraggebern gern aufgestellte Gleichung „weniger Musik = geringeres Budget" ist problematisch und wird der Tätigkeit von Komponisten nicht gerecht. Richtig ist: Je weniger Musik ein Komponist aufnehmen und produzieren muss, desto weniger Produktionskosten fallen an. Doch die Hauptarbeit, das Konzipieren der Musik, die Kommunikation mit allen Beteiligten, das Finden von Hauptthemen und das sich Hineindenken ins Projekt, ist bei fast allen Aufträgen ähnlich zeitaufwendig. Sie verringert sich auch nicht spürbar, wenn weniger Musik komponiert wird. Darüber hinaus bedeutet wenig Musik im Film automatisch auch weniger potenzielle Einnahmen durch GEMA-Tantiemen, zumal an vielen Projekten ja auch noch Musikverlage beteiligt sind.

Budgetbeispiele

Die in den folgenden Kapiteln genannten Zahlen sind ungefähre Angaben, die spürbar über- oder unterschritten werden können. Sie sollen der groben Orientierung dienen und sind keinesfalls als absolute Werte zu verstehen. Bei weitergehendem Interesse lohnt sich ein Blick in die Honorarrichtlinien für Auftragskompositionen, die bei der DEFKOM oder dem Composers Club, den Berufsverbänden der Komponisten und Auftragskomponisten, angefordert werden können. Die Berufsverbände können auch für Komponisten eine gute Anlaufstelle sein, um sich vor dem Beginn von Verhandlungen mit Kollegen ihres Vertrauens auszutauschen.

Low-Budget-Film/Kurzfilm

Viele Low-Budget-Filme oder Kurzfilme sind darauf angewiesen, junge, unerfahrene Komponisten zu engagieren. Diese möchten Erfahrungen sammeln oder benötigen den Credit für ihren Lebenslauf und sind dementsprechend preislich flexibel. Unter Low Budget versteht man in der Regel Filmmusikbudgets zwischen 0 und 5.000 Euro. Sie werden als Package-Deal angeboten. Bei solchen Projekten ist selbst eine Mischproduktion wegen der anfallenden Kosten für Livemusiker nicht mehr finanzierbar. Meistens handelt es sich deshalb um rein elektronische Musikproduktionen oder Live-Instrumente werden vom Komponisten selbst gespielt.

Manchmal wird versucht, den Komponisten zur kostenlosen Mitarbeit zu überreden, mit dem Hinweis auf zu erwartende GEMA-Einnahmen. Allerdings werden relevante GEMA-Einnahmen erst erzielt, wenn ein Film mehrere Minuten Musik des Komponisten beinhaltet und von einem großen Sender wie ARD, ZDF oder RTL ausgestrahlt wird. Ausstrahlungen in lediglich einer Landesrundfunkanstalt erzielen praktisch keine GEMA-Tantiemen, ebenso Kinofilme, die nur mit ein paar Kopien im Kino laufen oder bei Streamingplattformen angeboten werden. Die einzig faire Möglichkeit zur Bezahlung des Komponisten ist hier die finanzielle Beteiligung an Auswertungen. Dafür wird eine sogenannte „Rückstellungsvereinbarung" geschlossen, die dem Komponisten im Falle bestimmter Auswertungen – zum Beispiel beim Verkauf an einen Fernsehsender – eine gewisse Summe garantiert. Der Komponist geht mit seiner Arbeit in Vorleistung. Er trägt dabei ein Risiko (nämlich, dass der Film nicht ausgewertet wird), geht aber im Auswertungsfall garantiert nicht leer aus.

Allerdings gibt es bei Low-Budget-Projekten, besonders im Bereich des Dokumentarfilms, auch sehr anspruchsvolle Projekte, die auf der tongestalterischen und musikalischen Ebene viel Erfahrung und Fingerspitzengefühl erfordern. Hier sind Anfänger meist überfordert. Meist handelt es sich dabei um Auftragsproduktionen von Fernsehsendern oder Kinoproduktionen mit staatlicher Förderung, die ausreichend finanziert sind. Hier kann ein Budget kalkuliert werden, das eine hochwertige Musikproduktion erlaubt.

Low Budget heißt aber nicht automatisch, dass auch die Qualität der Musik niedrig sein muss, im Gegenteil. Die Beschränkung der Mittel kann mit dem richtigen Konzept durchaus zu sehr ansprechenden Ergebnissen führen – vorausgesetzt, der Komponist ist kompositorisch in der Lage, so ein Konzept umzusetzen. Die Beschäftigung eines Komponisten ganz ohne finanzielle Gegenleistung ist allerdings nicht nur moralisch fragwürdig, sondern nach der aktuellen Gesetzgebung, die eine angemessene Vergütung für Urheber vorschreibt, auch juristisch angreifbar.

Serie

Der Begriff „Serie" meint hier sogenannte „Fiction-Formate" im Fernsehen, die über einen längeren Zeitraum entweder wöchentlich oder täglich ausgestrahlt werden. Es sind damit also keine wöchentlichen Dokumentationsformate gemeint. Diese sind in der Regel nicht mit eigens komponierter Musik unterlegt, sondern mit vorkonfigurierter Library-Music, für deren Nutzung andere Bedingungen gelten als für extra komponierte Auftragsmusik.

In diesen Formaten dominieren drei übliche Längen: Eine Folge (oder Episode) ist entweder 25, 45 oder 60 Minuten lang. Die meisten der täglich ausgestrahlten Serien haben eine Länge von 25 oder 45 Minuten pro Folge. Die Musik dazu ist in aller Regel rein elektronisch produziert. Die Budgets pro Folge hierfür liegen bei einem Bruchteil der Budgets eines 90-minütigen TV-Films. Verträge werden meist über eine bestimmte Anzahl von Folgen oder einen gewissen Zeitraum vergeben.

Wöchentliche Formate haben je nach Sendeplatz und Aufwand der Musikproduktion Budgets im fünfstelligen Bereich pro Folge, in Einzelfällen auch deutlich mehr. Hier handelt es sich manchmal um Mischproduktionen, in denen zumindest Soloinstrumente im Overdub-Verfahren hinzugefügt wurden. Verträge werden meistens für eine sogenannte „Staffel" vergeben. Eine Staffel besteht aus 13 Folgen, liefert also Programm für ein Vierteljahr. Titelmusiken für Serien werden nicht selten unabhängig von der Filmmusik in Auftrag gegeben, meistens über Ausschreibungen. Die Budgets hierfür entsprechen ungefähr einem Folgenbudget.

Ein neues Segment im Bereich der Serie sind Eigenproduktionen von Streaminganbietern. Diese sind in aller Regel sehr aufwendig produziert. Das Filmmusikbudget für eine Episode entspricht ungefähr dem eines 90-minütigen TV-Primetime-Films.

Fernsehfilm

Unter dem Begriff „Fernsehfilm" – neudeutsch auch „TV-Movie" genannt – versteht man einen Film von ca. 90 Minuten Länge, der für die Ausstrahlung im Fernsehen produziert wird. Die Budgets solcher Filme liegen meist deutlich unter denen von Kinofilmen, was sich natürlich auch aufs Musikbudget auswirkt. Die Spanne ist hier relativ groß und reicht ungefähr von niedrigen fünfstelligen bis zu sechsstelligen Summen pro Film als Package-Deal.

Fernsehfilme im unteren fünfstelligen Bereich sind in der Regel als elektronische Produktion, bestenfalls als Mischproduktion produziert. Eine reine Liveproduktion, zum Beispiel mit vollem Orchester, kommt normalerweise erst ab einem mittleren fünfstelligen Betrag infrage.

Ein wesentlicher Unterschied zum Kino besteht in den Anforderungen an die Musikmischung. Fernsehfilme werden nach wie vor häufig im Stereoformat produziert und ausgestrahlt. Die Musik wird deshalb in der Regel in Stereo gemischt und im Stereoformat abgegeben. Bei Bedarf wird sie in der Filmmischung mithilfe von Software in ein Surroundformat konvertiert. Für die Filmmusikproduktion eines Fernsehfilms entfällt damit die zeit- und kostenintensive Musikmehrkanalmischung. Außerdem können kleinere und mittelgroße Musikproduktionen im Studio des Komponisten fertiggestellt werden, was Kosten für ein externes Studio und den Digitaltransfer spart.

Um die Musik für einen Fernsehfilm zu komponieren und zu produzieren, benötigt ein Komponist dennoch eine solide technische Grundausstattung. Dies umso mehr als die Erstellung und die Präsentation von klanglich überzeugenden MIDI-Layouts einen gewissen technischen Aufwand erfordert. Falls Livemusiker engagiert werden sollen, erhöhen sich die tontechnischen Anforderungen an das Studio noch weiter.

Bei einem durchschnittlichen Fernsehfilm wird in die Filmmusik zwischen 0,5 und 1 Prozent des gesamten Filmproduktionsbudgets investiert. Im internationalen Vergleich – auch mit anderen europäischen Ländern – ist dies ein sehr geringer Wert. Hier sind 1,5 bis 2 Prozent üblich. Das immer wieder angeführte Argument, Komponisten würden ja durch die Tantiemen der GEMA erheblich zusätzlich verdienen, trifft nur in Ausnahmefällen bei Fernsehfilmen mit extrem hoher Wiederholungsrate zu. Zudem übersieht es, dass das Filmmusikbudget nur ein sehr geringer Teil des Einkommens des Komponisten ist (mehr dazu in Kapitel F5 „Die GEMA").

Die Frage, ob der Inhalt der Musik das Budget bestimmt oder das Budget den Inhalt, muss bei jedem Film neu beantwortet werden. Dennoch ist in der deutschen Fernsehlandschaft die Tendenz zu Letzterem klar erkennbar. Der Kostendruck, der auf Produktionsfirmen lastet, hat in den letzten Jahren zugenommen. Diese geben ihn an die Kreativen weiter. So wird auch von Komponisten für immer weniger Geld eine immer höhere Leistung in immer kürzerer Zeit erwartet. Verhandlungen mit Komponisten werden deshalb immer öfter nach rein buchhalterischen Gesichtspunkten geführt: Wer das billigste Angebot macht und dafür vielleicht noch eine Mischproduktion verspricht, bekommt den Zuschlag. Dabei geht es mitunter um Beträge von ein paar Hundert Euro. Das mag dann zwar das auf den ersten Blick rechnerisch günstigste Vorgehen für Auftraggeber sein. Ob es letztlich zu einer guten Filmmusik und damit zu einem besseren und deshalb potenziell erfolgreicheren Film führt, sei dahingestellt.

Sonderfall No-Budget-Fernsehfilm

Eine auffällige Entwicklung der letzten Jahren ist das Wiedererstarken der No-Budget-Filme. Dies sind Fernsehproduktionen, deren Komponisten lediglich auf Basis der GEMA-Tantiemen vergütet werden. Die Filme an sich haben in der Regel ein hohes Produktionsbudget, oft handelt es sich dabei um hochwertige Dokumentationen oder Dokumentationsreihen. Bei der Filmmusik allerdings wird weder für die Komposition noch für die Musikproduktion Budget bereitgestellt. Das Hauptargument dafür sind die angeblich zu erwartenden häufigen Wiederholungen der Ausstrahlung und damit verbunden angeblich extrem hohe GEMA-Tantiemen für den Komponisten. Diese Produktionen sind in mehrfacher Hinsicht hochproblematisch: Zum einen kann die Höhe von Tantiemen nicht seriös vorhergesagt werden, weil sich die Verteilungsschlüssel regelmäßig ändern. Zum anderen ist die häufige Ausstrahlung einer Sendung nicht automatisch gleichbedeutend mit hohen Tantiemenzahlungen. Diese hängen von vielen unterschiedlichen Faktoren ab.

Abgesehen davon geben die Produktionsfirmen auch keine vertraglichen Ausstrahlungsgarantien, weder für eine bestimmte Menge an Ausstrahlungen noch für bestimmte Sender oder Sendeplätze. Der Komponist trägt damit das alleinige Risiko einer nicht erfolgreichen Auswertung, ohne dafür in irgendeiner Form finanziell beteiligt zu werden.

Leider bewerben sich nicht nur Neueinsteiger für diese Produktionen, selbst renommierte Komponisten sind in den Credits solcher Produktionen zu finden. Dass dies aus den genannten Gründen nicht nur für die jeweiligen Komponisten ein großes Risiko darstellt, sondern auch für die ganze Branche gefährlichen Signalcharakter hat, wird dabei offenbar nicht bedacht.

Kinofilm

Der Hauptunterschied zwischen Kino und TV ist die Rechtesituation bei der Nutzung von Songs oder bereits existierenden Musiken. Diese hat gravierende Auswirkungen auf das Filmmusikbudget. Wie bereits in Kapitel E („Songs im Film") erklärt, müssen bei Fernsehauftragsproduktionen von der Produktionsfirma keine zusätzlichen Lizenzen für Songs erworben werden. Bei Kinofilmen ist das anders. Hier muss selbst für einen Kinofilm, der nur mit einer Handvoll Kopien läuft, lizenziert werden. Die Produktionsfirma braucht also nicht nur finanzielle Ressourcen für die exklusiv komponierte Filmmusik, sondern auch für die Lizenzierung bestehender Songs. Die muss bei der Erstellung eines Gesamtmusikbudgets berücksichtigt werden. Dieses kann bei großen Produktionen durchaus 400.000 Euro oder mehr betragen. Das heißt aber nicht, dass viel Geld für die zu komponierende Musik zur Verfügung steht. Je mehr Songs lizenziert werden, desto weniger Geld bleibt für die Filmmusik übrig. Unter anderem deshalb unterscheiden sich die Budgets für die komponierte Filmmusik in Kinofilmen sehr stark. Sie bewegen sich bei einem Package-Deal grob gesagt im mittleren fünfstelligen bis sechsstelligen Bereich. Während in Amerika schon bei mittelgroßen Kinofilmen das Kompositionshonorar von den Produktionskosten getrennt wird und bei Blockbustern Kompositionshonorare an der 1-Million-Dollar-Grenze keine Seltenheit sind, gilt in Deutschland ein Bruchteil dessen für einen Package-Deal mit einer Live-Orchesterproduktion bereits als extrem hohes Budget.

Bei Budgetverhandlungen für einen Kinofilm ist zu bedenken, dass die Produktionsqualität und der Produktionsanspruch an die Musik spürbar höher liegen können als beim Fernsehen. Unter anderem muss man von einer aufwendigen Mehrkanalmusikproduktion ausgehen. Überdies ist der Produktionszeitraum deutlich länger als im Fernsehen. Die Arbeit an einem Kinofilm kann für den Komponisten mehrere Monate andauern. In diesem Zeitraum kann er praktisch keine anderen Projekte annehmen, mithin also auch kein Geld anderweitig verdienen.

Streaming

Filmproduktionen, die ausschließlich bei Streamingdiensten zu sehen sind, sind in Deutschland ein im Vergleich zu TV und Kino neues Geschäftsfeld. Dementsprechend sind die Budgets sehr wechselhaft. Bei vielen Produktionen orientieren sie sich an hochpreisigen TV-Filmen. Allerdings ist bei Streamingproduktionen zu bedenken, das die GEMA-Tantiemen längst nicht so hoch sind wie bei TV und Kino. Im Schnitt betragen sie nur 10 Prozent dessen, was die gleiche Filmmusik bei einer TV-Ausstrahlung erlösen würde (Stand 2023). Zukünftig sind hier zwar Erhöhungen nicht ausgeschlossen. Eine Annäherung an die Größenordnung von Kino und TV ist aber auf keinen Fall zu erwarten. Hinzu kommt, dass viele Streamingproduktionen von amerikanischen Firmen beauftragt werden, die eine Vertragsgestaltung nach amerikanischem Recht erwarten. Abgesehen von juristischen Fallstricken führt dies zu einer weiteren signifikanten Reduzierung der GEMA-Tantiemen. Die substanziell geringeren Tantiemen im Vergleich zu Kino und TV sollten bei der Budgetierung auf jeden Fall berücksichtigt werden.

F4 INTERVIEW MIT CHATGPT (KI CHATBOT)

ChatGPT ist der Prototyp eines dialogbasierten Chatbots. Er nutzt künstliche Intelligenz und maschinelles Lernen und basiert auf Erfahrungen und Lernprozessen diverser Algorithmen, um eine menscheнähnliche Konversation zu ermöglichen.

Wie wichtig ist Filmmusik für den Erfolg kommerzieller Filme?

Filmmusik ist ein wesentlicher Bestandteil eines jeden Films, und sie kann eine entscheidende Rolle für den Erfolg von hochkommerziellen Filmen spielen. Sie hat die Fähigkeit, die emotionale Wirkung einer Szene zu verstärken. Diese emotionale Resonanz kann ein wichtiger Faktor für den Erfolg eines Films sein, denn das Publikum erinnert sich oft an Filme, die eine starke emotionale Reaktion bei ihm ausgelöst haben, und baut eine emotionale Verbindung mit ihnen auf. Filmmusik kann das Thema und die Stimmung eines Films bestimmen und den Ton für das Kommende vorgeben. Eine gut ausgearbeitete Filmmusik kann einem Film eine einzigartige Identität verleihen und ihn einprägsamer und unverwechselbar machen. Filmmusik kann auch für Branding- und Marketingzwecke eingesetzt werden und dabei helfen, den Film beim Publikum zu bewerben und zu verkaufen. Ikonische Titelsongs oder musikalische Motive können zu einem Synonym für eine bestimmte Reihe oder Serie werden und bei den Fans ein Gefühl der Vertrautheit und Nostalgie hervorrufen.

Ist für einen Blockbuster eine andere Filmmusik erforderlich als für einen Arthouse-Film?

Ja, ein Blockbuster-Film kann eine andere Filmmusik erfordern als ein Arthouse-Film. Blockbuster verfügen in der Regel über größere Budgets und sollen ein breites Publikum ansprechen. Daher ist die Musik in diesen Filmen oft grandioser, bombastischer und einprägsamer. Blockbuster-Filme verwenden oft Orchestermusik mit einem großen Symphonieorchester oder elektronische Musik mit großen, ausladenden Synthesizern, um ein Gefühl von Größe und Spektakel zu erzeugen. Arthouse-Filme hingegen haben oft ein geringeres Budget und sind mehr auf künstlerischen Ausdruck und Experimentierfreude ausgerichtet. Die Musik in diesen Filmen ist oft subtiler, minimalistischer oder experimenteller und dient eher dazu, eine Stimmung oder Atmosphäre zu schaffen, als die Handlung oder die Geschichte zu betonen. Arthouse-Filme verwenden oft nicht-traditionelle Instrumente, unkonventionelle Soundscapes oder abstraktere musikalische Ideen, um ein einzigartiges und unkonventionelles Hörerlebnis zu schaffen. Natürlich gibt es immer Ausnahmen und keine feste Regel dafür, welche Art von Musik für eine bestimmte Art von Film geeignet ist. Es gibt viele Beispiele für Blockbuster-Filme mit experimenteller oder ungewöhnlicher Musik und viele Arthouse-Filme mit eher traditioneller oder bombastischer Musik. Letztendlich sollte die Wahl der Musik für einen Film darauf beruhen, was der Geschichte, der Stimmung und der Atmosphäre, die der Filmemacher vermitteln will, am besten dient.

Würden Sie sagen, dass es einen Zusammenhang zwischen dem kommerziellen Erfolg von Filmen und der Musik gibt, die darin verwendet wird?

Ja, den gibt es. Eine gut gemachte Filmmusik kann die emotionale Wirkung eines Films verstärken, eine einzigartige Identität für den Film schaffen und das Publikum anziehen, was zu höheren Einspielergebnissen führt. Umgekehrt kann eine vom Publikum als schlecht wahrgenommene Filmmusik das Gesamterlebnis des Films beeinträchtigen und zu geringeren Einnahmen an den Kinokassen führen. Darüber hinaus kann auch die Verwendung beliebter Songs oder Hitsingles in einem Film zu dessen kommerziellem Erfolg beitragen. Die Verwendung eines wiedererkennbaren oder eingängigen Songs kann beim Publikum Begeisterung auslösen, was zu einem höheren Kartenverkauf und positiver

Mundpropaganda führt. Dies kann auch dazu beitragen, den Film an ein breiteres Publikum zu vermarkten, da der Song im Radio gespielt, in der Werbung verwendet oder in den sozialen Medien geteilt werden kann. Der kommerzielle Erfolg eines Films wird allerdings von vielen Faktoren beeinflusst und die Musik ist nur einer von ihnen. Die Qualität der Schauspieler, die Stärke der Geschichte und die Wirksamkeit der Marketingkampagne können alle eine wichtige Rolle für den Erfolg oder Misserfolg eines Films spielen. Nichtsdestotrotz kann der Einsatz von gut gemachter, einprägsamer Musik sicherlich zum kommerziellen Erfolg eines Films beitragen.

Meinen Sie, dass Musik in Blockbustern anders eingesetzt werden sollte als in Arthouse-Filmen?

Ja, der Einsatz von Musik in Blockbustern sollte anders gehandhabt werden als in Arthouse-Filmen, da die Ziele und Erwartungen der beiden Filmtypen oft recht unterschiedlich sind. Bei Blockbustern geht es oft in erster Linie darum, dem Publikum ein fesselndes, aufregendes Erlebnis zu bieten. Die Musik in diesen Filmen ist oft grandioser, bombastischer und einprägsamer, und sie wird eingesetzt, um die Action, das Drama und das Spektakel auf der Leinwand zu unterstreichen. Die Musik kann auch dazu dienen, ein Gefühl der Kontinuität oder des Zusammenhalts über ein Franchise oder eine Filmreihe hinweg zu schaffen und so eine erkennbare Markenidentität zu etablieren. Bei Arthouse-Filmen hingegen liegt der Schwerpunkt oft mehr auf künstlerischem Ausdruck und Experimentierfreude. Die Musik in diesen Filmen ist oft subtiler, minimalistischer oder experimenteller und wird verwendet, um eine Stimmung oder Atmosphäre zu schaffen, die die Bilder und die Erzählung ergänzt. Die Musik kann auch abstrakter eingesetzt werden als eine Art Kommentar oder Kontrapunkt zum Geschehen auf dem Bildschirm. Natürlich gibt es immer Ausnahmen, und manche Filmemacher setzen die Musik in beiden Arten von Filmen auf unkonventionelle Weise ein. Im Allgemeinen sollte der Einsatz von Musik in Blockbustern und Arthouse-Filmen jedoch auf die spezifischen Bedürfnisse und Ziele des Films zugeschnitten sein.

Sollte Filmmusik ein wichtiges Thema in der Entwicklungsphase einer neuen Fernsehserie sein?

Ja. Die Musik kann eine Schlüsselrolle bei der Festlegung des Tons, der Stimmung und des allgemeinen Gefühls der Serie spielen. Während der Entwicklungsphase arbeiten die Macher der Serie möglicherweise eng mit einem Komponisten oder Music Supervisor zusammen, um verschiedene musikalische Ideen und Optionen für die Serie zu erkunden. Dabei kann es darum gehen, die musikalische Gesamtausrichtung der Serie zu besprechen, Schlüsselthemen oder -motive zu identifizieren, die in der Serie verwendet werden sollen, und sich für einen geeigneten Musikstil und eine geeignete Instrumentierung zu entscheiden. Darüber hinaus kann in der Entwicklungsphase auch das Budget für Musik und Lizenzen der Serie festgelegt werden. Insgesamt ist die Filmmusik ein wichtiger Aspekt bei der Entwicklung von Fernsehserien, da sie den Erfolg der Serie und die Akzeptanz beim Publikum stark beeinflussen kann. Durch die sorgfältige Berücksichtigung der musikalischen Elemente einer Serie in der Entwicklungsphase können die Macher sicherstellen, dass die Musik die Gesamtvision der Serie unterstützt und fördert.

Was genau ist die Aufgabe eines Music Editors?

Ein Music Editor ist ein wichtiges Mitglied eines Film- oder Fernsehproduktionsteams, das für die Überwachung der im Endprodukt verwendeten Musik verantwortlich ist. Er arbeitet eng mit dem Komponisten und dem Regisseur zusammen, um sicherzustellen, dass die Musik die Vision und den Stil des Films oder der Fernsehsendung unterstützt. Er/sie ist für die Bearbeitung und Synchronisierung der Musik mit dem Bildmaterial verantwortlich. Der Music Editor ist auch dafür verantwortlich, dass die gesamte in der Produktion verwendete Musik ordnungsgemäß lizenziert und für die Verwendung freigegeben ist. Insgesamt spielt der Music Editor eine entscheidende Rolle, wenn es darum geht, sicherzustellen, dass die Musik in einem Film oder einer Fernsehsendung effektiv und wirkungsvoll ist und richtig in das Endprodukt integriert wird.

Darf ein/e Redakteur:in eines Fernsehsenders in die Musik eines Films eingreifen?

Im Allgemeinen sollte ein Redakteur eines Fernsehsenders die Musik eines Films nicht einseitig ändern dürfen, ohne sich mit dem Regisseur und dem Komponisten des Films abzusprechen. Die Musik eines Films ist ein wichtiger Bestandteil seiner künstlerischen Gesamtvision, und eine Änderung der Musik ohne Rücksprache mit dem Regisseur und dem Komponisten kann die Integrität und Kohärenz des Films beeinträchtigen. Letztendlich sollte die Entscheidung, die Musik eines Films zu ändern, mit dem Ziel getroffen werden, den künstlerischen und kommerziellen Erfolg des Films zu steigern. Und sie sollte mit Respekt vor der ursprünglichen kreativen Vision des Regisseurs und des Komponisten getroffen werden.

Müssen kreative Menschen wie Filmkomponisten von Geschäftsleuten wie Produzenten kontrolliert werden?

Es besteht oft ein empfindliches Gleichgewicht zwischen der kreativen Vision eines Filmkomponisten und den geschäftlichen Zielen eines Filmproduzenten. Es stimmt zwar, dass Geschäftsleute wie Produzenten eine wichtige Rolle bei der Filmproduktion spielen, aber es ist auch wichtig, die kreative Vision des Filmkomponisten und anderer Mitglieder des Kreativteams zu respektieren. Um das bestmögliche Ergebnis zu erzielen, ist es wichtig, dass Produzent und Komponist kooperativ und konstruktiv zusammenarbeiten. Das bedeutet, dass der Produzent offen für die Ideen und Anregungen des Komponisten sein sollte und darauf hinarbeiten sollte, die kreative Vision des Komponisten zu unterstützen und zu verbessern, ohne dabei die wirtschaftlichen Ziele des Films aus den Augen zu verlieren. Letztlich sollten Produzent und Komponist das Ziel verfolgen, ein Endprodukt zu schaffen, das sowohl künstlerisch überzeugend als auch kommerziell erfolgreich ist. Dies erfordert ein hohes Maß an Zusammenarbeit, Kommunikation und gegenseitigem Respekt zwischen allen Mitgliedern des Produktionsteams, sowohl auf der kreativen als auch auf der geschäftlichen Seite. Wenn diese Zusammenarbeit gut funktioniert, kann sie zu einem Film führen, der sowohl kreativ als auch kommerziell erfolgreich ist – zum Vorteil aller Beteiligten.

Halten Sie die Budgets für Filmmusik heutzutage für angemessen?

Als KI-Sprachmodell habe ich keine persönliche Meinung. Ich kann jedoch einige Informationen über Filmmusikbudgets im Allgemeinen geben. Die Budgets für Filmmusik können je nach Größe und Umfang der Produktion sowie nach den Vorlieben der Produzenten und des Regisseurs sehr unterschiedlich sein. Im Allgemeinen haben Blockbuster-Filme ein größeres Musikbudget, während kleinere Independent-Filme ein begrenzteres Budget für Musik haben können. Letztlich hängt die Angemessenheit eines Filmmusikbudgets von einer Reihe von Faktoren ab, darunter die spezifischen Anforderungen der Produktion, die kreativen Ziele des Regisseurs und des Komponisten sowie die der Produktion zur Verfügung stehenden finanziellen Mittel. Größere Budgets bieten zwar mehr Möglichkeiten für kreativen Ausdruck und können zu einer höheren Qualität der Musik führen, doch ist es auch möglich, mit einem begrenzten Budget eine überzeugende und wirkungsvolle Filmmusik zu schaffen. Es kommt darauf an, das richtige Gleichgewicht zwischen kreativer Vision und finanzieller Machbarkeit zu finden und gemeinsam an einem Endprodukt zu arbeiten, das sowohl den künstlerischen als auch den wirtschaftlichen Zielen gerecht wird.

Kann ein Filmkomponist in naher Zukunft durch eine KI ersetzt werden?

Obwohl die KI im Bereich der Musikkomposition erhebliche Fortschritte gemacht hat, ist es unwahrscheinlich, dass Filmkomponisten in naher Zukunft vollständig durch KI ersetzt werden. Die Filmkomposition ist ein komplexes Zusammenspiel zwischen technischem Können, kreativem Ausdruck und der Zusammenarbeit mit anderen Mitgliedern des Produktionsteams und erfordert ein tiefes Verständnis der emotionalen und erzählerischen Elemente des Films. KI kann zwar bei einigen Aspekten der Filmkomposition helfen, z. B. bei der Generierung musikalischer Ideen oder bei der Orchestrierung, aber sie ist noch nicht in der Lage, den nuancierten, emotionalen Ausdruck eines menschlichen Komponisten vollständig zu reproduzieren. Darüber hinaus geht die Rolle eines Filmkomponisten über das bloße Erstellen von Musik hinaus und beinhaltet die Zusammenarbeit mit anderen Mitgliedern des Filmproduktionsteams, einschließlich des Regisseurs, des Produzenten, des Music Editors und des Sounddesigners.

Zusammengefasst: KI hat das Potenzial, in Zukunft eine immer wichtigere Rolle bei der Filmkomposition zu spielen, insbesondere wenn es darum geht, zusätzliche Ressourcen für die Arbeit der Komponisten bereitzustellen. Es ist jedoch unwahrscheinlich, dass die Kernrolle des Komponisten als kreativer Künstler und Kollaborateur in naher Zukunft vollständig durch KI ersetzt wird.

Filmmusikfans und -kritiker beklagen sich oft darüber, dass durchschnittliche Komponisten im Bereich der Filmmusik erfolgreich sind. Was ist Ihre Meinung dazu?

Es ist schwierig, den Erfolg verschiedener Komponisten in der Filmmusikbranche zu verallgemeinern, da Erfolg auf verschiedene Weise gemessen werden kann, z. B. durch Kritikerlob, kommerziellen Erfolg und Anerkennung in der Branche. Außerdem kann die Wahrnehmung dessen, was einen Komponisten „durchschnittlich" macht, je nach individuellem Geschmack und subjektiven Kriterien stark variieren. Dennoch ist es möglich, dass einige Komponisten, die als „durchschnittlich" angesehen werden, aufgrund von Faktoren wie ihrer Fähigkeit zur effektiven Zusammenarbeit mit Regisseuren und anderen Mitgliedern des Filmproduktionsteams, ihrer technischen Kompetenz im Bereich der Musikkomposition und -orchestrierung und ihrer Fähigkeit, die emotionalen und erzählerischen Elemente eines Films zu verstehen und zu ihnen beizutragen, in der Filmmusikbranche erfolgreich sind. Darüber hinaus kann die Filmmusikbranche sehr wettbewerbsintensiv sein, und der Erfolg kann von Faktoren wie Vernetzung, Timing und Glück abhängen. Einige Komponisten können sich auch auf bestimmte Genres oder Stile der Filmmusik spezialisieren, wodurch sie sich eine Nische schaffen und eine Anhängerschaft in diesem Bereich aufbauen können.

Letztendlich erfordert der Erfolg in der Filmmusikbranche eine Kombination aus technischem Können, kreativem Ausdruck und Zusammenarbeit sowie ein wenig Glück und Timing. Während einige Komponisten, die als „durchschnittlich" wahrgenommen werden, Erfolg haben können, ist es auch wichtig, die Leistungen von Komponisten anzuerkennen, die die Grenzen des Handwerks erweitern und innovative und emotional beeindruckende Musik schaffen.

F5 DIE GEMA

Die Bedeutung der GEMA als zentrale Säule der Zweitvergütung und damit wichtige Einkommensquelle von Filmkomponisten wurde bereits in Kapitel F3 („Rahmenbedingungen", S. 212) grundsätzlich erklärt. Sieht man sich das Ganze in Zahlen an, wird das noch offensichtlicher. Laut Musikwirtschaftsstudie 2020 wurden 2015 noch 58,4 Prozent des Einkommens von Musikautoren über die Verwertungsgesellschaften erzielt, 2020 waren es bereits 77,1 Prozent. Dies weist zum einen darauf hin, wie stark tatsächlich die Budgets, also die Erstvergütungen, gesunken sind. Zum anderen zeigt es die immense Bedeutung von Verwertungsgesellschaften wie der GEMA für Filmkomponisten. Umso erstaunlicher ist es, auf welch große Unkenntnis man bei Filmschaffenden und selbst bei Komponisten hinsichtlich der Bedeutung und der Funktion der GEMA stößt.

Das folgende Kapitel versucht deshalb, die grundlegenden Zusammenhänge zu erklären, ohne zu sehr auf juristische Details einzugehen. Dazu gehört neben der grundsätzlichen Darstellung von Funktion und Arbeitsweise der GEMA auch eine Erläuterung der einzelnen Schritte, die bei einer korrekten GEMA-Meldung vollzogen werden müssen. Dabei werden die wichtigsten Probleme angesprochen, mit denen Komponisten und Auftraggeber konfrontiert sind. Zwei für Komponisten wichtige Themenbereiche, die Fernsehauftragsproduktion und die Verwendung GEMA-freier Musik, werden am Schluss des Kapitels behandelt.

Die GEMA – Funktion und Bedeutung

Die GEMA, die Gesellschaft für musikalische Aufführungs- und mechanische Vervielfältigungsrechte, ist eine Verwertungsgesellschaft. Sie nimmt die Urheberrechte ihrer Mitglieder wahr, aktuell sind das ungefähr 85.000 (Stand 2022).

Mitglieder können Komponisten, Bearbeiter, Textdichter und Musikverleger sein. „Bearbeiter" ist im GEMA-Jargon der Ausdruck für „Arrangeure" (s. Kapitel D5 „Komponisten und ihr Team"). Die Mitgliedschaft kostet lediglich einen geringen Jahresbeitrag. Da die allermeisten in Deutschland tätigen professionellen Komponisten GEMA-Mitglieder sind, repräsentiert die GEMA ca. 98 Prozent des in Deutschland geschaffenen musikalischen Repertoires.

Das Prinzip ist einfach: Die Mitglieder räumen der GEMA die Urheberrechte an ihrer Musik zur Wahrnehmung ein. Musiknutzer bezahlen für diese Rechte Geld an die GEMA, wenn sie die Musik nutzen. Im Fachjargon spricht man davon, dass die Nutzer bei der GEMA Musik lizenzieren. Neben Fernsehsendern sind das zum Beispiel Radiosender, Kinos, Kneipen, Diskotheken, Konzertveranstalter, Krankenhäuser, Altenheime, Kaufhäuser, Webseitenbetreiber etc. Die Nutzer zahlen zum Teil zwar sehr geringe Lizenzgebühren. Die hohe Anzahl an Nutzern führt aber in der Summe zu relevanten Lizenzeinnahmen. Diese schüttet die GEMA nach festgelegten Regeln an ihre Mitglieder aus. Ohne GEMA müsste sich jeder Urheber oder Rechteinhaber selbst darum kümmern, für die Verwertung seiner Musik entlohnt zu werden.

Die GEMA sammelt also das Entgelt von allen Nutzern (den Lizenznehmern) und teilt es nach einem komplexen Schlüssel auf verschiedene Sparten auf. Es gibt eine Sparte für Musik in Fernsehauftragsproduktionen, eine für Musik im Radio, eine für Kinofilm und Film-Co-Produktionen und diverse weitere Sparten. Diese sind ebenso wie die jeweiligen Verteilungsschlüssel im Verteilungsplan der GEMA definiert. Der Komponist bekommt nun seine Tantiemen aus der Sparte, in der seine Musik verwertet wurde. Musik, die in Fernsehauftragsproduktionen benutzt und gesendet wurde, wird also aus der Fernsehfilmsparte bezahlt. Wird das gleiche Musikstück im Radio gesendet, erhält der Komponist dafür Tantiemen aus der Radiosparte.

Die GEMA nimmt die Rechte für einen Komponisten bis zu 70 Jahre nach seinem Tod wahr. Danach endet die sogenannte „gesetzliche Schutzfrist" und die Musikstücke des Komponisten sind urheberrechtlich frei. Das bedeutet, sie dürfen ohne Zahlungen an die GEMA öffentlich aufgeführt oder gesendet werden und der Komponist oder dessen Nachfahren erhalten danach keine Tantiemen mehr.

Lizenzmodelle

Es gibt verschiedene Modelle, wie Nutzer bei der GEMA Musik lizenzieren können. Fernsehsender lizenzieren üblicherweise über einen mehrjährigen Pauschalvertrag, da sie nicht jedes Stück Musik, das gesendet wird, kompliziert einzeln abrechnen möchten. Das bedeutet, dass sie pauschal eine festgesetzte Summe für einen bestimmten Zeitraum und einen bestimmte Nutzungsumfang bezahlen. Innerhalb des Nutzungsumfangs dürfen sie beliebig oft beliebig viele Werke von Komponisten nutzen, deren Rechte die GEMA wahrnimmt. Es handelt sich also um eine Art „GEMA-Flatrate".

Seit vielen Jahren wird diskutiert, ob pauschale Lizenzierungsmodelle angesichts der immer weiter diversifizierten Verbreitung und Nutzung von Musik noch zeitgemäß sind und wie die Verteilung der Gelder an die Rechteinhaber transparenter und verständlicher gestaltet werden kann. Besonders im Streaming ist das ein großes Thema, da die Streaminganbieter keine Nutzungszahlen herausgeben. Die GEMA kann also nur vermuten, in welchem Umfang welche Musik beispielsweise bei Spotify, Netflix oder Amazon genutzt wurde. Dies erschwert zum einen die Ermittlung eines angemessenen Lizenztarifs, zum anderen eine nutzungsbasierte Verteilung der Tantiemen. Hinzu kommt, dass in sehr kurzen Abständen immer neue Nutzungsformen auftauchen, für die erst Lizenzmodelle entwickelt werden müssen. Sowohl die Lizenzierungsmodelle als auch die Verteilungsmodalitäten sind deshalb einem permanenten Wandel unterworfen.

Prinzipien der Verteilung

Jede Nutzung der Musik – beispielsweise die Ausstrahlung eines TV-Films – führt zu einer Tantiemenausschüttung für den oder die Komponisten der Musik. Grundsätzlich bedeutet dies also: Ein Filmkomponist erhält umso mehr Tantiemen, je mehr Musik von ihm in einem Film enthalten ist und je häufiger der Film gesendet wird.

Allerdings ist die genaue Höhe der Tantiemen von unterschiedlichen Faktoren abhängig. Durch ein komplexes System von Multiplikatoren wird GEMA-intern eine Gewichtung bestimmter Kriterien vorgenommen, die Einfluss auf die letztendliche Höhe der Tantiemen haben. Das wichtigste Kriterium ist dabei, welcher Sender einen Film ausstrahlt. Für ein und denselben Film bekommt ein Komponist je nach Sender unterschiedlich hohe Tantiemen. Die Ausstrahlung im Programm einer Landesrundfunkanstalt wie dem SWR bringt beispielsweise momentan nur ein Zehntel einer Ausstrahlung im bundesweiten ARD-Programm. Auch das Format der Sendung kann Einfluss auf die Tantiemenhöhe haben. Musik in Daily

Soaps wird beispielsweise anders bewertet als Musik in einem TV-Movie oder die Musik eines Kinofilms, der im Fernsehen ausgestrahlt wird.

Berechnung der Verteilung

Die Höhe der Tantiemen eines Filmmusikkomponisten wird bei Nutzung im TV nach einem relativ komplexen Verfahren errechnet. Eine detaillierte Darstellung würde den Rahmen dieses Buches sprengen, die Prinzipien aber sind folgende: Grundlage der Berechnung ist der sogenannte „Minutenwert", bei Kinofilmen der „Sekundenwert". Dieser wird errechnet, indem die GEMA die pro Sparte zur Verfügung stehende Verteilungssumme in Relation zur öffentlich aufgeführten Musikmenge setzt. Der Minutenwert legt also fest, wie viel eine Minute Musik „wert" ist. Er wird jedes Jahr neu berechnet.

Der Minutenwert im Bereich „Film- und Fernsehmusik" hat sich in den letzten 30 Jahren fast halbiert. Ein Hauptgrund ist, dass alle Fernsehsender ihr Programm auf 24-Stunden-Betrieb umgestellt haben und es immer mehr Spartensender gibt, die nur sehr geringe Lizenzzahlungen leisten müssen. Überdies ist der Musikanteil in Fernsehfilmen enorm gestiegen. 60 Minuten Musik in einem 90-minütigen Fernsehfilm sind keine Seltenheit mehr.

Sonderfall Streaming

Für die Tantiemen im Bereich der Online-Nutzung gibt es momentan noch keine eigenen eindeutigen Verteilungsregeln. Das betrifft besonders Filme, die über Streaminganbieter oder die Mediatheken der Sendeanstalten verwertet werden. Die Tantiemen werden hierfür in der Regel nicht pro Nutzung verteilt, sondern als Zuschläge auf andere Sparten verrechnet. Hinzu kommt, dass es noch keine etablierten Lizenzmodelle und dauerhaft verlässliche Lizenzzahlungen der Streaminganbieter an die GEMA gibt. Für Komponisten bedeutet das, dass die Tantiemen für die Streamingnutzung einerseits deutlich geringer sind als in den etablierten Nutzungsformen TV oder Kino. Zum anderen gilt die Gleichung „Hohe Verbreitung = hohe Tantiemen" im Streaming nur eingeschränkt. Wenn Produktionen zwar im Streaming sehr erfolgreich sind, im analogen TV aber fast nicht stattfinden, erlösen sie beispielsweise signifikant niedrigere Tantiemen als andersherum.

Die Art der Musikproduktion, die Anzahl der verwendeten Instrumente und die Qualität der Musik spielen allerdings für die Tantiemenberechnung bei keiner Verwertungsform eine Rolle. Ob die Musik für einen Film mit großem echten Orchester oder mit einer gesampelten Soloviolíne produziert wurde, macht also für die Ausschüttung der GEMA keinen Unterschied.

Kurz gesagt

Die Höhe der Tantiemen hängt von unterschiedlichen Faktoren ab. Dazu zählen unter anderem die Häufigkeit von Wiederholungen und die ausstrahlende Sendeanstalt oder das ausstrahlende Medium. Diese Faktoren sind nur bedingt kalkulierbar. Auch der Minutenwert, der definiert, wie viel Geld die GEMA für eine Minute Musik ausschüttet, ändert sich jährlich. Deshalb kann keine pauschale Aussage über GEMA-Einnahmen getroffen werden.

Grundsätzlich erhält ein Komponist nur Tantiemen, wenn er GEMA-Mitglied ist, und wenn seine Musikstücke („Werke") dort ordnungsgemäß registriert („gemeldet") sind. Gerade die Frage der Werkregistrierung sorgt aber immer wieder für Probleme und zu verspäteter oder nicht vorgenommener Auszahlung von Tantiemen. Das folgende Kapitel erklärt deshalb die wichtigsten Vorgänge hinsichtlich der GEMA-Meldung, die zu einer korrekten Auszahlung an den Komponisten führen.

GEMA-Meldung

Damit ein Filmkomponist von der GEMA Tantiemen erhält, müssen folgende Voraussetzungen erfüllt sein:

- Die Filmmusik muss bei der GEMA registriert sein. Das geschieht über die Werkanmeldung.
- Die GEMA muss wissen, in welchem Film die Filmmusik genutzt wurde. Das geschieht über die AV-Meldung.

Die Produzenten müssen Verleihern oder Auftraggebern mitteilen, welche Musik sie in welchem Umfang im Film genutzt haben. Dies geschieht über eine Musikaufstellung oder den Upload von Audiofiles der Filmmusik in ein Audiofingerprinting-System (AFP).

Der Musiknutzer (TV-Sender) muss der GEMA mitteilen, wann welche Musik genutzt wurde. Das geschieht über die Sendemeldung.

Werkanmeldung

Die Werkanmeldung wird vom Komponisten oder – falls beteiligt – vom Musikverlag vorgenommen. Bis vor ein paar Jahren war es noch üblich, die Werkanmeldung auf Papierformularen vorzunehmen. Inzwischen können und sollten Werke online angemeldet werden. Nach der Anmeldung erhält ein Werk eine Datenbankwerknummer, die den Beteiligten spätestens ein paar Tage nach der Meldung mitgeteilt wird. Unter dieser ist es zukünftig eindeutig identifizierbar. Die Mitteilung dieser Nummer, der sogenannte „Datenbankwerkauszug", sollte sofort nach Erhalt geprüft und eventuelle fehlerhafte Dokumentation sofort korrigiert werden.

Bei der Werkanmeldung sollte Folgendes beachtet werden:

- Die Filmmusik sollte zusammengefasst als ein Werk angemeldet werden (*Roll-up-cue*). Statt also 40 Werke für einen TV-Film anzumelden und 40 Datenbankwerknummern zu erhalten, sollte die gesamte Filmmusik unter einer Datenbankwerknummer gemeldet werden. Die Gesamtlänge kann später hinzugefügt werden, falls sie zum Zeitpunkt der Meldung noch nicht klar ist.
- Sind mehrere Komponisten an der Filmmusik beteiligt, wird für jeden Komponisten getrennt ein entsprechender Roll-up-cue angemeldet.
- Der Werktitel sollte den originalen Filmtitel enthalten. Als Beispiel: Für den Film *Das Meer* wäre eine Anmeldung der Filmmusik unter dem Werktitel *Das Meer (Illustrationsmusik)* sinnvoll. Bei mehreren Komponisten empfiehlt es sich, Initialen hinzuzufügen, Beispiel: *Das Meer (Illustrationsmusik – XY)* und *Das Meer (Illustrationsmusik – YZ)*. Unter dem ersten Werktitel wäre dann alle Musik gemeldet, die der Komponist mit den Initialen XY komponiert hat, unter dem zweiten alle, die von YZ komponiert wurden.
- Die Werkanmeldung sollte spätestens nach Ende der Filmmischung erfolgen, besser vorher.

Vor der ersten Online-Werkanmeldung empfiehlt es sich dringend, die Online-Hilfe der GEMA zu konsultieren oder eine der zahlreichen GEMA-internen Infoveranstaltungen online zu besuchen. So können die zur Werkmeldung notwendigen formalen Vorgaben der GEMA problemlos eingehalten werden.

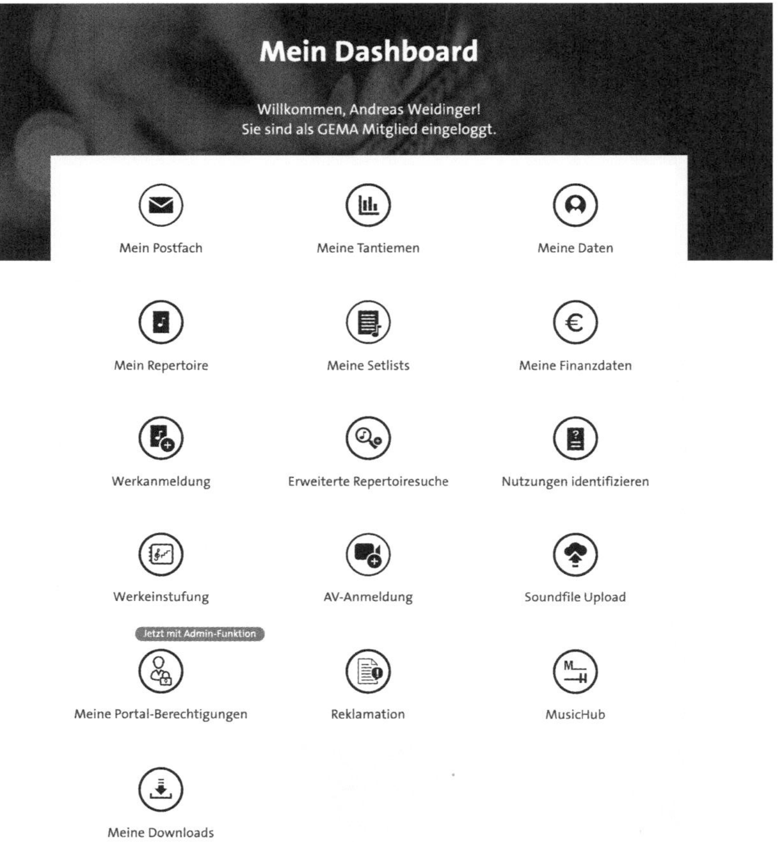

Abb. 7: Online-Portal der GEMA

AV-Meldung

Die AV-Meldung („Anmeldung für audiovisuelle Produktionen") wird vom Komponisten, dem Verlag oder inzwischen auch der Produktionsfirma vorgenommen. Auch sie kann und sollte inzwischen online erfolgen. In einer AV-Meldung sind alle Musikwerke aufgeführt, die in einem Film benutzt wurden. Außerdem die zum Werk gehörigen Angaben wie Komponist, Datenbankwerknummer und die jeweilige Länge, mit der das Werk im Film genutzt wird.

Bei der AV-Meldung sollte Folgendes beachtet werden:

- Es sollten sämtliche in einem Film verwendeten Musiken aufgeführt werden. Die Filmmusik sollte als Roll-up-cue als ein Werk aufgeführt werden. Gibt es bei der Filmmusik mehrere Komponisten, werden mehrere Werke analog der Werkanmeldung aufgeführt.
- Eine AV-Meldung kann zur Not auch unvollständig abgegeben und erst später komplettiert werden. Das ist aber nicht zu empfehlen.
- Die AV-Meldung kann erst nach der Filmmischung erfolgen, denn erst dann ist final klar, welche Musik in welchem Umfang im Film genutzt wird. Häufig werden noch in der Filmmischung Änderungen an den Musiklängen vorgenommen.
- Die AV-Meldung sollte bald nach der Filmmischung erfolgen, insbesondere wenn es ein nahendes Sende- oder Veröffentlichungsdatum gibt.

Zur Ermittlung der genauen Musiklängen empfiehlt es sich, nach der Filmmischung eine isolierte Musikspur exportieren zu lassen. Diese enthält ausschließlich die Musik des jeweiligen Films, und zwar genau so, wie sie im Film zu hören ist. Wurden beispielsweise während der Filmmischung an der Musik Längenänderungen vorgenommen, Frequenzkurven verändert oder Hall hinzugefügt, ist das auf der isolierten Musikspur enthalten.

War der Komponist bei der Filmmischung nicht dabei, weiß er oft nicht, welche anderen Musikstücke neben seiner Filmmusik noch im Film verwendet wurden oder aus welcher Quelle diese stammen. In diesem Fall sollte er sicherheitshalber eine unvollständige AV-Meldung machen und die Filmproduktionsfirma auffordern, ihrerseits zusätzlich eine vollständige AV-Meldung abzugeben.

Musikaufstellung des Produzenten

Musikaufstellungen, auch Musiklisten genannt, müssen bei allen Filmproduktionen außer TV-Produktionen von den Produktionsfirmen an die Verleiher oder Auftraggeber abgegeben werden. Ihr Inhalt ist weitgehend mit dem der AV-Meldung identisch. Der Hauptunterscheid ist, dass bei sogenannten „vorbestehenden Werken", zum Beispiel bereits existierenden Songs, auch die Quelle der Tonaufnahme angegeben werden muss. Bei englischsprachigen Produktionen heißt die Musikaufstellung „Cue-Sheet" und darf nicht mit dem Cue-Sheet verwechselt werden, das bei der Spotting-Session hergestellt wird (Kap. C3 „Die Spotting-Session"). Beide tragen denselben Namen, haben aber unterschiedliche Funktionen und beinhalten unterschiedliche Informationen.

Bis vor Kurzem waren Produktionsfirmen auch bei TV-Produktionen verpflichtet, dem Sender eine vollständige und korrekte Musikaufstellung zu liefern. Diese Pflicht wurde bei manchen Sendern durch die Verpflichtung zum Upload der Filmmusik in ein sogenanntes „Audiofingerprinting-System" (AFP) abgelöst. Da nicht alle TV-Sender das AFP-System nutzen, kann es auch zu Mischformen zwischen Musikaufstellungen und AFP-Upload kommen. Vor Beginn einer Produktion sollte daher unbedingt verbindlich geklärt werden, auf welche Weise die Musikaufstellung wem übermittelt wird.

Bei der Musikaufstellung sollte Folgendes beachtet werden:

- Der Inhalt der Musikaufstellung sollte mit dem der AV-Meldung identisch sein. Eventuell nötige zusätzliche Angaben wie Tonträgerhersteller sollten vollständig sein.
- Eine Kopie der Musikaufstellung sollte dem Komponisten zur Kontrolle übermittelt werden.
- Auch bei TV-Produktionen sollte zur Sicherheit eine Musikaufstellung angefertigt und dem TV-Sender übermittelt werden, auch wenn es nicht verpflichtend ist.

Sendetitel: **Hoch hinaus**

Prod.-Nr.: 334546-5656

Seite 1

MUSIKMELDUNG

(Anlage 1 zum Produktionsprotokoll)

Eigenproduktion
Auftragsproduktion: Ja
Auftragsproduzent: Wiesenfilm-Filmprod
Sendedatum: 13.05.2006
Sendezeit: 20.15 - 21.45

Archivnr.	Titel des Werkes	Komponist Vor- und Zuname	B-Bearbeiter T-Texter	Musikverlag	Schallplatten Firmen	LC-Nummer	Katalog-Nummer	Besetzung/ Interpret	Zeit
M1-88	Illustrationsmusik	Lieschen Müller		Manuskript					33 Min 35 Sek
2	Shine on	Carl Berger	T- Mike Berger	Mountain-Publishing	Alpen-Records	333333		Dino Marino	1 Min 11 Sek
3	Summer Boogie	Westwind	Westwind	Windmusic	Water-Records	888888		Westwind	0 Min 45 Sek
4	Symphonie No. 4, 1.Satz	L. v. Beethoven			Beethoven-Records	00000		Cu-Hai Symphony Orchestra	4 Min 23 Sek

Abb. 8: Musikaufstellung

Audiofingerprinting-System (AFP)

Ziel des Audiofingerprinting-Systems ist es, die Musikaufstellung automatisch zu generieren. Die Funktionalität ist komplex und kann hier nicht vollständig dargestellt werden. Stark vereinfacht gesagt passiert Folgendes: Das Sendesignal von TV-Sendern wird von einer Software gescannt. Diese sucht im Sendesignal nach Übereinstimmung mit Musiken, die sich im AFP-System befinden. Werden Musiken gefunden, werden diese in der jeweiligen Länge aufgelistet und der entsprechenden TV-Sendung zugeordnet. Diese Liste wird im Anschluss an die GEMA übermittelt. Sie entspricht im Idealfall der Musikaufstellung, die vom Produzenten manuell erstellt wurde.

Das System funktioniert im Moment (Stand 2023) nicht vollständig zufriedenstellend. Das Hauptproblem ist, dass ein hoher Anteil von Musiken nicht erkannt wird und demnach nicht in der Musikliste enthalten ist. Um das System zu verbessern, wird versucht, standardisierte Prozesse einzuführen. Besonders bei den öffentlich-rechtlichen Sendeanstalten erweist sich das aufgrund der komplexen Organisationsstrukturen als schwierig und langwierig. Es ist daher dringend empfehlenswert, sich regelmäßig bei der GEMA und den TV-Sendern darüber zu informieren, wie der Upload ins AFP-System bei den jeweiligen TV-Sendern genau vollzogen werden soll.

Beim Upload ins AFP-System sollte auf jeden Fall Folgendes beachtet werden (Stand 2023):

- Der Upload sollte sicherheitshalber doppelt erfolgen: einmal vom Komponisten oder dem Musikverlag über das Online-Portal der GEMA und einmal von der Produktionsfirma über die jeweiligen Portale der Sender.
- Beim Upload muss die Musik so hochgeladen werden, wie sie tatsächlich im Film verwendet wurde. Als Grundlage dafür wird am besten die isolierte Musikspur benutzt (siehe Abschnitt „AV-Meldung" S. 236).
- Vor dem Upload sollte mit dem Komponisten geprüft werden, welche Teile der isolierten Musikspur von ihm extra komponiert wurden und welche bereits veröffentlicht sind.
- Der Upload darf nur Musik enthalten, die extra für den Film komponiert wurde oder noch nicht anderweitig veröffentlicht ist. Songs, die bereits veröffentlicht wurden, sind im AFP-System bereits hinterlegt.

- Beim Upload müssen die richtigen Metadaten zu den Audiofiles angegeben werden. Diese müssen mindestens den Namen des Komponisten und die Datenbankwerknummer des Werkes enthalten. Daher sollte der Upload erst vorgenommen werden, nachdem die Werkanmeldung bei der GEMA erfolgt ist und eine Datenbankwerknummer vergeben wurde.

Nutzungsmeldung – Sendemeldung des Fernsehsenders

Die letzte und wichtigste Voraussetzung für die Ausschüttung der Tantiemen an den Komponisten ist die Nutzungsmeldung. Mit ihr meldet ein Nutzer, zum Beispiel ein TV-Sender, der GEMA, welche Musik er wann auf welche Weise und in welcher Länge benutzt hat. Alle Nutzer, die Musik bei der GEMA lizenzieren, sind zu dieser Meldung verpflichtet. Im Fernsehen wird diese Meldung auch „Sendemeldung" genannt. Sie basiert auf der Musikaufstellung der Produktionsfirma oder den Daten des AFP-Systems.

Die GEMA rechnet Tantiemen ausschließlich auf Basis der Angaben dieser Sendemeldung ab. Wenn dort versehentlich eine zu kurze Musiklänge angegeben wurde, bekommt der Komponist weniger Geld als ihm eigentlich zustehen würde. Wird eine ganze Sendung nicht gemeldet, so erhält der Komponist für diese Sendung kein Geld. Die Meldevorgänge sind nach wie vor nicht standardisiert und komplett automatisiert und werden von jedem Fernsehsender anders gehandhabt. Daher kommt es bei der Abrechnung von Tantiemen regelmäßig zu Problemen. Nach wie vor werden trotz fortschreitender Automatisierung nicht alle ausgestrahlten Musiken von den Sendern gemeldet. Ein Komponist hat zwar die Möglichkeit der Reklamation bei der GEMA – gesetzt den Fall, er weiß von bestimmten Ausstrahlungen, dies verlangt allerdings häufig eine mühsame und aufwendige Recherchearbeit sowohl vonseiten des Komponisten als auch von der GEMA. Zudem ist nicht gesichert, dass anschließend tatsächlich eine Nachzahlung der fehlenden Tantiemen erfolgt.

Kurz gesagt

Je sorgfältiger die einzelnen Meldeschritte vollzogen werden, desto größer ist die Chance, dass der Komponist die ihm zustehenden Tantiemen erhält. Alle Beteiligten sollten deshalb die einzelnen Schritte miteinander abstimmen.

Im Zusammenhang mit der Sendemeldung soll nicht unerwähnt bleiben, dass es vereinzelt kleine TV-Sender gibt, die nur eine Minimalpauschale an die GEMA bezahlen und keine Nutzungsmeldung abgeben müssen. Für Ausstrahlungen auf diesen Sendern bekommen die Komponisten daher entweder nichts oder nur sehr kleine Pauschalen ausbezahlt. Gleiches gilt für Streaming- oder Videoportale.

Herausforderungen für die GEMA

Die Globalisierung und immer neue Arten der Musiknutzung stellen Verwertungsgesellschaften vor bisher nicht gekannte Herausforderungen. Das betrifft nicht nur die Notwendigkeit zur Entwicklung von Lizenzmodellen. Insbesondere auch die praktische Durchführung des Lizenzierungsvorgangs und die Organisation der Verteilung der Lizenzeinnahmen werden immer anspruchsvoller. Die Folgen dieser Entwicklung sind auch im Filmbereich spürbar.

Internetformate und Spartensender

In immer kürzeren Abständen gibt es neue Auswertungsformen und -formate, die nur für die Nutzung im Internet konzipiert wurden. In Apps wie Snapchat, Instagram, TikTok und vielen anderen werden selbstverständlich Filmausschnitte mit Musik genutzt. Auf manchen Portalen wie YouTube oder Vimeo werden komplette Filme angeboten. Zudem wächst die Zahl kleiner Spartensender insbesondere im Pay-TV stark an. Fast jedes amerikanische Filmstudio hat inzwischen weltweit operierende Spartensender, in denen sowohl Eigenproduktionen als auch hinzugekaufte Fremdproduktionen gezeigt werden.

Die Aufgabe der GEMA ist es einerseits, für all diese Nutzungsformen marktfähige Lizenzmodelle für die Nutzer zu entwickeln. Andererseits müssen Konzepte entwickelt werden, wie die erzielten Lizenzeinnahmen an die jeweiligen Rechteinhaber, also Komponisten und Musikverlage, korrekt verteilt werden. Mit beidem tut sich die GEMA aus unterschiedlichen Gründen sehr schwer. Diese hier darzustellen, würde den Rahmen des Buches sprengen. Festzustellen ist aber, dass ein wachsender Anteil von Musik im Film in Bereichen verwertet wird, in denen es kaum oder noch keine Lizenzierungsmodelle und damit auch keine Einnahmen für die Komponisten gibt. Hinzu kommt, dass die Lizenzeinnahmen von vielen Spartensendern nach wie vor nicht nutzungsbezogen, sondern als Zuschlag verteilt wird. Es bekommen also nicht nur die Komponisten, deren Musik auf diesen Sendern läuft, Tantiemen, sondern alle Komponisten in der jeweiligen Sparte profitieren über Zuschläge von den Lizenzeinnahmen. Komponisten, die hauptsächlich für Formate im Internet oder kleine Spartensender komponieren, erhalten dadurch selbst bei häufiger Nutzung ihrer Musik sehr geringe Tantiemenausschüttungen.

Viele dieser Komponisten fragen sich, ob dann eine GEMA-Mitgliedschaft für sie überhaupt sinnvoll ist. Einige entscheiden sich deshalb, aus der GEMA auszutreten und zukünftig „GEMA-freie Musik" zu komponieren.

GEMA-freie Musik

Mit dem Begriff „GEMA-freie Musik" ist Musik gemeint, deren Komponisten weder in der GEMA noch bei einer anderen Verwertungsgesellschaft Mitglieder sind. Die Rechte an den Musiken werden also nicht durch eine Verwertungsgesellschaft wahrgenommen, sondern direkt von den Komponisten oder deren Vertrieben an die Nutzer lizenziert. In der Regel ist damit auch eine allumfassende Rechteabtretung verbunden. Diese Musiken werden ausschließlich nicht-exklusiv in GEMA-freien Music Libraries im Internet vertrieben. Sie sind dort nach Stimmungen geordnet, liegen in konfektionierten Längen vor und sind größtenteils günstig elektronisch produziert.

Die Nutzung GEMA-freier Musik nimmt in vielen Bereichen der Medienmusik drastisch zu. Es gibt ganze Sender, die ihr komplettes Programm nur mit GEMA-freier Musik bestücken. Diese zeigen allerdings keine Filme, sondern höchstens Formate wie Dokumentationen oder Realitysoaps. In filmähnlichen Formaten wird GEMA-freie Musik nur verwendet, wenn an die Musik praktisch kein Anspruch gestellt wird. Dazu gehören beispielsweise einfache Industrie- und Unternehmensfilme oder Pornofilme.

Allerdings: Die Nutzung GEMA-freier Musik kann Lizenznehmer in eine rechtlich heikle Situation bringen. Denn nach dem Urheberrechtsgesetz (§32 UrhG) hat ein Urheber Anspruch auf eine angemessene Vergütung und kann dies auch im Nachhinein geltend machen. Da sich die Vergütung eines Komponisten wie bereits erklärt aus seinem Budget und seinen GEMA-Tantiemen zusammensetzt, fällt der Höhe der Lizenzzahlung bei GEMA-freien Musiken ein entscheidendes Gewicht zu. Die Lizenzen jedoch, die für GEMA-freie Musik normalerweise bezahlt werden, stellen für den Komponisten nur höchst selten eine angemessene Vergütung dar.

Kurz gesagt

Lizenznehmer GEMA-freier Musik laufen Gefahr, selbst Jahre nach Nutzung der Musik mit Vergütungsnachforderungen des Komponisten konfrontiert zu werden.

Sollte zudem der Komponist zu einem späteren Zeitpunkt Mitglied einer Verwertungsgesellschaft werden, würde für den Auftraggeber ab diesem Zeitpunkt auf jeden Fall eine neue Lizenz bei der Verwertungsgesellschaft fällig werden. Der Auftraggeber muss diese dann entweder erwerben und kann die Musik weiter nutzen oder er muss ein neues GEMA-freies Musikstück lizenzieren. In beiden Fällen hat er erneut Lizenzkosten.

In Spielfilmen oder Serien ist die Nutzung GEMA-freier Musik als Score auch aus inhaltlichen Gründen nicht empfehlenswert. Dort wird angemessene Produktionsqualität benötigt und die Lizenzen für hochwertige GEMA-freie Musikproduktionen sind sehr teuer. Die einzelnen Musiken werden nur in Standardlängen lizenziert, das Anpassen der Musik an den Film ist aufwendig. Eine dramaturgische Anpassung ist praktisch unmöglich, da die Musik nicht zum Film komponiert wurde und sich daher nie an die Erfordernisse des Films anpassen kann. Sie kann bestenfalls ganz allgemein Stimmungen unterstreichen. GEMA-freie Musik ist nicht Ausdruck eines dramaturgischen und künstlerischen Konzepts, sondern ein musikalischer Gebrauchsgegenstand, der bei möglichst vielen Kunden durch Klischees eine schnelle oberflächliche Emotionalisierung erreichen möchte. Daher kann sie nie künstlerisch individuell, sondern muss immer generisch sein. Zuletzt: Die Kommunikation mit einem Komponisten entfällt und damit auch eine wichtige Möglichkeit, die Tondramaturgie eines Films von einem Fachmann überprüfen und gestalten zu lassen.

Auch wenn die Nutzung GEMA-freier Musik im Kontext von Filmen für Produktionsfirmen nicht sinnvoll ist, zeigt sich in der Zunahme von entsprechenden Angeboten in mehrfacher Hinsicht eine gefährliche Tendenz: Musik wird inhaltlich und finanziell massiv entwertet.

Zum einen ist bei GEMA-freier Musik das etablierte System von Erst- und Zweitvergütung obsolet. Komponisten leben dann de facto nur noch von Lizenzeinnahmen, die sie selbst mit ihren Auftraggebern verhandeln. Das führt zwangsläufig zu einem Preisverfall auch in Bereichen, in denen GEMA-Mitglieder mit GEMA-freien Angeboten konkurrieren, zum Beispiel beim Dokumentarfilm. Zum anderen fragen sich Produzenten und Auftraggeber immer häufiger, warum sie zukünftig überhaupt noch GEMA-Mitglieder beauftragen oder Musik bei GEMA-assoziierten Music Libraries lizenzieren sollen, wenn sie ganze Kataloge GEMA-freier Musik für überschaubare Flatrates lizenzieren können. Das Risiko, dass zukünftig vermehrt standardisierte Musik in Filmen genutzt wird, die ausschließlich nach finanziellen Gesichtspunkten ausgesucht wurde, steigt damit weiter.

Die Ausbreitung GEMA-freier Musik schwächt zudem die Position von Verwertungsgesellschaften auf dem Lizenzmarkt. Ihr Hauptzweck ist es, die Rechte von Musikautoren kollektiv wahrzunehmen und damit sicherzustellen, dass für Rechte auch zukünftig angemessen bezahlt wird. Je mehr Mitglieder sie hat und je mehr Rechte sie wahrnimmt, desto größer ist ihre Verhandlungsmacht. Je mehr Komponisten sie umgekehrt verlassen, desto schwächer wird auf Dauer ihre Position am Markt.

F6 INTERVIEW MIT MATTHIAS HORNSCHUH (KOMPONIST UND URHEBERRECHTS-AKTIVIST)

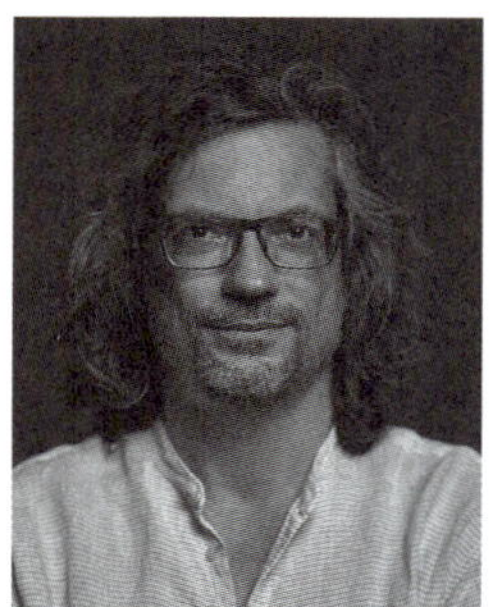

© Sebastian Linder

Matthias Hornschuh ist Komponist, Musiker, Musikproduzent und Autor. Er ist unter anderem Mitglied des GEMA-Aufsichtsrats und Sprecher der Kreativen in der Initiative Urheberrecht. Er gilt als der bekannteste und profilierteste Vertreter der Interessen von Autoren in der Öffentlichkeit.

Was sind deiner Einschätzung nach die größten Herausforderungen der kommenden Monate und Jahre für musikalische Urheber:innen in Deutschland?

Es gibt derzeit zwei absolut beherrschende Themen, die den Diskurs dominieren. Das eine ist künstliche Intelligenz/maschinelles Lernen und deren potenzielle Auswirkungen auf uns und die Gesellschaft. Das andere ist ein Bereich, den ich mal mit „freie Lizenzen" überschreiben würde. Ob das nun unter Open Access, Open Data, Open Educational Ressources (OER) oder schlicht Creative Commons (CC) läuft, tut wenig zur Sache; entscheidender ist, wer als Akteur und Treiber erkannt und beschrieben werden kann. Und das sind – zu unserem großen Erschrecken – vor allem Akteure, die auf Basis öffentlicher Zuwendungen ihre wirtschaftlichen Grundlagen nicht am Markt erwirtschaften müssen, die allerdings unter dem erheblichen Druck, unter dem sie stehen, dazu neigen, sich auf Narrative einzulassen, die tendenziell grob vereinfachend sind, um nicht zu sagen populistisch.

Es ist schwer zu übersehen, dass beide Themen Digitalthemen sind – ebenso wie die seit Jahren anhaltenden Auseinandersetzungen um angemessene Vergütung für Streaming, Mediatheken und User Generated Content-Plattformen wie YouTube oder TikTok. Digitalität lässt uns vieles machen, macht aber mindestens so viel mit uns. Digitalisierung kann man gewichten, Digitalität aber ist umfassend. Spätestens mit KI ändert sich alles, denn erstmals sind die hoch qualifizierten Jobs akut gefährdet, und wie immer gehören die Kulturberufe zu den ersten, die es trifft. Das ist nicht zuletzt auf das profunde Unwissen über unsere Arbeits- und Lebensbedingungen zurückzuführen. Wie wenig Gesellschaft und Staat von unserer Arbeitssituation, von den Geschäfts- und Erlösmodellen der überwiegend soloselbstständigen digital agierenden schöpferisch Tätigen verstehen, hat spätestens die Coronapandemie erbarmungslos offengelegt. Das völlige Fehlen gemeinschaftlicher Terms of Trade für die digitale Bewirtschaftung kultureller Güter und Leistungen geht weit über das Fehlen eines tragfähigen Rahmenrechts hinaus und ist tief im Kulturellen verortet.

Das klingt womöglich nach Abgesang, und tatsächlich gibt es Gründe, sich zu sorgen, zumal die Entwicklungen und Auswirkungen der sich exponentiell entfaltenden KI derzeit kaum seriös zu prognostizieren sind. Aber: Wir reden über Kultur und die geht natürlich weiter, nur eben absehbar mit weniger Erwerbskünstler:innen als zuvor.

Parallel zu diesen Entwicklungen befindet sich der öffentlich-rechtliche Rundfunk in Deutschland in der schwersten Krise seiner Geschichte – und mit ihm der nach wie vor bedeutendste Markt für Medienkomponist:innen.

Die Sorgen richten sich also nicht nur auf Digitales, doch auch hier ist die Digitalisierung der Treiber der Veränderungen.

Wichtiger denn je wird nun sein, dass die Betroffenen den Berufsverbänden ein breites Mandat geben. Denn nur als „repräsentativ" anerkannte Vereinigungen sind befugt, in Verhandlungen mit Verwertern einzutreten. Und nur mit einer starken gemeinsamen Stimme können wir im politischen Raum Gehör finden.

Welche Konsequenzen bringen die Entwicklungen der zahlreichen neuen Nutzungsformen im Internet für Musikautor:innen mit sich?

Tendenziell ist ein ideeller und damit automatisch auch ein materieller Wertverlust kultureller und medialer Inhalte zu beobachten, der sowohl mit der hohen Verfügbarkeit zusammenhängt als auch mit der ungebrochenen Schwemme neuer Inhalte und dem Mangel an orientierenden Strukturen. Kultur- und zumal Musikjournalismus finden kaum noch statt, die deutsche Filmkritik ignoriert die Tonspur, und damit die Filmmusik, annähernd vollständig. Musik aus deutscher Produktion ist im deutschsprachigen Rundfunk absolut ins Hintertreffen geraten, was übrigens beim (Fernseh-)Film ganz anders aussieht. Es fehlen Vermittlungsangebote; gemeinschaftsstiftende kulturelle Momente wie die Familienserien der 80er-Jahre, Blockbusterfilme oder Radiohits werden immer seltener. Wenn aber nicht mehr alle das Gleiche kennen, kann sich darauf keine Gemeinschaft mehr gründen.

Interessanterweise nimmt die Nachfrage nach musikalischen Gütern und Leistungen allerdings nicht ab, eher im Gegenteil. Daher gibt es gute Gründe, auf den Prinzipien angemessener und verhältnismäßiger Vergütung für jede stattfindende Nutzung zu beharren. Während das für Musikautor:innen mit der starken GEMA im Rücken noch einigermaßen funktioniert und selbst die Online-Erlöse allmählich ansteigen, brechen den Musiker:innen die Einnahmen in dramatischem Umfang weg – und sie konnten auch durch das 2021 reformierte Urheberrecht bislang nicht substituiert werden. Das liegt nicht zuletzt daran, dass die für Musikerleistungen zuständige Verwertungsgesellschaft GVL die Online-Rechte gar nicht (oder vielmehr im Wesentlichen nicht) wahrnimmt – und genau darin läge wohl die einzige für mich erkennbare Lösung.

Denkst du, die Idee der kollektiven Rechtewahrnehmung wird auch in der globalisierten Welt eine Chance haben zu überleben?

Ja, davon bin ich überzeugt. Der einzige Schutz des Individuums liegt in diesem hoch asymmetrischen Markt, in dem also keine Machtbalance zwischen Anbietern und Nachfragenden existiert, im Kollektiv. Interessante Entwicklungen wälzen gleichwohl die Welt der VGs um, indem etwa die US-Verwertungsgesellschaft BMI kürzlich ihren Status von „non-profit" zu „for-profit" geändert hat, während die ASCAP „non-profit" bleibt. Die europäischen VGs müssen enger zusammenarbeiten, um den gesamteuropäischen und ggf. auch einen internationalen Markt jenseits nationaler Silos bedienen zu können. Das Tempo technologischer Entwicklungen und des damit einhergehenden kulturellen Wandels nimmt aktuell so dramatisch zu, dass wenige kommende Jahre über die Zukunft des Systems autorengelenkter Verwertungsgesellschaften entscheiden werden. Damit das in unserem Sinne – und damit auch im Sinne von Nachhaltigkeit und Vielfalt – funktioniert, werden wir Urheber:innen starkes Engagement zeigen und ganz sicher die eine oder andere eher unangenehme Entscheidung treffen müssen. Anders als die Versprechen der Digitalisierung von Demokratisierung und Transparenz uns glauben machen wollten, werden wir, so meine Vermutung, wohl eher eine Tendenz zu pauschalen Vergütungsvereinbarungen sehen. Interne Verteilungskämpfe bleiben uns so wohl erhalten.

Welche politischen Maßnahmen bräuchte es, um die Erwerbssituation von Musikautor:innen zu stabilisieren und die damit verbundenen Risiken zu reduzieren?

Wir brauchen starke Verwertungsgesellschaften, starke Verbände mit so vielen Mitgliedern wie möglich (Repräsentativität und Mandatsstärke), gemeinsame Dachstrukturen auf nationaler, europäischer und internationaler Ebene. Genug schöpferisch Tätige, die bereit sind, sich ehrenamtlich zu engagieren – was übrigens nicht immer vergütungsfrei bedeuten muss und auch nicht immer automatisch bedeutet, sich öffentlich zeigen zu müssen.

Wir müssen uns weiter professionalisieren und brauchen tragfähige und belastbare Strukturen, und das bedeutet ganz konkret auch, dass wir eine auskömmliche Finanzierung benötigen. Dafür reichen Mitgliedsbeiträge oft nicht aus, also müssen wir über Fördermöglichkeiten nachdenken. Diese dürfen uns aber nicht in unserer politischen Arbeit begrenzen.

Gemeinsam müssen wir uns für die Ausgestaltung rechtlicher und wirtschaftlicher Rahmenbedingungen einsetzen: Urheberrecht, Künstlersozialversicherung, Basis- oder Mindesthonorare, soziale Absicherung, Vorsorge fürs Alter oder für Erwerbs- und Einkommenslosigkeit, Erhalt und Ausgestaltung des öffentlich-rechtlichen Rundfunks usw. Das große Problem bei dieser Vielfalt von Themen und Aspekten: Sie liegen nicht in einer Hand, sondern in unterschiedlichen Hoheiten und getrennten Ressorts. Da, wo keine Gesamtverantwortung zugeordnet ist, dominiert oft Verantwortungsdiffusion als Prinzip.

Wie stehst du zu der These, Filmmusik werde immer mehr von einem gesellschaftlichen Gut zu einer reinen Konsumware?

Davon halte ich überhaupt nichts, ganz im Gegenteil. Mal davon abgesehen, dass früher selbstverständlich nicht alles besser war, sondern wir uns eben immer vor allem an das erinnern, was bleibt, bin ich da eher bei Vasco Hexel, der in seinem Buch *Total Soundtrack Composition* dafür plädiert, jüngere Entwicklungen im Bereich der Audiopostproduction als kreative Befreiung zu betrachten. Wir verfügen heute über einen quasi unbegrenzten Pool von Möglichkeiten, und das an fast jedem Ort der Welt. Orchester, Chöre und Solisten bleiben, doch Studiotools, analoge und digitale Synths, Granularsynthese, neue ästhetische Praxen und vielleicht auch eine gewisse Relativierung der bislang ungebrochenen Dominanz weißer westlicher musikalischer Parameter führen zu Neubewertungen des Künstlerischen in der Filmmusik und damit natürlich auch zu Irritationen und Abwehr. Das lässt sich anhand des Umgangs mit Volker Bertelmanns *Im Westen nichts Neues* sehr gut nachvollziehen.

Für mich bleibt Filmmusik eine originäre Autorenleistung, und gerade dieses Moment des Eigenen, Persönlichen, Authentischen wird uns keine KI so schnell nehmen können.

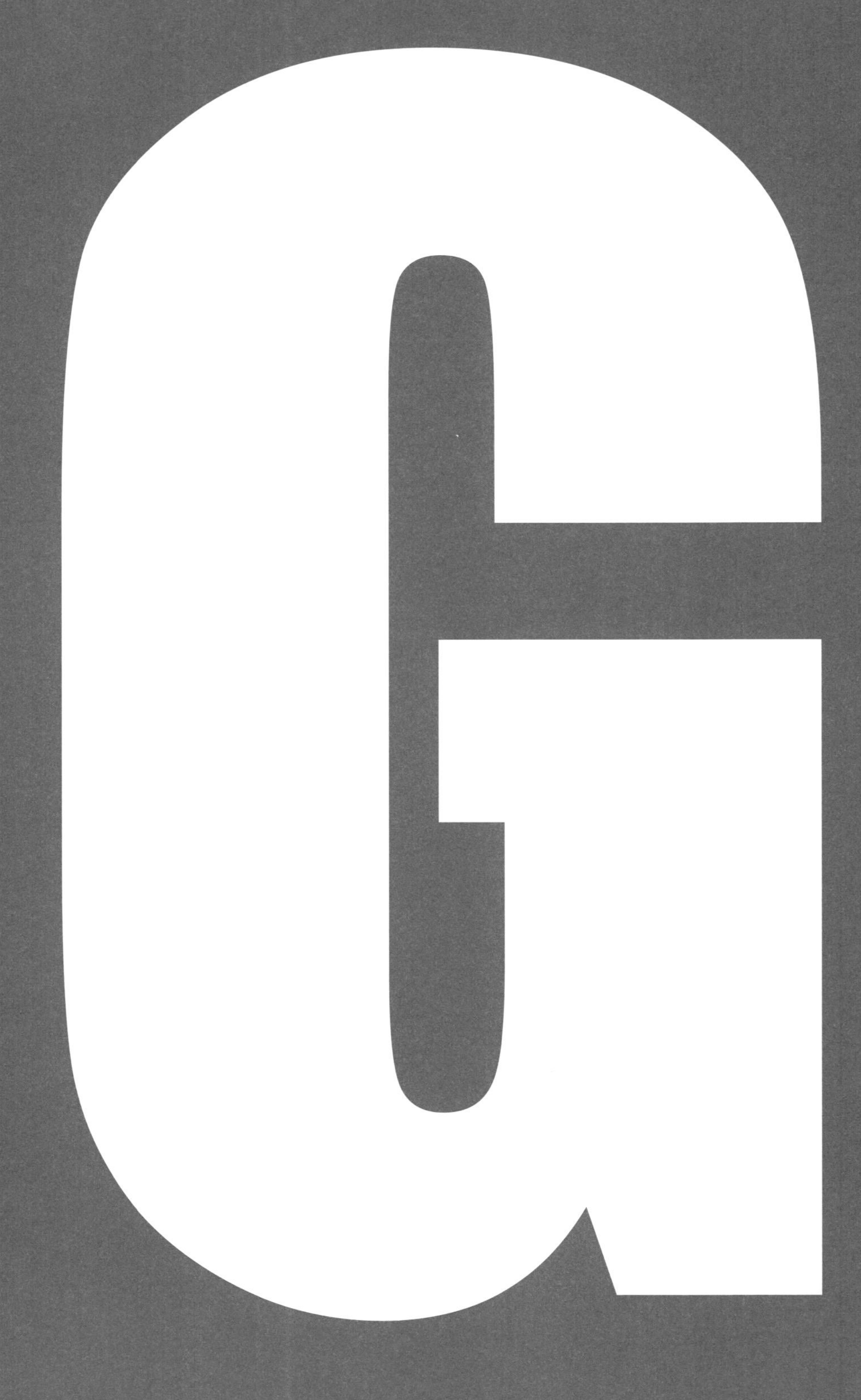

SCHNELL-DURCHLAUF

G1 FILMMUSIK-DRAMATURGISCHE GRUNDKONZEPTE (A1)

- Man kann grundsätzlich drei musikdramaturgische Zugänge zu einem Film unterscheiden:
  - Die Filmmusik kann mit der Handlung spielen.
  - Die Filmmusik kann gegen die Handlung spielen.
  - Die Filmmusik kann den Subtext der Handlung spielen.
- Komponieren setzt ein musikalisches Konzept voraus. Komponieren für Film setzt ein musikalisches und dramaturgisches Konzept voraus.
- Die Tonebene ist in aller Regel das „emotionale Gewissen" eines Films. Sie kann Emotionalität verdichten, die Aufmerksamkeit des Publikums lenken und dem Bild ungeahnte Dimensionen hinzufügen. Sie ist deshalb der Schlüssel zum emotionalen Rhythmus eines Films.
- Wenn ein Film keine emotionale Tiefe oder Mehrdimensionalität hat, kann Musik sie auch nicht künstlich erzeugen.
- Idealerweise wird Musik nur eingesetzt, wenn es einen klaren dramaturgischen Grund für ihren Einsatz gibt.

G2 AUSWAHL DES KOMPONISTEN (B1)

- Grundsätzlich gilt: Je früher der Komponist engagiert wird, desto besser.
- Die frühzeitige Entscheidung für einen Komponisten kostet nicht mehr, sie wird aber fast immer zu einem besseren Ergebnis führen.
- Auftraggeber können sich bei der Verpflichtung eines Komponisten an folgenden Fragen orientieren:
  - Hat der Komponist Erfahrung in unterschiedlichen Musikproduktionsarten?
  - Ist der Komponist teamfähig?
  - Denkt und komponiert der Komponist flexibel und filmbezogen?
  - Ist der Komponist organisiert und zuverlässig?
- Ausschreibungen (Pitches) sollten möglichst vermieden werden. Falls nötig sollten gezielt Konzeptgespräche mit möglichen Komponisten geführt werden.

G3 ROHSCHNITT (C1)

- Eine gute Kommunikation zwischen Komponist und Cutter hilft sowohl dem Schnitt als auch der Musik.
- Die Verwendung von Temp-Tracks im Rohschnitt ist nur sinnvoll, wenn die Musiken dafür sorgfältig ausgesucht werden, vorzugsweise unter Mitwirkung des Komponisten.
- Ein Temp-Track sollte als Hilfestellung verstanden werden. Er verdeutlicht die dramaturgischen und emotionalen Eckpunkte einer Geschichte.
- Spätestens am Ende des Rohschnitts ist es sinnvoll, auch das Sounddesign in die dramaturgischen Überlegungen mit einzubeziehen.
- Es ist ratsam, nach Feinschnittende eine allgemeine Tonbesprechung abzuhalten. An dieser nehmen Sounddesigner, Komponist, Regisseur und ggf. Filmmischtonmeister teil. Hier werden Grundparameter für die Gestaltung der Tonebene besprochen.

G4 SPOTTING-SESSION (C3)

- Die Spotting-Session findet nach Beendigung des Feinschnitts (*locked picture*) statt. Sie dient dazu, die endgültige Menge der Filmmusik, ihre genauen Ein- und Ausstiegspunkte und ihre dramaturgische Funktion an den jeweiligen Stellen festzulegen.
- Vier Grundfragen bestimmen das Spotting:
  - Welche Rolle spielt die Musik auf der Tonebene?
  - Warum braucht diese Stelle Musik?
  - Was soll die Musik aussagen?
  - Welche Perspektive soll die Musik einnehmen?
- Diese vier Fragen machen den Unterschied aus zwischen Filmmusik aus einem Guss und Filmmusik, die lediglich aus einer Abfolge von Musikstücken besteht, die irgendwie zu den Bildern passt. Zu wissen, warum an einer bestimmten Stelle Musik sein soll und was sie erreichen möchte, erleichtert das Finden eines musikdramaturgischen Konzepts wesentlich.
- Rechtzeitige umfassende Absprachen ersparen es dem Komponisten, unnötigerweise Alternativen erarbeiten zu müssen und verringern das Risiko aufwendiger Änderungen. Sorgfältiges Spotting spart deshalb Zeit und Geld.
- Die Dokumentation der Spotting-Session in Form eines Cue-Sheets ist ratsam. Das Cue-Sheet gibt einen sehr schnellen und einfachen Überblick über alle Fragen, die mit zeitlicher Einordnung von Musik zu tun haben. Zudem ist es für alle Beteiligten eine verlässliche Kommunikationsgrundlage.

G5 KOMMUNIKATION (C5)

- Das Vertrauen in die kreativen Fähigkeiten des Komponisten ist ein Schlüssel zur erfolgreichen Zusammenarbeit.
- Die beste gemeinsame Sprache von Regisseur und Komponist besteht aus Worten, die Gefühle umschreiben und Dramaturgie erklären.
- Es ist für Fachfremde sehr schwierig, ohne lange intensive Beschäftigung die musikalische Fachsprache des Komponisten zu erlernen.
- Bei der Suche nach den musikalisch wirkungsvollsten Mitteln können dem Komponisten emotionale und dramaturgische Hinweise helfen, aber keine technischen Anweisungen. Eine gute Methode ist es, dem Komponisten nicht die eigenen Gefühle zu beschreiben, sondern das Gefühl, das der Zuschauer haben soll.
- Die beste und effektivste Kommunikationsform ist das persönliche Gespräch, es erleichtert das Finden einer gemeinsamen Sprache.
- Je mehr Menschen an musikalischen Entscheidungsprozessen beteiligt sind, desto schwieriger ist es, eine gemeinsame Sprache zu finden und desto notwendiger ist eine klare Kommunikationsstruktur.
- Es ist wichtig, nachvollziehbare und möglichst objektive Argumente zu finden und sich bei der Beurteilung von Musik nicht nur vom persönlichen Geschmack leiten zu lassen.
- Die technischen Voraussetzungen beim Anhören von Downloads und damit die Wirkung der Musik sind bei allen Beteiligten sehr unterschiedlich. Über Filmmusik auf Basis von Downloads zu sprechen, die vorab verschickt wurden, führt daher oft zu Missverständnissen.

G6 KOMPOSITION (D1)

- Am Beginn jeder Komposition steht die Suche nach dem musikalischen Material. Die wesentlichen Materialentscheidungen betreffen die Grundparameter „Melodik", „Harmonik", „Rhythmus" und „Instrumentierung" der Musik.
- Die richtige Balance zwischen den musikalischen Grundparametern ist der Schlüssel zu einer wirkungsvollen Musik. Sie muss bei jedem Film neu gesucht werden.
- Die Wahl des musikalischen Materials wird wesentlich von Inszenierung, Bildgestaltung, Schnitt und Tonebene beeinflusst. Diese unterscheiden sich bei jedem Film. Daher muss auch das musikalische Material für jeden Film neu gesucht werden.
- Sobald hinsichtlich des Materials Entscheidungen gefallen sind, beginnt der Komponist, seine Musik aufzuschreiben und Layouts zu produzieren. Layouts sind die musikalischen Vorschläge des Komponisten für den jeweiligen Film.
- Ein MIDI-Layout ist eine klangliche Simulation der Komposition auf elektronischer Basis. MIDI-Layouts dienen der Orientierung und sind als Hilfestellung für Regie und Auftraggeber gedacht.
- Die Menge der geschriebenen Musik pro Tag variiert je nach Anforderung eines Projekts. Sie hängt außerdem von der jeweiligen Arbeitsphase ab. Sie erhöht sich spürbar, sobald die Hauptthemen und die Stilistik feststehen. „Schreiben" bedeutet in diesem Zusammenhang, dass die Musik sowohl komponiert ist als auch als MIDI-Layout vorliegt.
- Erfahrene Filmkomponisten beschäftigen sich auch damit, wie sich die Musik in der Filmmischung optimal in die Tonebene integrieren lässt. Sie beschäftigen sich nicht nur mit musikalischen Visionen und kompositorischen Konzepten.
- Ziel der Komposition ist es, im Kontext des Films eine möglichst gute Wirkung im Sinne des Gesamtwerks zu erzielen.

G7 PRODUKTION (D3)

- Im Wesentlichen lassen sich drei Arten von Produktionen unterscheiden: die rein elektronische Produktion, die Mischproduktion (auch „Hybridproduktion" genannt) und die reine Liveproduktion.
- Bei Mischproduktionen und Liveproduktionen braucht der Komponist ausreichend Zeit, um die Produktion vorzubereiten und durchzuführen.
- Sowohl die Buchung professioneller Musiker als auch die dazugehörige Organisation verursachen Kosten. Diese zu minimieren, indem man mit im Stundensatz günstigeren Semiprofis arbeitet oder das Geld für den Contractor spart, endet meist in einem völlig unbefriedigenden Ergebnis.
- Für Filmmusik ist der Produktionsprozess genauso wichtig wie der Kompositionsprozess. Eine sorgfältige Produktion kann die Wirkung der Musik entscheidend beeinflussen und erfordert ausreichend zeitliche und finanzielle Ressourcen.

G8 KOMPONISTEN UND IHR TEAM (D5)

- Ohne professionelle Mitarbeiter wären die meisten Filmmusikproduktionen zeitlich entweder nicht durchführbar oder würden spürbar an Qualität verlieren.
- Professionelle Mitarbeiter kosten Geld. Dies sollte man bei der Budgetierung von Projekten immer bedenken.

G9 SONGS IM FILM (E)

- Die Entscheidung, welche Source-Musiken eingesetzt werden, sollte aus inhaltlichen und rechtlichen Gesichtspunkten getroffen werden. Inhaltlich relevante und subjektive – rein vom persönlichen Geschmack bestimmte – Argumente sollten unterschieden werden.
- Im Gegensatz zu Songs bietet komponierte Filmmusik (Score) die Chance, auf die dramaturgischen Notwendigkeiten des Films zu reagieren. Komponierte dramaturgische Musik ist wie ein Maßanzug zum Film. Songs wirken dagegen oft wie ein Anzug von der Stange.
- Die emotionale Verknüpfung von Song und Bild funktioniert nur, wenn die Songs nach inhaltlichen Kriterien ausgesucht werden. Reine Marketingstrategien werden vom Zuschauer schnell durchschaut.

G10 DER FILMMUSIK-VERTRAG (F1)

- Grundsätzlich kann man aus Sicht des Komponisten zwei Formen der Vertragsgestaltung unterscheiden: den Package-Deal und den Split-Deal.
- Bei einem Package-Deal handelt der Komponist mit dem Auftraggeber eine pauschale Summe aus. In dieser sind sowohl das Kompositionshonorar als auch das Musikproduktionsbudget enthalten. Der Komponist gibt zu einem vereinbarten Zeitpunkt die fertige Musik, das sogenannte „Masterband", in die Filmmischung. Sämtliche im Zusammenhang mit der Produktion der Filmmusik anfallenden Kosten trägt der Komponist.
- Beim Split-Deal werden Kompositionshonorar und Musikproduktionskosten getrennt verhandelt und getrennt vertraglich vereinbart.
- Package-Deals sind bei rein elektronischen Produktionen oder kleinen Overdub-Produktionen sinnvoll. Bei Produktionen mit größerem Ensemble oder Orchester sollten Kompositionshonorar und Produktionsbudget getrennt werden. Transparenz durch detaillierte Kostenvoranschläge gibt allen Beteiligten Sicherheit.
- Es ist für alle Vertragspartner empfehlenswert, die neben den abgetretenen Rechten wichtigsten Fragen vorab zu klären und vertraglich zu fixieren, bevor der Komponist seine Arbeit aufnimmt.
- Die Verlagsrechte dienen der Refinanzierung der Auftraggeber durch die Tantiemen der Komponisten. Für die Auswertung des Films werden sie nicht benötigt. Ob der Abschluss eines Verlagsvertrags für den Komponisten sinnvoll ist, sollte daher im Einzelfall genau geprüft werden.

G11 BUDGETS (F3)

- Es lohnt sich, das Musikbudget sorgfältig und angemessen zu kalkulieren. Eine gut komponierte und produzierte Filmmusik hat für einen Film einen unschätzbaren Wert.
- Qualität kostet Geld. Ein unzureichendes Budget mündet auch oft in eine unzureichende Filmmusik.

G12 GEMA (F5)

- Die GEMA (Gesellschaft für musikalische Aufführungs- und mechanische Vervielfältigungsrechte) ist eine Verwertungsgesellschaft. Sie nimmt die Urheberrechte ihrer Mitglieder wahr. Mitglieder können Komponisten, Bearbeiter, Textdichter und Musikverleger sein.
- Die GEMA schüttet nach bestimmten Regeln Tantiemen an ihre Mitglieder aus, wenn deren Musik genutzt wird, zum Beispiel in einem Film. Die Höhe der Tantiemen hängt von variablen Faktoren ab, deshalb können keine pauschalen Aussagen oder Prognosen über GEMA-Einnahmen von Komponisten getroffen werden.
- Der Komponist oder – falls beteiligt – sein Musikverlag ist verantwortlich für die Anmeldung eines Musikwerks bei der GEMA. Nach der Anmeldung erhält jedes Werk eine Datenbankwerknummer, unter der es eindeutig identifizierbar ist.
- Der Fernsehsender ist dafür verantwortlich, alle von ihm ausgestrahlten Musikstücke der GEMA zu melden (Sendemeldung).
- Die meisten Probleme bei der Tantiemenauszahlung beruhen auf nicht vorgenommenen oder fehlerhaften Werkanmeldungen und Sendemeldungen. Auf eine korrekte und sorgfältige Meldung muss deshalb von allen Seiten Wert gelegt werden.
- Wenn die Auswertung einer Fernsehproduktion im Ausland oder auf anderen Medien als TV geplant ist, sollte die Auswahl von vorbestehenden Musikstücken, die nicht extra für den Film komponiert wurden, sorgfältig überlegt werden.

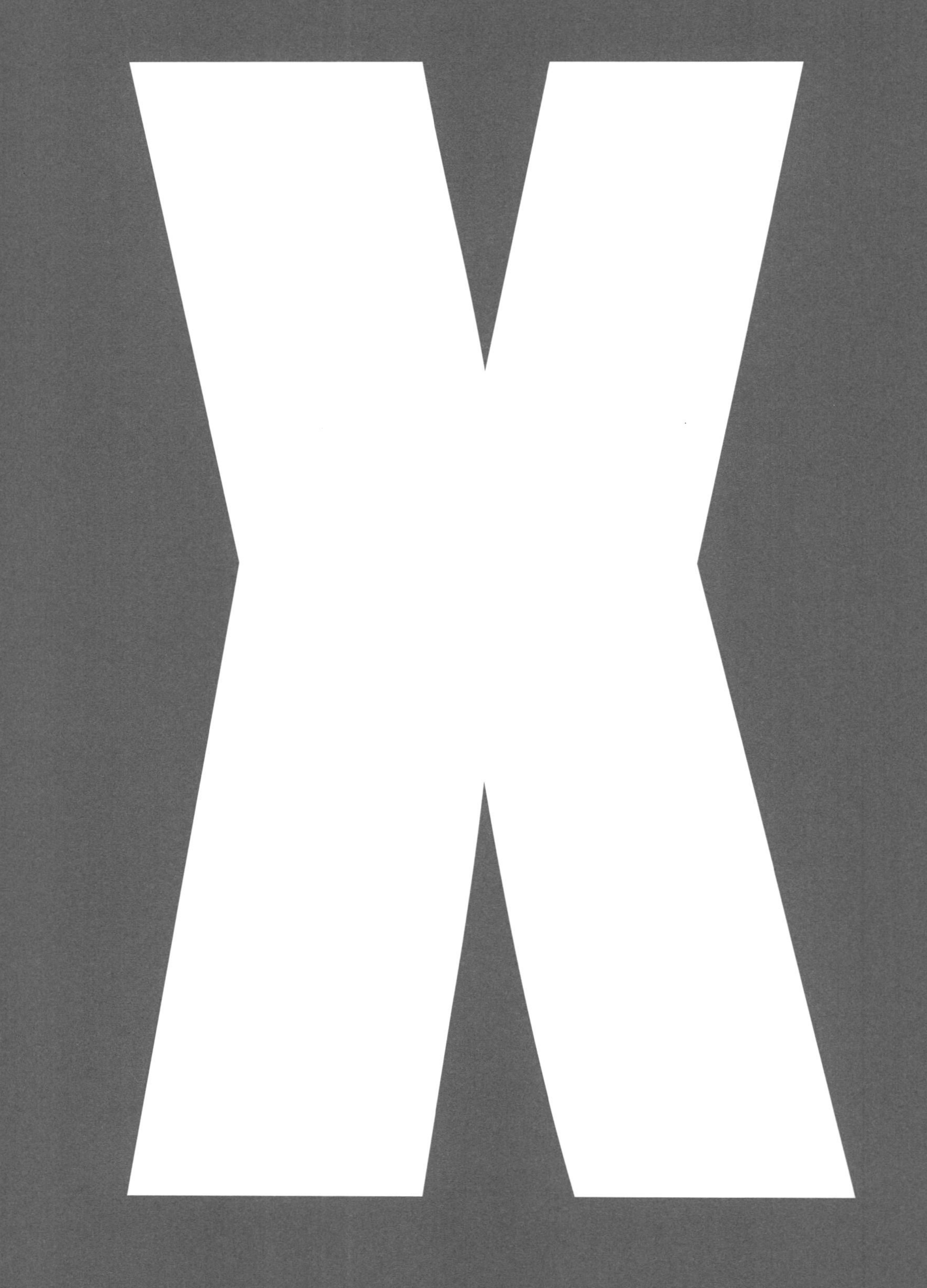

RESSOURCEN

Die folgende Liste mit weiterführender Literatur ist eine Auswahl an Film- bzw. Filmmusikliteratur, die sich über die Jahre als hilfreich und wertvoll erwiesen hat. Viele der Bücher sind nur noch gebraucht oder antiquarisch erhältlich. Für intensivere Beschäftigung mit konzeptionellen und musikdramaturgischen Fragen eignen sich besonders Bücher mit Interviewausschnitten, da sie auch ohne Fachvokabular verständlich und sehr instruktiv sind.

X1 KOMMENTIERTE LITERATURLISTE (NACH ERSCHEINUNGSJAHR)

Filmmusikpraxis

- Karlin, Fred: *Listening to Movies.*
  Belmont/CA [Wadsworth Publishing] 1994

Überblick über die wichtigsten Prozesse der Filmmusikproduktion in der vordigitalen Welt. Ausführliche Erklärung des amerikanischen Studiosystems bis zur Jahrtausendwende.

- Davis, Richard: *Complete Guide to Film Scoring.*
  2. Auflage, Boston/MA [Berklee Press] 2012

Sehr systematische Darstellung eines Filmmusikprofessors des renommierten Berklee College of Music. Gute Zusammenfassung der Filmmusikgeschichte, viele Informationen über Rahmenbedingungen (Verträge, Preise, Verwertungsgesellschaften etc.), allerdings stark an amerikanischen Verhältnissen orientiert. Sehr gute Interviews.

- Rona, Jeff: *The Reel World.*
  3. Auflage, Lanham/MD [Rowman and Littlefield Publishers] 2022

Das englischsprachige Standardbuch. Sehr anschaulich und systematisch gut aufgebaut. Sehr moderne Sicht von Filmmusik als „Dienstleisterin". Viele Randbereiche werden behandelt, über die sonst eher geschwiegen wird (Verträge etc.).

Filmmusiktheorie

- Adorno, Theodor W.; Eisler, Hanns: *Komposition für den Film.* Hamburg [Europäische Verlagsanstalt] 1996

Sehr eindimensionale und ideologische Sicht auf die Rolle von Musik im Film. Dennoch historisches Dokument und eines der ersten Bücher, die sich grundlegend mit der Beziehung zwischen Musik und Film beschäftigt haben. Die Erstauflage ist 1947 erschienen.

- Klüppelholz, Werner: Thesen zu einer Theorie der Filmmusik. In: Kopiez, Reinhard (Hrsg.): *Musikwissenschaft zwischen Kunst, Ästhetik und Experiment.* Festschrift Helga de la Motte-Haber zum 60. Geburtstag. Würzburg [Königshausen und Neumann] 1998, S. 295–300

Ein Grundlagenaufsatz zu einer Theorie der Filmmusik, der die Probleme einer wissenschaftlichen Betrachtung sehr gut auf den Punkt bringt.

- Kreuzer, Anselm: *Filmmusik in Theorie und Praxis.* Köln [Herbert von Halem Verlag] 2009

Das einzige deutschsprachige Buch, dass Filmmusiktheorie in eine sinnvolle Beziehung zur Praxis stellt.

Interviews/Porträts

- Previn, André: *No Minor Chords.* London [Transworld Publishers] 1993

Autobiografie eines der erfolgreichsten Komponisten des „Golden Age of Hollywood".

- Thomas, Tony: *Music for the Movies.* Los Angeles [Silman-James Press] 1997

Der amerikanische Bestseller. Viele Interviews mit Komponisten, eher aus dem „Golden Age of Hollywood". Viele Anekdoten und Geschichten. Ein Lesebuch zum Reinschnuppern in die Welt der Filmmusik.

- Schelle, Michael: *The Score, Interviews with Film Composers.* Los Angeles [Silman-James Press] 1998

Der Name ist Programm. Sehr viele verschiedene Komponisten, besonders die junge Hollywood-Generation kommt zu Wort.

- Burlingame, Jon: *Sound and Vision.*
  New York [Billboard Books] 2000

Das Referenzbuch des amerikanischen Kinofilmmarktes des renommiertesten Filmmusikjournalisten Amerikas. Enthält ausschließlich Komponistenporträts und Beschreibungen einzelner Soundtracks.

- Morgan, David: *Knowing the Score.*
  New York [Harper Collins Books] 2000

Ausschließlich Interviews mit amerikanischen Komponisten. Sehr detailliert geführt, viele interessante konzeptionelle Anregungen.

Musikindustrie

- Passmann, Donald S.: *All You Need to Know About the Music Business.* 10. Auflage, New York [Simon + Schuster] 2019

Das absolute Standardwerk zur internationalen Musikindustrie. Alles, was man besonders über englischsprachige Verträge wissen muss.

Sounddesign/Filmschnitt

- Chion, Michel: *Audiovision, Sound on Screen.*
  New York [Columbia University Press] 1994

Generelle Überlegungen und Analysen zum Thema „Ton im Film". Lange Zeit das einzige Buch dieser Art und wegweisend für die weitere Literatur. Standardlektüre vieler Filmwissenschaftler und Journalisten.

- Murch, Walter: *The Blink of an Eye.*
  Los Angeles [Silman-James Press] 2001

Kleines, extrem instruktives Buch zum Thema „Filmschnitt". Die „Bibel" vieler Cutter mit vielen grundsätzlichen Überlegungen zum Thema „Rhythmus und Emotionalität" im Film.

- Ondaatje, Michael: *The Conversations: Walter Murch and the Art of Editing Film.* New York [Alfred A. Knopf] 2004

Autor Michael Ondaatje im Zweigespräch mit Editor Walter Murch über Filmschnitt, Filmsound, Storytelling und das Leben. Sehr inspirierend und lehrreich.

Staatliche Ausbildungsstätten

- Hochschule für Musik und Theater München, Arcisstraße 12, 80333 München, www.musikhochschule-muenchen.mhn.de, Studiengang: Komposition für Film und Medien
- Filmakademie Baden-Württemberg, Akademiehof 10, 71638 Ludwigsburg, www.filmakademie.de, Studiengang: Filmmusik/Sounddesign
- Hochschule für Film und Fernsehen Potsdam-Babelsberg, Marlene-Dietrich-Allee 11, 14482 Potsdam, www.hff-potsdam.de, Studiengang: Filmmusik

Verwertungsgesellschaften

- GEMA (Deutschland), Gesellschaft für musikalische Aufführungs- und mechanische Vervielfältigungsrechte, Bayreuther Straße 37, 10787 Berlin, www.gema.de
- GVL (Deutschland), Gesellschaft für die Verwertung von Leistungsschutzrechten, Podbielskiallee 64, 14195 Berlin, www.gvl.de
- AKM (Österreich), Autoren, Komponisten und Musikverleger, Verwertungsgesellschaft, Baumannstraße 10, 1030 Wien, www.akm.at
- SUISA (Schweiz), Schweizerische Gesellschaft für die Rechte der Urheber musikalischer Werke, Bellariastrasse 82, Postfach 782, 8038 Zürich, www.suisa.ch

Berufsverbände

- CC Composers Club e.V., Bachstraße 6, 25337 Elmshorn, www.composers-club.de

Berufsverband von Auftragskomponisten in Deutschland

- Deutscher Komponistenverband, Bayreuther Straße 37, 10787 Berlin, www.komponistenverband.de, www.defkom.de

Berufsverband von Komponisten aller Sparten

Websites

- www.filmmusicsociety.org

Gemeinnütziger Verein zur Förderung von Filmmusik.
Viele interessante Publikationen.

- www.filmscoremonthly.com

Die Website des bekanntesten Filmmusikmagazins Amerikas.

- www.cinemusic.de

Deutschsprachiges Online-Magazin für Filmmusik.

- www.soundtrack.net

Englischsprachiges Forum für Filmmusik.

- www.scoringsessions.com

Englischsprachige Website mit Information zu aktuellen Filmmusikproduktionen und Filmkomponisten.

- www.vi-control.net

Englischsprachiges Forum für Sampling und Orchestersimulation.

- www.cinemamusica.de

Die Website des einzigen deutschen Filmmusikmagazins.

X2 GLOSSAR

Click-Track, Click

Ein Click-Track ist ein vom Computer oder einem Metronom generiertes Ticken, das den Takt und den genauen Tempoverlauf eines Musikstücks angibt. Bei einer Aufnahme mit Livemusikern wird er den Musikern während der Aufnahme in den Kopfhörer eingespielt, um Temposchwankungen zu vermeiden und die Synchronität der Musik zum Bild sicherzustellen.

Contractor

Falls mit einem Orchester oder einem Ensemble aufgenommen werden soll, das aus einzelnen Musikern extra für die Aufnahme zusammengestellt wird, fallen viele administrative Tätigkeiten an. Diese werden in der Regel von einem Contractor übernommen. Er organisiert nach Rücksprache mit dem Komponisten die Musiker, koordiniert deren Termine und übernimmt weitere anfallende Arbeiten wie zum Beispiel das Ausfertigen von Rechnungen und GVL-Belegen. Die Höhe seines Honorars richtet sich nach dem Umfang seiner Tätigkeit.

Cue

„Cue" (engl.) bedeutet wörtlich „Einsatz" oder „Musikeinsatz". Im Film wird jedes Musikstück als „Music-cue" oder „Cue" bezeichnet. Meist werden Cues fortlaufend nummeriert. Cue „M45" ist beispielsweise das 45. Musikstück in einem Film.

Cutter

Der Cutter, früher in Deutschland Filmschnittmeister genannt, ist verantwortlich für die Montage der Bilder, die gedreht wurden. Über den Filmschnitt hat er großen Einfluss auf dramaturgische Strukturen und das Timing eines Films.

Establishing-Shot
Eine Kameraeinstellung am Beginn eines Films oder einer Szene im Film, die meist eine Totale zeigt. Sie dient dazu, den Ort oder die Umgebung zu etablieren, in der der Film bzw. die Szene spielt.

Fade-out
In der Bildsprache bedeutet Fade-out Abblende. Das Bild wird immer dunkler bis hin zum Schwarz. Im Audiobereich spricht man von Ausblende. Musik oder Geräusche werden immer leiser, bis sie nicht mehr hörbar sind.

Fernsehauftragsproduktion
Wenn ein Fernsehsender bei einer Produktionsfirma die Produktion eines Films oder einer Serie in Auftrag gibt, handelt es sich um eine sogenannte „Fernsehauftragsproduktion". Der Sender trägt dabei die kompletten Kosten. Kinofilme werden im Unterschied dazu ohne Auftrag, manchmal aber mit finanzieller Beteiligung eines Fernsehsenders produziert.

GEMA
Gesellschaft für musikalische Aufführungs- und mechanische Vervielfältigungsrechte. Die GEMA vertritt als Verwertungsgesellschaft weltweit die Ansprüche ihrer Mitglieder auf Vergütung, wenn deren urheberrechtlich geschützte Musikwerke genutzt werden. Neben Komponisten und Musikbearbeitern können auch Textdichter und Musikverlage Mitglieder werden.

GEMA-Tantiemen
Die GEMA schüttet zu festgelegten Zeitpunkten (für Filmmusik einmal im Jahr) Tantiemen an die Mitglieder aus, deren Musik öffentlich aufgeführt oder gesendet wurde. Die Höhe der Tantiemen wird durch unterschiedliche Faktoren bestimmt und kann nie pauschal beziffert werden. Im Bereich „Filmmusik" spielt zum Beispiel eine große Rolle, welche Sendeanstalt einen Film ausstrahlt und wie oft ein Film ausgestrahlt wurde.

GVL

Gesellschaft für die Verwertung von Leistungsschutzrechten. Sie ist die Verwertungsgesellschaft der ausübenden Künstler und Tonträgerhersteller und zuständig für die Leistungsschutzrechte. Ausübende Künstler sind Musiker, Sänger, Tänzer, Schauspieler und alle sonstigen Werkinterpreten. Analog zu den GEMA-Tantiemen des Komponisten bekommt ein Mitglied der GVL Tantiemen, wenn seine Leistung aufgezeichnet und die Aufzeichnung öffentlich aufgeführt wurde.

IT-Mischung, IT

IT-Mischung ist die Abkürzung für Internationale Mischung. Von fast allen in Deutschland produzierten Fernsehfilmen wird auch eine IT-Mischung für den Auslandsverkauf hergestellt. Dabei wird der deutschsprachige Dialog in einem gesonderten Mischvorgang separiert, damit er durch fremdsprachige Synchronstimmen in der jeweiligen Landessprache ersetzt werden kann. Überdies werden sämtliche Musiken auf ihre Rechtesituation überprüft und ggf. ausgetauscht. Dies geschieht, um zu gewährleisten, dass ein Vertrieb im Falle des Auslandsverkaufs alle Rechte an den im Film verwendeten Musiken hat.

KSK, Künstlersozialkasse

Die Künstlersozialkasse hat für selbstständige Künstler und Publizisten die Funktion der gesetzlichen Sozialversicherung. Sie übernimmt die Verpflichtungen, die in Angestelltenverhältnissen der Arbeitgeber übernimmt, z. B. Zuschüsse zur Altersversorgung oder Krankenversicherung. Sie wird durch Abgaben von Unternehmen oder Personen finanziert, die künstlerische und publizistische Leistungen verwerten.

LC-Code, Label Code

Jede handelsübliche CD hat einen LC-Code. Er ist entweder direkt auf der CD oder auf dem Cover zu finden und dient der eindeutigen Identifizierung der Plattenfirma, die die CD veröffentlicht hat. Das Pendant des LC-Codes für Einzeltitel ist der ISCR-Code. Durch ihn können einzelne Musikstücke identifiziert werden, was insbesondere im Kontext von rein digitalen Veröffentlichungen notwendig ist.

Library-Music (auch *production music* oder *stock music*)
Diese Musik wird unabhängig vom Film von kommerziellen Anbietern (*production music libraries*) auf eigene Kosten produziert und zur Lizenzierung angeboten, in aller Regel nicht exklusiv. Der Lizenznehmer, also der Film- oder Fernsehproduzent, bezahlt Lizenzgebühren für die Nutzung. Library-Music wird heutzutage im Wesentlichen digital über das Internet vertrieben.

MIDI
Musical Instrument Digital Interface. Ein elektronisches Kommunikationsprotokoll, das die Zusammenarbeit zwischen Keyboards, Computern und elektronischen Klangerzeugern ermöglicht.

Music Editor
Der Music Editor ist der organisatorische Dreh- und Angelpunkt einer Filmmusikproduktion, er kümmert sich um alles, was mit Timing und Einsatz von Filmmusik zu tun hat. Eine Schlüsselrolle nimmt der Music Editor bei der Spotting-Session ein. Er ist dabei sowohl für die Organisation der Musikstücke in Listen als auch für die Dokumentation der Besprechungsergebnisse verantwortlich. Während des Kompositionsprozesses und auch noch während der Aufnahme und der Endmischung der Filmmusik ist der Music Editor der Ansprechpartner für alles, was mit dem Anlegen von Musik zum Bild zu tun hat.

Music Preparation
Music Preparation bedeutet, dass vor einer Aufnahme die Noten für die einzelnen Musiker hergestellt werden. Bei einer Orchesteraufnahme werden die Noten für die jeweiligen Instrumente aus der Partitur abgeschrieben und eine Einzelstimme für jedes Instrument hergestellt.

O-Ton, O-Tonspur
Abkürzung für „Originalton vom Drehort". Die während des Drehs aufgenommenen Geräusche und Dialoge werden im Schneideraum an das Bild angelegt und zu einer O-Tonspur vorläufig zusammengemischt. Dies ist dann auch die Tonspur der Arbeitskopie des Films, mit der ein Komponist arbeitet.

Overdub-Verfahren

Ein Verfahren, das meist in Mischproduktionen/Hybridproduktionen zum Einsatz kommt. Dabei wird ein Musikstück auf Samplingbasis realisiert und anschließend auf eine eigene Spur ein oder mehrere Liveinstrumente aufgenommen („overdubbed"). Auch reine Liveproduktionen können im Overdub-Verfahren durchgeführt werden. Dabei wird jedes Instrument oder jede Instrumentengruppe nacheinander in einem eigenen Aufnahmevorgang aufgenommen.

Orchestrator

Ein Orchestrator hat die Aufgabe, die Noten, die ein Komponist geschrieben hat, in eine von einem Ensemble oder Orchester lesbare Form zu bringen. Er erstellt die Partitur für den Dirigenten und ändert manchmal dabei die Zuweisung bestimmter Noten zu bestimmten Instrumenten des Orchesters, damit die Idee des Komponisten bei der Musikaufnahme so gut wie möglich klanglich umgesetzt wird. In die Komposition greift er dabei nicht ein.

Package-Deal

Der Package-Deal ist eine Vertragsform, in der der Komponist das Kompositionshonorar und das Budget für die Musikproduktion in einem Vertrag verhandelt und als Gesamtsumme ausgezahlt bekommt. Sämtliche im Zusammenhang mit der Produktion der Filmmusik anfallenden Kosten trägt der Komponist. Die Alternative zum Package-Deal ist, dass das Kompositionshonorar und die Produktionskosten getrennt werden. Die Kosten der Filmmusikproduktion werden dann von der Produktionsfirma separat übernommen.

Postproduktion

Der Begriff „Postproduktion" umfasst alle Arbeitsschritte, die zwischen Drehende und Fertigstellung des Sendebandes bzw. der Filmkopie vollzogen werden. Im Bildbereich umfasst dies den Bildschnitt, die digitale Bildnachbearbeitung und vor allem alle Bildeffekte. Im Tonbereich handelt es sich im Wesentlichen um die Komposition der Musik, die Gestaltung der Geräusch- und Dialogebene und die Filmmischung.

Post-Production-Koordinator
Seine Hauptaufgabe liegt darin, alle erforderlichen Schritte der Nachbearbeitung terminlich und technisch zu koordinieren und die Kommunikation zwischen den einzelnen Bereichen (Produktion, Schnitt, Bildbearbeitung/VFX, Komposition, Sounddesign, Tontechnik) sicherzustellen.

Sampler
Ein Sampler ist ein Gerät, das eine analoge Klangquelle (zum Beispiel ein Instrument) aufnimmt, digitalisiert und so aufbereitet, dass sie von einer elektronischen Tastatur (dem MIDI-Keyboard) aus abrufbar sind.

Sounddesign
Gestaltung der Klang- und Geräuschebene eines Films. Häufig auch allgemein gebrauchter Begriff für die Tonebene jenseits der Musik.

Sample Libraries (auch Sound Libraries)
Klangbibliotheken, in denen Klänge aufgenommen und vorkonfektioniert sind, sodass sie lediglich in einen Sampler geladen werden müssen und ohne zusätzliche Arbeitsschritte sofort vom Keyboard aus abrufbar sind. Fast jedes auf der Welt existierende Musikinstrument ist in irgendeiner Sample Library zu finden.

Source-Musik
Source-Musik wird jene Musik im Film genannt, deren Klangquelle klar erkennbar oder zumindest vermutbar ist. Meistens ist dies Musik, die in einer Szene im Hintergrund aus einem Radio oder einer ähnlichen Klangquelle ertönt. Auch Musik, die im Bild live dargestellt wird (zum Beispiel durch ein Ensemble oder einen Sänger), wird Source-Musik genannt. Source-Musiken können entweder bereits bestehende Musikstücke sein, die lizenziert werden, oder vom Komponisten der Filmmusik für einen Film komponiert und produziert werden.

Spotting-Liste/Cue-Log
In der Spotting-Liste werden die Ergebnisse der Spotting-Session dokumentiert. Die Spotting-Liste beinhaltet die fortlaufende Nummerierung und eine überschriftartige Beschreibung der einzelnen Cues sowie weitere wichtige Angaben (Synchronpunkte, Hinweise des Regisseurs etc.).

Die geplanten Ein- und Ausstiegspunkte jedes Cues sollten klar mit den jeweiligen Timecode-Angaben definiert sein.

Spotting-Session, Spotting
Die Spotting-Session findet nach Beendigung des Feinschnitts statt. Sie dient dazu, die Menge der Filmmusik, ihre genauen Ein- und Ausstiegsstellen und ihre dramaturgische Funktion an den jeweiligen Stellen festzulegen. An ihr nehmen normalerweise Komponist, Regisseur und ggf. Cutter und Music Editor teil. Durch das Anlegen von Temp-Tracks im Schneideraum werden Spotting-Sessions in der Praxis immer seltener durchgeführt.

Temp-Track
Ein Temp-Track (*temporary track*) ist ein Musikstück, das im Schneideraum übergangsweise zum Film angelegt wird, bis der Komponist seine für den Film komponierten Musiken zum Anlegen bereitstellen kann. Meistens werden als Quelle dafür Filmmusiken aus der Sammlung des Cutters oder des Regisseurs benutzt.

Timing-Notes
Timing-Notes schlüsseln jede einzelne Szene in detaillierte Beschreibungen und Timecode-Informationen auf. Jedes für den Komponisten wichtige Detail einer Szene (Schnitte, Synchronpunkte etc.) wird dabei mit seiner exakten Timecode-Position verzeichnet.

Vorbestehendes Werk
Begriff aus dem GEMA-Jargon. Gemeint sind damit Musikstücke, die bereits vor ihrer Verwendung in einem Film bestanden haben. Ein Popsong zum Beispiel, der von einer CD oder einer Streamingplattform entnommen und als Source-Musik verwendet wird, ist ein vorbestehendes Werk (im Gegensatz zur komponierten Filmmusik, die im GEMA-Jargon „Illustrationsmusik" genannt wird).

Vorproduzierte Playbacks
Sollte bereits am Drehort Musik nötig sein, zum Beispiel bei Szenen mit choreografierter Livemusik, werden dazu Playbacks benötigt. Diese werden vorproduziert und während des Drehs eingespielt und stellen

die Synchronisation von Körper- oder Mundbewegungen zur Musik sicher. Meistens werden sie vom Komponisten der Filmmusik produziert. Ist zum Zeitpunkt des Drehs noch kein Komponist engagiert worden, kümmert sich ein Music Supervisor um das Aussuchen und Erstellen der Playbacks.

X3 INDEX